新疆农村土地承包经营与规模经营协调及政策支持体系研究

◎ 王志彬　高　雷　佟继旭 / 著

中国农业科学技术出版社

教育部人文社科基金项目
“新疆农村土地家庭承包经营与规模经营协调及
政策支持体系研究”资助
（项目编号：12YJA630139）

前　言

农村土地实行承包经营，是我国法律规定的农村土地经营基本制度。2003年3月1日实施的《中华人民共和国农村土地承包经营法》第三条规定：“国家实行农村土地承包经营制度”，第四条规定：“国家依法保护农村土地承包关系的长期稳定”。这是对改革开放以来我国农村实行的集体土地家庭联产承包责任制相关法律的肯定，也为这一责任制长期、稳定实行提供了法律保障。集体土地家庭联产承包责任制的推行，极大地调动了农民生产积极性，但不可否认的是，由于生产规模太小，它客观上限制了现代农业发展和农业生产效率的提升。农业生产效率低下的客观现实外加市场开放，大量农民开始进城务工，这又导致农村大批土地弃耕、撂荒，使我国粮食安全受到威胁。这期间，政策虽然允许土地流转，但多种原因导致流转量并不大，地区间也很不平衡。2016年10月30日，中共中央办公厅、国务院办公厅印发了《关于完善农村土地所有权承包权经营权分置办法的意见》，在过去“两权分离”的基础上提出了“三权分置”，这是对过去政策的重大突破，对土地流转和实现土地规模经营具有重要的促进作用。可见，如何在坚持农村土地家庭联产承包责任制基础上实现土地规模经营即二者相互协调，已经成为当今农村土地改革和农村经济发展中的重大课题。

农村土地问题自改革开放以来一直都是理论界特别关注的问题，比如土地的所有制、使用制、流转、抵押、征收与征用、生产效率等，学者们在研究农村经济和农村社会问题时，也往往绕不开土地，比如研究剩余劳动力转移、城镇化、农业科技开发与推广、家庭农场、农民权益、生态与环境等。这些终归一点，无非是市场化的节约、集约利用和有效保护。学者们卓有成效的研究为政府制定政策提供了有力的理论支持，但仍有不少缺憾，比如研究农户土地承包经营即与之相关的土地流转多，研究土地规模经营的也很多，但在我国目前明显存在土地承包经营与规模经营矛盾的情况下，研究两者统一、协调发展的却比较少见。

新疆维吾尔自治区（以下简称新疆）虽处我国最西北，干旱少雨，但区域面积超过我国国土面积 1/6 多，且相对人少地多，土地规模经营条件较为充分，因此，新疆土地规模经营问题值得研究，也可以为国内其他地区的研究提供借鉴。

2011—2014 年，著者曾先后在塔里木大学从事援疆工作，走遍天山南北，对新疆怀有深厚感情，作为长期关注农业经济的学者，也常常深入村镇，与各族农民结下深厚友谊。在申请并获批教育部人文社科基金项目“新疆农村土地家庭承包经营与规模经营协调及政策支持体系研究”（项目编号：12YJA630139）后，带领学生对当地承包经营与规模经营进行了深入调查研究，这些研究成果成为本书的主要组成部分。作为本课题研究的组成部分，陈彪、公莉、玉林师范学院刘娟、陕西科技大学镐京学院迟超楠、银川能源学院刘惠桥提供了他们的有关研究成果。

当然，我们的研究也离不开国内外已有研究成果，特别是在本书形成过程中，大量研究成果丰富了我们思想，开拓了我们思路，为我们提供了很好的借鉴和素材。这些成果除了我们在参考文献中一一列出外，在文内也作了必要说明。我们对这些学者表示深深感谢，同时也为可能存在的引述错误和不周表示歉意。

在本书出版之际，适逢塔里木大学建校 60 周年，谨以此书作为献礼和对新疆的怀念，希望也能对同行研究有所裨益。

著者

2017 年 5 月

目 录

第一章　导　论

一、研究背景

（一）农业和土地问题是我国理论界和实践中需要长期关注的问题

党的十一届三中全会以来，家庭联产承包责任制在我国农村的推行，转变了之前平均分配劳动产品的做法，使农民的生产积极性得到了很大提高，我国农村粮食总产量和单产实现了快速、持续增长，不仅解决了全国人民的“吃不饱饭”的难题，与此同时也为我国国民经济的快速发展增加了助推力，更为之后的改革开放提供了物质保障，意义重大。

在我国农村经济的发展过程中，“三农”问题一直得到党中央和国务院的高度重视。1982 年以后多年间，中央不断发布对我国农村改革和农业发展问题具有指导意义的解决“三农”问题的中共中央、国务院一号文件（简称中央一号文件，全书同）。

19 年之后，中央一号文件继续关注农村经济的发展，2003 年 12 月 30 日，党中央总书记胡锦涛同志签署了《中共中央、国务院关于促进农民增加收入若干政策的意见》。为了更好地指导农业的发展，2004 年以来中共中央、国务院已连续出台了 14 个有关“三农”问题的中央一号文件。这些中央一号文件的出台不仅增加了农民的收入、大幅度提高了农民的生活水平，使我国的社会主义新农村建设呈现了蓬勃发展的新局面，也推动了我国农村经济的快速、健康、可持续发展。但是随着时间的推移，我国农村生产力得到了很大的提高，社会主义市场经济也得到了不断的完善，由于自党的十一届三中全会以来实行到现在的家庭联产承包责任制已经不完全与我国现阶段农村生产力发展相适应，家庭联产承包责任制的局限性不断凸显，尤其在提高农民耕种土地的积极性方面。因此，这给我国农业经济的发展造成了不良影响，粮食总产量不断下降，农业发展速度放缓。有关统计部门的调查数据显示，我国人口总数在2024年预计可能达到16亿，和现在我国所需粮食总量相比，只有我国粮食总产量达到6.6亿吨时才能解决16亿人的吃饭问题，这就要求到时我国的粮食总产量需要增加大概1.6亿吨。但是由于近年来城镇化速度的加快和农村生态环境的不断恶化使我国的耕地面积也在逐渐减少，18亿亩（1亩约为667平方米，全书同）耕地的红线将很难保住，这更给我国的粮食安全带来了很大的挑战。在如此严峻的粮食安全问题形势下，我们必须在不断减少的耕地面积上不断提高粮食总产量，提高农民的生产积极性，最终解决我国将要面临的粮食安全问题。在当今的现实条件下，要实现粮食总产量的增长在客观上就需要解决家庭联产承包责任制所带来的种种问题和局限，最终实现农村土地的规模经营。

自加入WTO之后，我国在农业发展方面面临的巨大压力也在不断加大，我国的粮食生产无论在价格还是产量方面与国外相比都处于不利地位。要想在市场竞争中处于有利的地位，在产品质量相同的情况下，就必须不断降低农产品的成本。西方经济学中规模经济理论指出，价格的重要组成部分是成本，在一定生产范围里，我们可以通过扩大一定的规模最终使成本降低。对于我国耕地资源相对分散的具体国情而言，我国粮食生产要想在国际市场上提高竞争力就必须扩大农村土地规模，最终实现规模经营。因此，党中央、国务院在近年来的中央一号文件中也重点强调要提高农业生产率、增加资金、科技及人员投入。但是在家庭联产承包责任制下农户分散的土地经营将很难实现这一全局性的目标。因此，我们国家在坚持家庭联产承包责任制的前提下必须实现农村土地的规模化经营，只有这样才能实现更好的解决“三农”问题，保障国家粮食安全，提高我国农业的国际竞争力。

农业的根基是土地的合理与有效利用，所以，农业和土地问题是我国理论界和实践中需要长期关注的问题。

（二）农村土地承包经营调动了农民生产积极性，却不利于土地规模经营

在我国，“三农”始终是非常关键的问题，受到高度重视。其中，土地问题是最基本的问题，且土地制度是农村各项制度中最基本的制度。改革开放初期，我国实行家庭联产承包责任制，即以家庭为基本单位承包土地，采用统分结合的双层方式经营，农民生产的积极性被极大地调动了，农业发展水平和速度大幅度提升。然而为实现家庭的公平分配，农户承包的土地分散且碎化，限制了农业科技和大型机械的深入应用，使农业生产效益低，农民增收困难。加

之随着我国经济发展水平的提高、农业产业结构的不断调整、农产品的市场竞争加剧，发展农业现代化的要求不断增强，土地流转和规模经营适应发展的要求，成为农业发展的必然选择。土地流转是实现土地规模经营的前提（张利群，2009），土地规模经营并没有否定家庭承包经营，不仅是对家庭承包经营在容量上的扩大，而且是对其的内涵的延伸和发展（李林，2010）。

我国东部地区率先开展土地流转，并在此基础上不断发展土地规模经营，形成了实现土地家庭承包经营与规模经营协调发展的多种路径，为农业发展开创了良好的条件，并且改善了农民的生存条件。然而新疆作为我国重要的小麦、棉花、红枣以及哈密瓜等农产品产区，在实现农村土地家庭承包经营下规模经营实现路径上起步晚、发展水平低，各种问题层出不穷。新疆的自然环境、经济发展水平等方面都和东部地区存在较大的差别，使新疆的土地经营不能照搬东部地区的模式，应当因地制宜，找出适合当地的土地流转路径和土地规模经营的实现方式，从而实现家庭承包经营与土地规模经营的协调发展。

关于土地家庭承包经营下规模经营实现路径，国外一些土地经营的做法为我们提供相当的经验及借鉴意义；国内学者也针对我国的土地经营情况，从不同的角度做了许多的研究，成果丰硕。然而这些研究主要关注点在中东部地区，特别是东部地区，而对于具有特殊自然和社会条件的西部地区，尤其是新疆地区的研究相对较少。要做到农村土地家庭承包经营与规模经营协调发展，有效选择是实现土地有效的流转，在土地相对集中的前提下，以规模化为主要目标，因地制宜的发展适当的模式。国内学者的研究往往把土地流转和土地规模经营分开，并没把两者有效地结合起来；土地规模经营各种模式的绩效也是不尽相同的，国内学者对于各种模式的绩效评价相对较少。基于以上背景，本文试图通过了解新疆农村土地流转和规模经营的现状，分析新疆土地流转的影响因素和规模经营实现方式的绩效，在此基础上，设计有效的实现农村土地家庭承包经营与规模协调发展的路径，并为其提供相关的政策建议。

党的十一届三中全会以来，我国在农村积极推行家庭联产承包责任制，这种以公有制为主体的土地制度在过去生产力水平低下时期，确实发挥了不小的作用，农户的种粮积极性得到了极大提高，但是随着生产力水平的不断提高，家庭联产承包责任制所处的微观基础和宏观环境都发生了不小的变化，特别是由于农产品价格低迷，农户增产不增收及越来越多的农户外出打工，许多地方出现了农地撂荒现象，为缓解这一问题，我国很多地区创新土地经营机制，在稳定家庭联产承包责任制的基础上，发展多种形式的土地规模经营方式。

土地规模经营的推广符合现代农业发展趋势，规模经营农户可以有效利用农业机械和农业科技，并通过把握市场信息规避风险。土地规模经营在一定程度上还可以改善基础设施，比如在节水灌溉、道路运输等方面。（郭剑霞，2008）

国内很多学者对土地规模经营做过很多的研究，主要是以东部和中部地区为研究对象：薛凤蕊（2010）对内蒙古鄂尔多斯地区农牧民参与土地规模经营情况进行调研分析，李鑫（2010）对黑龙江省依安县农村土地规模经营进行探讨，李舒（2009）对江苏省盐城四县农户土地规模经营意愿进行实证研究，彭瑛（2009）对贵州省主要烟草产区烟农的土地规模经营意愿进行实证分析。也有一些学者对新疆土地规模经营做过相关研究，廖波（2012）对新疆兵团土地规模经营影响因素进行分析研究，田坤明和高文雯（2010）针对新疆土地流转现状探讨规范土地流转的方法。

对土地规模经营的效果还存在一些争议，国内很多学者认为土地零散的小规模经营使生产成本增加，阻碍了农户增收和农业科技的推广，但是也有学者提出了反对意见，刘凤芹（2006）认为小规模土地经营并没有影响农业生产效率，种子、化肥、农药等已经基本市场化，处于完全竞争状态，价格不会因为购买量的多少而发生变化，另外，由于小型农机具的推广和可租赁，使不同土地规模经营要素在利用效率上没有明显区别。国外还有相关研究认为土地的纯收益随着土地规模的增加而减少，针对上述争议本文将采用计量经济方法以新疆为例来评价土地规模经营的效果。

（三）耕地地块细碎化问题严重阻碍了我国耕作效率的提高

我国是一个耕地总量有限，人均耕地量少的国家，根据国土资源部 2009 年发布的《中国耕地质量等级调查与评定》统计，我国的优质地和高等地分别为 333 万公顷和 3 753万公顷，中等地和低等地分别为 6 333万公顷和 2 093万公顷，占到 2/3。珍贵的耕地资源却由于各种限制因素被分割成细碎的地块，严重阻碍了农业科学技术的推广和农业生产效率的提高。构建现代农业体系是新农村建设的核心，而现代农业是以农业产业化、规模化为主要标志。近年来，我国也出台了各种鼓励和支持农村土地规模经营的政策，2010 年中央一号文件明确提出：加强土地承包经营权流转管理和服务，健全土地流转市场，在依法、自愿、有偿流转的基础上开展各种形式的规模经营。2012 年中央一号文件明确提出：通过完善相关法律，落实和保障土地承包经营关系稳定不变。在依法、自愿、有偿原则的指导下，引导土地承包经营权合理有效流转，推动规模经营的发展，创新农业生产经营模式。2013年中央一号文件明确提出：围绕现代农业建设，充分发挥农村基本经营制度的优越性，着力构建集约化、专业化、组织化、社会化相结合的新型农业经营体系。坚持“依法、自愿、有偿”原则，引导农村土地承包经营权有序流转，鼓励和支持承包土地向专业大户、家庭农场、农民合作社流转，发展多种形式的适度规模经营。

受人为或自然条件的影响以及土地利用类型的差异，某一土地利用类型难以成片、集中、规模经营，土地利用呈插花、分散、无序的状态被称为土地细碎化。Dovring利用农户拥有地块数量与面积的比例来衡量过度细碎化，并指出如果一个农民拥有地块总数大于以公顷计量的面积数，则存在过度细碎化问题。以此方法对样本数据计算处理后发现，有51.94%的农户农地存在过度细碎化问题。虽然近年来农户土地总面积有所增加，但是农户块均土地面积小而分散所造成的土地细碎化，阻碍了农业机械化进程和现代化的实现，增加了农业生产的负外部性。从现代农业的实现过程来看，现代农业发展的基础和前提条件是实现土地连片规模经营或者联户规模经营，使农业逐步向大面积专业化发展，我国农地经营规模必将逐步扩大，并且在此过程中实现适度规模经营。调查区域土地存在过度细碎化问题，不利于土地适度规模经营的实现。

由此可见，农地规模经营符合经济发展的普遍规律，符合我国现阶段农业发展需求，并将成为必然发展趋势。

（四）土地流转政策的实施取得明显经济效果

要实现农业规模经营，农村土地实现流转是最重要的一个环节。关于农村土地流转的相关提法在党中央的文件中一直都有出现。1984年中央一号文件既提出要延长土地承包期，也提到要鼓励耕地向种田能手集中；1993年11号文件在土地承包15年到期后，又将土地承包期延长到30年，但也同样提到了允许农民依法、自愿、有偿地流转土地承包经营权。2002年全国人大常委会通过了《中华人民共和国农村土地承包法》，其中有整整一节12个条款规定了怎样依法、自愿、有偿地流转农村的土地承包经营权。由此可知，我国在政策上是允许和支持土地流转的。但是因为缺乏具体的法律规范、政府管理和政策支持，农村土地流转一直没有形成体系，发展相对缓慢，存在着土地流转不足，流转不规范，土地转出者经济利益得不到保障等诸多问题。直到2007年年底，全国农村承包经营流转面积6 372万亩，仅占家庭承包耕地总面积的5.2%，土地流转相对缓慢。

但在2008年中共十七届三中全会通过的《中共中央关于推进农村改革发

展若干重大问题的决定》指出："要稳定和完善农村基本经营制度，赋予农民更加充分而有保障的土地承包经营权，现有土地承包关系要保持稳定并长久不变……建立健全土地承包经营权流转市场，按照依法、自愿、有偿原则，允许农民以转包、出租、互换、转让、股份合作等形式流转土地承包经营权，发展多种形式的适度规模经营。"2009 年中央一号文件又专门出台了政策："加强土地承包经营权流转管理和服务，建立健全土地承包经营权流转市场。按照依法、自愿、有偿原则，允许农民以转包、出租、互换、转让、股份合作等形式流转土地承包经营权，发展多种形式的适度规模经营。有条件的地方可以发展专业大户、家庭农场、农民专业合作社等规模经营主体。"这两个文件对土地流转做出了具体的规定，显示出党中央对土地流转的重视，也透视出我国目前存在着强烈的农地流转需求。据农业部统计，截至 2009 年年底，全国农村家庭承包耕地转出面积为 1.52 亿亩，同比增加 39.45%；流转比例为 12%，同比提高 3.1%。流转形式中，转包占 52.89%，出租占 25.69%，转让占 4.54%，互换占 4.39%，股份合作占 5.42%，其他占 7.07%。由此可知，在土地流转政策出台后，我国农地流转速度明显加快。

（五）从事农业经济的人口减少为土地规模经营创造了有利条件

随着 21 世纪的到来，我国改革开放进程的加快，我国正经历着史无前例的人口迁移运动。农村人口大量涌入城市，农村劳动力也从第一产业转向第二、第三产业。根据 2011 年《中国统计年鉴》按三次产业就业人员数据显示，从 2002 年开始，从事农业人口开始快速转向工业和服务业，到 2010 年年底，从事农业人口的比例从 50%降到了 36.7%，从农业转出劳动力 8 112万人。截至 2011 年年末，我国城镇人口达到 69 079万人，乡村人口 65 656万人，城镇人口占总人口比重达到 51.27%，较 2000 年的城镇化比重 36.22%，增加了 15 个百分点。万广华预测，2030 年我国的城市化率可达到 80%。从事农业的人口急剧减少和未来可预期的农村劳动力进一步转向二、三产业，进入城市，将给我国农业实现规模化经营带来契机。

与此同时，从农村劳动力转移人口的结构来看，农村外出打工的人员更多的是青壮年劳动力，也由此造成我国农村严重"空心化"。在留守农村的人员中，老人、妇女和小孩占据了主要角色，从事农业活动的劳动力更多的是年龄较大的人员和妇女。尤其是在农村，被学术界公认的"386199"部队的提法，更显现出人口结构的巨大变化。根据 2010 年第六次全国人口普查主要数据公报（第 1 号）的数据显示：31 个省、自治区、直辖市和现役军人的人口中，0~

14 岁人口为 222 459 737人，占 16.60%；15~59 岁人口为 939 616 410人，占 70.14%；60 岁及以上人口为 177 648 705人，占 13.26%，其中 65 岁及以上人口为 118 831 709人，占 8.87%。同2000 年第五次全国人口普查相比，0~14 岁人口的比重下降 6.29 个百分点，15~59 岁人口的比重上升 3.36 个百分点，60 岁及以上人口的比重上升 2.93 个百分点，65 岁及以上人口的比重上升 1.91 个百分点。可以说，我国人口年龄结构正在上移，老龄化趋势显现，人口红利正在逐渐减弱。

因此，在农村劳动力外流，农村人口向城市迁移和我国人口步入老龄化阶段的多重压力之下，可以预见在不久的将来，从事农业活动的劳动力无论在数量上，还是质量上，都将下降。目前在我国仍以小农经济为主导的前提下，农村从事农业经济人口减少，老龄化加速和新一代农民子女无从事农业活动的意愿等趋势，一方面将会影响到农业生产，并将使我国农业面临一定的持续经营危机，另一方面也为我国发展农业规模化经营、实现农业转型提供了一个良好的契机。

（六）新疆农业在生产经营方面仍保留着较高的计划经济成分，且有一定的特殊性

在全国普遍实行农村家庭联产承包责任制、农业生产经营更加侧重以农民为主体，以市场为导向的大背景下，兵团团场农业在生产经营方面还保留较高的计划经济成分，并保持着一定的特殊性。其计划成分主要在于：团场职工只对部分承包用地具有选择种植何种农作物的权力，对于大部分承包用地，其只具有对团场所规定农作物的生产种植权；当国家、自治区下达粮食生产定购指标时，承包职工还负有完成上级对粮食定购的任务。其特殊性则主要在于：关于农业生产的剩余，团场职工对其只具有部分索取权；关于发包方和承包方的相互义务，职工除了要向团场交纳一定国有土地使用费外，还需交纳社会保险五项统筹费、工会经费、教育经费、职工福利费以及社会公益性费用等。而作为发包方的团场，则需要代表国家为职工提供养老、医疗、失业、工伤、生育等社会保障待遇，并按国家政策向职工提供工资和离退休待遇；关于农业的经营体制，兵团团场统分结合的双层经营体制是建立在“土地国有、团场经营、农户生产”的“大农场套小农场”的农业经营模式基础之上；关于产权结构，兵团团场农业在生产经营上采取的是多级委托—代理模式；关于合约安排，团场与职工之间签订的是分成租约；关于市场结构，职工又同时面临着团场的买方和卖方双重垄断。已有的研究，从大农场套小农场的双层经营体制、多级委

托—代理关系及分成租约模式3个角度对兵团团场农业的特殊性进行了一定的描述。但对于团场农业为何能够以该种产权结构或契约关系存在并取得发展，已有研究并没有说明。另一方面，团场职工在面临双重垄断的情况下能够保持较高的生产积极性，并推进团场农业的发展，又令人十分费解。

（七）新疆农民致富呼唤土地规模经营

位于我国西北边陲的新疆维吾尔自治区，简称新疆，是我国面积最大的省级行政区，面积达166万平方千米，占我国国土面积的1/6，是我国土地面积最大的省区。新疆处于亚欧大陆腹地，在古代是丝绸之路的重要通道，当今又成为第二座“亚欧大陆桥”的必经之地，其战略位置至关重要。据2012年的统计资料显示，在新疆166万平方千米的土地上，农用地达到9.46亿亩（农用地主要包括耕地、园地、林地、牧草地及其他农用地），占土地总面积的37.89%，人均耕地占有面积3.12亩；建设用地和现在还没有利用的土地分别为0.19亿亩和15.32亿亩，占土地总面积的0.75%和61.36%。在新疆全区可以直接利用的土地面积约10亿亩，占全国农林牧宜用土地面积的1/10以上。另外，根据2010年度土地变更调查结果显示，新疆当时有耕地面积7 682万亩，人均耕地3.45亩，是全国平均水平的2.6倍。其中，新疆有后备耕地2.23亿亩，在全国居首位。因此，根据以上数据显示，研究新疆地区的农村土地的规模经营问题不仅具有现实意义，还具有重大的战略意义。

尽管新疆土地辽阔，但仍普遍存在土地经营规模太小的问题，制约当地农业发展和农民致富。新疆是我国最大的棉花生产基地，瓜果种植、畜牧养殖在种类、数量、品质等方面优势突出。大部分地区工业基础薄弱，主要经济支柱为种植业与养殖业，以及农户外出务工。据新疆农业厅统计资料显示，自治区从2005年开始有土地规模经营出现，但直到2011年年底土地规模经营面积仅仅增加了0.8%，土地规模经营从宏观上来说是现代农业发展的必然趋势，但是新疆土地规模经营的增幅却很小，究竟是什么原因阻碍了这一趋势，新疆土地规模经营对农户的收益究竟有怎样的影响？影响程度如何？这对政府制定相关土地规模经营政策，增加农户收入，全面建设小康社会都具有重要意义，需要作为一项重大课题加以研究讨论。

再以棉花生产为例，如在新疆主产棉区以棉为主的植棉大县，若80%的家庭收入来源于棉花生产，且要求人均收入达到全疆农村居民平均收入水平，则每户棉农至少需要种植24亩棉花；在相同的条件下，如果棉农人均纯收入要达到全国农村居民人均4 140元的收入水平，则每户棉农至少需要种植31.3亩棉花；若要使新疆主产棉区棉农在现有产量与成本收益水平下，达到沿海发达地区农村居民人均纯收入 7 500元的水平，则每户棉农至少需要种植 50~70 亩棉花。但据自治区物价局农调队定点人户调查资料显示，目前整个新疆棉区棉农的户均植棉面积仅为每户 14 亩。除昌吉棉区土地经营权流转做得比较成功，棉区户均植棉面积已接近每户 30 亩、塔城棉区户均植棉达到了每户 24 亩之外，其余地区普通棉农户均植棉面积均未达到理想规模。由于植棉规模不经济，使新疆棉农很难单纯依靠种植棉花来达到农村居民的平均收入水平。从长远发展来看，新疆主产棉县的适度规模种植与土地流转已势在必行。

二、研究目的及意义

（一）研究目的

通过研究，期望达到目的如下。

第一，探讨新疆乃至我国土地规模经营的路径和办法。要想提高农村居民的收入水平，就必须在我国农村实行土地的规模化经营，最终实现我国农业发展现代化的目标。本文在坚持家庭联产承包责任制的前提下，以农村土地适度规模经营为研究目标，结合农业现代化发展，分析家庭联产承包责任制存在的缺点和局限性，并在此基础上对我国农村经济的发展提出相应的对策建议。

第二，探讨新疆地区农村土地规模经营的适度值。在实证研究部分选取新疆阿克苏地区作为研究对象，通过实地的入户调查获得了关于阿克苏地区农民在农业生产过程中各个生产要素的投入量和当地的收入水平等数据，并在此基础上分析农户的土地经营规模，运用规模经济等理论，以家庭经营的经济效益、土地生产率和劳动生产率为主要指标。运用统计分析、数据拟合等数学方法，找出适合该地区的农户家庭经营的土地规模经营的适度值。

第三，发展新疆农村经济，探讨新疆农村经济新增长点。针对新疆农村土地经营中土地流转和规模经营的现状和存在的问题，运用计量模型，分析出影响农民土地流转意愿的主要因素，通过典型事例了解 4 种主要规模经营实现方式的发展状况，并运用统计方法分析各种方式在经济、生态和社会等方面的绩效，依此找出适合新疆发展的方式，为新疆农村土地的合理经营提供决策依据。基于以上的研究，本文试图对新疆农村土地家庭承包经营与规模经营协调发展的路径进行有效的设计，发挥土地的生产潜力和能力，促进现代农业的发展。

第四，另外还包括：①运用 Logistic 计量经济学模型来分析可能影响农户土地规模经营的意愿因素及其各种因素对影响土地规模经营意愿的作用机理；②用抽样调查数据来分析农户参与土地规模经营与未参与土地规模经营在土地规模经营前后农户收益的变化，来对比分析土地规模经营对农户收益的影响；③用双重差分模型对农户自愿参与土地规模经营与未参与土地规模经营农户的收益对比分析，以及农户非自愿参与土地规模经营与未参与土地规模经营农户收益的对比分析，从而分析得出不同模式土地规模经营是否确实都能够提高农户收益。

（二）研究意义

1. 理论意义

第一，选择家庭联产承包责任制下新疆农村土地承包经营与规模经营的冲突预评价作为研究课题，首先，希望能够通过对农业经济理论的总结，为我国农村土地制度的改革提供理论支撑。其次，通过对于承包经营与规模经营的矛盾进行深入的剖析，说明我国现行的农村土地制度需要以农村土地的规模经营为方向，不断进行进行制度上的完善与创新。

第二，关于通过农村土地流转实现土地规模经营，促进土地家庭承包经营与规模经营的协调发展，国内外学者进行了大量的相关研究，为后续研究奠定了坚实的基础。本文借鉴前人的研究，从现代经济学的角度，运用地租、制度变迁、规模经营等理论分析土地流转和规模经营的运行机制，用计量的方法分析影响农民土地流转的因素，用统计的方法分析土地规模经营实现方式的经济、生态和社会绩效，并在此基础上对实现土地合理经营的路径进行有效的设计，把现实中存在的问题与经济学的理论结合起来。

第三，改革开放以来，我国很多地方在农业生产方面都进行了不同经营管理模式的探索，有合作社经营、公司+农户、家庭农场等形式，这些模式都是在不改变土地承包经营权的前提下进行创新的。党的十七届三中全会赋予了农户更加充分的权利来发展土地规模经营，但是我国近几年土地规模经营总面积增幅缓慢，而且地区发展不平衡，东部地区比西部地区土地规模经营进展快。本文试图通过计量经济模型分析影响农户土地规模经营意愿的因素，从而为大力推广土地规模经营提供决策依据。

第四，对于评价土地规模经营的效果，国内相关研究较少，有些学者通过统计分析和理论分析的办法做过评价，对于采用经济学模型分析土地规模经营对农户收益的评价更少，本论文将会通过 DID 计量经济学模型，来论证参与土地规模经营对农户收益的影响来充实这一领域的理论。

2. 现实意义

第一，利用对新疆阿克苏地区的实地调研数据，通过建立农业生产函数模型，在农户效用最大化的前提条件下，计算出阿克苏地区土地经营的适度规模，并以此作为新疆其他地区的参考数据，不仅可以推动新疆地区的规模经营进程，也可以显著提高农民生活水平，增加农民收入，进一步推动新疆的农业现代化建设和我国的社会主义新农村建设。

第二，新疆作为我国小麦、棉花和哈密瓜等农产品重要产区，农业在整个经济体系中占据重要位置，土地家庭承包经营下规模经营实现路径的探索在东部地区不断成熟，在此背景下，新疆等西部欠发达地区结合自身实际，探索适合自身的土地流转和规模经营实现方式就尤为重要。农业的发展对整个国民经济的发展有重要作用，从宏观上为政府制定土地政策提供政策建议，可以推动现代农业的发展，发展农业产业化，统筹城乡协调发展；从微观上，推动农户积极参与市场经济，增加农民抗风险能力，进而改善农民的生活水平，提高农民的社会地位。而且对与新疆相似的西部其他地区，实现农村土地的合理经营具有借鉴意义。

第三，通过对新疆土地规模经营现状的调研，采用计量经济学模型分析找出目前对农户土地规模经营意愿具有显著影响的因素，可以为政府决策者提供相关政策建议来促进当地实施土地规模经营。

第四，我国连续 9 年中央一号文件都聚焦“三农”问题，可见党中央解决“三农”问题的决心，解决“三农”问题的重要一项就是促进农户增收，我国大部分农户虽然通过家庭联产承包责任制解决了温饱问题，但是农户依靠几亩地不可能发家致富。根据发达国家的经验可知，当一个农户经营 25 亩耕地时，所获取的耕地收入会达到一个城市居民收入水平。但是对于发展土地规模经营对农户的收益究竟影响如何，本文将通过统计数据对比分析和运用 DID 模型来评价新疆参与土地规模经营对农户收益的影响，从而分析得出土地规模经营在新疆能否有效促进农业生产发展和农户增收，这对我国西部其他省份实施土地规模经营也有很好的借鉴意义。

三、研究思路与方法

（一）研究思路

本文以党中央、国务院鼓励发展土地规模经营的精神为指导，以农业经济学、制度经济学、规模经济学、区域经济学等为理论基础，以新疆农村土地为研究对象，在阐述了家庭联产承包责任制下土地经营与土地规模经营的内涵及相关基本理论的基础上，对土地经营与规模经营的矛盾进行了深入的分析；采用实地调研的方式，对新疆若干典型地区的农地经营最优规模进行测算，并对样本地区农村土地规模经营进行了评价；分析了影响新疆农地规模经营因素，指出新疆农地规模经营中存在的问题，最后提出发展新疆农村土地规模经营的对策及建议。

（二）研究方法

1. 文献阅读法

通过对国内外文献和书籍的阅读，了解了国内外学者对农村土地的研究思路和研究方法。尤其近几年我国学者关于农村土地规模经营的研究，为本文奠定了充实的理论基础和研究思路。

2. 实地调研法

通过大量的理论总结和分析，并结合本文的研究目的和研究意义，选取新疆阿克苏地区作为本文的调查对象。首先设计调查问卷，在预调查的基础上不断对问卷进行修改和完善，并在导师的协助下开展实地调研，获得第一手的数据资料。

3. 数量分析方法

在定性分析的基础上，通过建立计量经济模型，进行定量分析。本文结合不同学者关于农村土地适度经营规模的研究方法和思路，在农户效用最大化的角度下，结合柯布—道格拉斯农业生产函数，建立了农户效益最大化的农业生产函数模型，并对该模型进行了显著性检验。最后利用调查数据和阿克苏地区统计数据得到了农户效应最大化下的适度经营规模。

第二章　国内外研究动态

一、国外研究动态

（一）基本概念和基本理论的相关研究

一般情况下，规模经营主要是指在生产经营的过程中把各种生产要素按照一定的规模和数量进行组合，它是属于生产力的范畴，是在规模经济、规模报酬等概念的产生过程中而相应产生的。国外学者对规模经营的研究主要偏重于劳动力、资本、土地等生产要素在不同的组合情况下所产生的规模经济或规模效益。所以，在理性经纪人的假设下，在研究规模经营的时候，重点研究内容就是规模经济或规模效益。

生产要素报酬递减以及各生产要素的相关联性是研究规模经营的基础。“规模报酬递减”的大致模型最早出现在17世纪，是古典经济学家威廉·配第在他的著作《政治算术》当中提到的。后来亚当·斯密通过对农业生产的长期研究，发现农业生产中同样存在着规模报酬递减规律，并总结出农村土地的规模经营可以显著提高农村劳动生产率。经济学理论也在不断成熟和发展，西方学者认为：在长期的生产过程中，所有投入的生产要素都会发生变化，投入这些生产要素的变化也被称为规模经营的变动，在一般情况下，它们可能会产生规模经济，也可能会产生不经济这两种结果。这两种结果所反映的是产品的平均成本与生产规模之间的关系，通常用长期平均成本曲线的变化趋势来说明。当长期平均成本下降，即认为规模趋于经济合理；长期平均成本曲线的最低点为最佳规模，此时单位产品成本最低；当长期平均成本上升时就产生规模不经济。随着理论研究的进一步深入，杜尔阁作为法国重农学派的重要代表人物，他采用边际分析法对规模报酬递减规律进行了更为全面的研究。规模经营理论在随后取得的巨大发展主要得益于数理统计分析方法的应用和专业化分工的深入。发展经济学家格里芬在其研究中指出：首先，农民人均耕地的产量随着农业规模的增大而增加；其次，每公顷产量（或收益）随农场规模的扩大而下降；最后，每公顷的附加值（或净收入）随农场规模的扩大而下降。科尼亚通过研究15个发展中国家不同规模的农场中各种农业生产要素的投入和农地产出之间的关系，得出的结论是农场规模与农业投入和每公顷单产呈反比关系。著名经济学家马歇尔通过研究规模经济与资源配置效率的关系，提出了著名的“马歇尔困境”。N. S. Randhause 选取了印度的200个农场作为研究对象，最终发现农场规模与土地生产率显著负相关。T. W. Schultz（1968）通过一系列的研究发现，当家庭农场的生产规模已经达到了要靠雇工来帮忙才能完成农业生产的时候，就会降低规模效益，这也是规模报酬递减规律开始出现。罗伊·普罗斯特曼等人（1996）通过研究发现，农场生产规模与农地生产效率并非呈正相关，而是呈现负相关，也就是农场规模越大，生产效率就越低。Berry R. A 和 Cline W R（1979）通过对巴西、印度、菲律宾、马来西亚、巴基斯坦等多个国家的农业调查研究发现和其他研究者一致的结论，那就是农场规模越大，单位面积的产量越小，即农场规模与单位土地面积的产量之间呈负相关关系。发展经济学家基思·格里芬（Grimn，1992）在文章中指出：农户人均产量的增加是随着农地规模的扩大而不断增加的，但与此相反的是单位土地面积的产量和单位面积的农业纯收入都是递减的。科尼亚（Komia，1990）通过对发展中国家不同规模范围内的农场中各要素投入和土地产出之间的关系进行比较，也得出了同样的结论。

（二）关于土地流转的研究

与我国不同，国外大部分国家规定土地属于私人所有，土地直接可以在市场上买卖，土地流转即土地买卖，因而，国外学者大多是从土地买卖的交易角度研究土地流转，分析土地买卖的影响因素、实现的效果以及对农民、农业的影响。

Douglas C. Macmillan（2000）认为土地在市场上买卖，市场机制便是影响这个过程的重要因素。当前一些国家的农地细碎分散，这严重影响农业形成规模，进而削弱农地的产出效率，降低农产品的市场竞争力。所以土地应当在市场上自由买卖，但是市场失灵的现象是会发生的，政府则必须给予适当的干预和调控。Bogaerts（2002）等从交易费用这个角度着手分析土地买卖，以中欧国家和地区的农地交易活动为调查对象，结果表明交易费用过高，土地买卖在很大程度上受到了阻碍。Tesfaye Teklu（2003）实地调查埃塞俄比亚的农地市场发现，家庭可利用劳动力和牲畜的数量影响农户是否参与流转土地、扩大农地规模，并且影响程度比较深刻，而农户的年龄和教育是否具有影响尚不确定。Matthew Gorton（2001）以 Moldova 地区的小规模土地经营为研究对象，发现如果将农户农业生产和经营联合起来，土地交易的进程会加快，但是土地所有关系明确的界定是顺利实现的重要前提，所以农户应当获得土地所有的相关证明，否则土地交易市场依然不够活跃。从这一方面反过来讲，农户进入土地市场的意愿不强烈往往是由于土地产权的不确定，严重依赖土地的结果（Holden and Yohannes，2002）。Binswanger 从大多数发展中国家的社会保障制度方面研究土地买卖，认为这些国家的金融、保险和社会等保障制度的不完善使进行土地改革时，大多会出现土地高度集中或者两极分化的问题，无论哪一方面都会直接影响经济效率。除了社会因素，农户作为理性的经济人，会从经济角度权衡土地买卖活动，其往往会在经济利润和安全程度这两者之间寻找一种平衡（Terry V. D.，2003）。关于土地交易买卖的结果如何，国外学者也从不同方面进行了相关的研究。Wang 和 Gaill 研究表明土地流转对农业经营具有重要的作用，可以扩大农地的经营规模，发挥农地的潜在生产能力，实现农业收益。Klaus Deininger 等（2012）研究中国的土地制度，认为土地流转可以调整农业产业结构，推广现代农业耕种方式和方法，提高农业生产率，增强农业整体实力。Elizabeth Brabec 和 Chip Smith 认为土地流转改变农地规模、利用方式等，进而改变农业产业结构，在此基础上发展规模经营，可以实现规模效益，提高农地的产出水平，增强农产品的市场竞争力。

（三）关于土地规模经营模式的研究

由于各个国家的国情和经济发展水平存在差异，农民对农地规模经营的认识不同，选择经营的方法和方式也就不相同。其中比较典型性的模式有：①中小型农场，如法国和日本。法国是传统的小农经济结构，一般由政府颁布法律法规，相关的农业机构把分散的土地集中起来，形成一定的规模，逐步建立以中小农场为主导的农业生产模式。日本人多地少，人地矛盾突出，政府利用立法、行政等手段，采用委托、租赁的方式，大力推进土地规模经营，发展中小型农场。②大型农场，如美国。美国人少地多，人均土地面积大，农业资源丰富，适宜发展大型农场。美国土地规模经营严格遵循市场经济运行的法则，广泛利用现代先进的农业科学技术，有效地促进了农地规模效益。

农业合作组织是实现农业产业化的有效组织形式，从这个角度出发，一些学者发现世界各国普遍存在这样的经营模式。著名的有日本的农业协会组织。“农协”是一个农业合作组织，指导农业生产的开展，组织农产品加工流通等活动，管理包含农业产前、产中、产后的各个环节，深刻体现了农业产业化，农民单独面对市场的风险减弱，有效推动了日本农业规模经营。农业协会还提供一些关于农民生活的服务，比如保险、医疗等，是全方位服务农民的组织形式。再如法国和美国等的农业合作社。法国农业合作社专业化程度很高，包括专业性生产、科技推广、农业服务等各类农业合作组织，生产、加工和流通各个环节均包含其中；各种专业农业合作组织交织，高效运作，组成了国家、省、地区三级合作网。美国的农业合作社分为实体性合作社和合作社联盟两种。实体性合作社为本区或者周边州的农场主提供农产品的产供销服务，合作社联盟是由不同的合作社跨区联合经营的，范围覆盖全国乃至其他国家。

（四）土地报酬递减的相关研究

土地规模经营效益使用的是西方经济学的规模经济理论，规模经济有土地的规模经济与规模不经济，规模经济是随着土地规模的扩大，由于成本的下降或者产量的提高等从而使收益增加。随着土地规模的继续扩大，单位土地收益的增加速度可能会放缓。而与此相反的是规模不经济，土地的收益会随着土地规模的扩大而缩小。对于土地规模经营究竟是否能增加收益，国外很多经济学家对此都有相关研究。

17 世纪，英国经济学家威廉·配第在《政治算术》中为了说明土地的规模报酬递减举了一个生动的例子：假如英国只有一个人，英国所有的土地都属于他，他通过劳动可以获取一定的收益，如果再增加一个人，那么这片土地的收益会增加，如果再继续增加人，收益会继续增加，但是当人数增加到一定量的时候，土地的收益就会保持不变。这个例子说明当土地的面积一定时，产量也有个极限，当土地的产量达到极限时，继续增加生产要素，土地的收益也不会增加。到了 18 世纪，法国经济学家杜尔阁在其著作《关于财富的形成和分配的考察》中也采用了类似的分析方法来探讨土地边际报酬的变化。他指出如果将种子撒在土地上，不投入任何劳动力，将不会有任何收益，如果增加一个劳动力那么土地的收益就会翻倍，如果投入两三个劳动力，土地的收益会继续增加，当劳动力超过一定人数的时候，土地的经济效益将会消失。几乎同时，亚当·斯密在著作《国民财富的性质和原因研究》中也指出如果能合理分工和规模利用土地，那么土地的收益将会有大幅提升。进入 19 世纪，英国经济学家威斯特在《资本用于土地》中提出土地报酬递减规律，指出土地的边际产量是不断下降的。

1817 年，李嘉图在《政治经济学及赋税原理》中根据当时农业的生产提到了土地报酬递减的规律。马尔萨斯在《人口原理》中分析人口形势与粮食产量的关系时，他担心受土地报酬递减的影响，未来人口会不断地增加，但是土地的产量却不能同比例增加。

19 世纪初期前的经济学家虽然也认识到了土地报酬递减的规律，但是对这一规律的认识还处于初级阶段。之后的经济学家在前人研究的基础上逐渐使这一理论趋于完善。西尼尔在《政治经济学大纲》中认为在科学技术等生产要素不变的情况下，土地的报酬递减规律才成立。

到了 19 世纪末 20 世纪初，克拉克和马歇尔试图通过另一种角度分析土地报酬规律，以使人们对土地报酬递减规律有更加清楚的认识。克拉克在《财富的分配》一书中将生产要素分为可变生产要素和不可变生产要素。他认为在边际生产率达到最大之前，两者的比例还没有达到最优，如果增加对可变要素的投入，边际产量会增加，总产量也会增加。但是如果两者的比例达到最优之后继续增加可变要素的投入，此时总产量虽然增加，但是边际产量会下降直至为零。为了更加准确分析这一规律，克拉克和马歇尔引入生产函数，并且用农业生产作为研究主体。随后，布莱克在《生产经济学导论》中提出生产总产量曲线、边际产量曲线、变动要素投入量曲线等来分析变动要素对生产的影响。

（五）土地规模经营效果的相关研究

国外关于土地规模经营有很多理论，像农业生产经济学规模经济、传统农业经济学规模经济等，这些理论一致认为农业生产规模越大，占有的社会资源、社会资本、贷款优势、信息优势、科技优势、成本优势就越大，农业的生产效率和收益都会相应增加。

马克思关于规模经营的研究是通过大生产与小生产的关系来分析的。大生产和小生产的关系虽然不能和土地规模经营与非规模经营直接等同，但是他们之间的原理基本相同。其主要观点为：小农生产有比较封闭、分散的特征，生产方式也很落后。而大农生产可以使用比较先进的科学技术和生产设备，大农生产的优势大于小农生产。恩格斯也指出大农生产取代小农生产是必然的趋势。

1770 年，英国阿瑟·杨在《农业经济论》中分析了在农业生产中各种不同要素的投入组合以及不同要素组合的投入和收益的关系，得出大农经济的优越性高于小农经济的结论。并且主张应该根据利润最大化原则，发展雇佣工人的大型农场经济。18 世纪中期，弗朗斯瓦·魁奈在分析当时法国农业生产时，认为资本主义的大农生产优越性更强。德国戈特洛布·冯·尤斯蒂在 18 世纪末主张将分散土地集中进行经营。20 世纪 50 年代，约翰·希克斯认为，通过增加土地规模替代机械化设备和生产技术同样能够发挥土地规模经营的效果。(雷海章，2003)

日本从20世纪60年代开始就发现小规模土地经营的弊端，政府相继出台了很多优惠政策积极推行土地规模经营。美国从 20 世纪初就开始实施土地规模经营，到70年代就基本实现了农业生产的机械化，90 年代开始将卫星定位系统用于农业规模化生产，而当时我国仍然处于单家独户的家庭联产承包责任制。(王东强，2008)

并不是所有的西方学者都支持土地规模经营，也有很多人提出了反对意见。比如美国华盛顿大学罗伊·普罗斯特曼教授在研究美国农场的过程中发现，小型农场的单位面积产量是大型农场单位面积产量的 10 倍以上。西奥多·舒尔茨在《改造传统农业》中认为除了生产管理者不可分外，其他生产要素都可分，像拖拉机等大型农机具是假不可分的。基于这一认识，他认为土地大规模经营不一定比小规模经营效益高。经济学家格里芬提出随着土地规模的扩大，土地产出的附加值会下降。美国农业部专家杰·麦得安通过对不同农场的生产经营状况分析，认为只有 1~2 个人的机械化大型农场生产效率才是最高的。

贝利和克莱恩在《发展中国家的农业结构和生产率》一书中，通过对印度、菲律宾、马来西亚、巴西等6个国家农业的研究发现，土地的单位面积产量和农场规模呈相反的关系。伯纳姆和斯夸尔通过对印度的土地规模经营进行研究后发现，当农场土地面积在3. 55 公顷以下时，土地的单产为1. 7 吨/公顷，如果农场土地面积超过3. 55 公顷时，土地的单产为1. 61 吨/公顷。世界银行在对肯尼亚农场调研之后发现，农场规模越小，单位土地面积的产量就越高，经分析导致小农场产出效率高的原因是农户对土地的复种指数高，生产投入也多。

通过上面的描述，我们会发现国外对于土地的单位面积产出和土地的规模经营大小有两种截然相反的观点。一种是随着土地规模的扩大，土地单位面积的产出会随之增大。另一种是随着土地规模的扩大，土地单位面积的产出会降低。我们不能简单的说哪一种观点是正确的，从而否认另一种观点，可能它们之间不是简单的线性关系。比如随着土地规模的增大，如果生产要素也同比例或者更大比例的增加，将会出现报酬递减的现象。

国外学者在研究土地规模与土地产出收益之间的关系时，也有人认为他们之间的关系是先递增后递减。美国密歇安大学瑞定杰和康赛优在研究菲律宾农业时，得出以下结论：当土地规模在不超过 4 公顷时，土地产出收益会随着土地规模的扩大而增加，当土地规模超过 4 公顷时，土地产出收益会随着土地规模的扩大而降低。目前我国农村的家庭联产承包责任制还远远没有达到 4 公顷，因此，在这一研究的基础上，可以知道我国农村发展土地规模经营增加土地产出收益的潜力还很大。

（六）农业效率研究方面

从微观层面看，关于农业生产技术效率的研究，国外学者的研究较早，研究所选取的角度也与国内具有一定的差异性，由于国外农业经营方式大多以农场为经营单位，因此国外关于农业技术效率的研究大多针对农场和农户进行。G. E. Battdse 等对印度 38 个农场的实地调查研究，采用随机前沿函数分析方法对其生产技术效率进行研究。Lartey G. Lawson 对丹麦乳业农场的技术效率进行研究，首先采用偏型随机前沿生产函数探究了疫苗防控措施与农场的技术效率的关系，并对农场的技术效率影响因素作了深入研究。而 D K Lambert 则对美国 54 个农场的资金结构，从农场资本结构角度研究了农场的技术效率。Bravo-Ureta 对发展中国家的农业生产技术效率进行了研究，并对其经营模式提出了改进建议。此外，还有一些学者从其他角度对农业生产效率进行了研究，如 Asadullah 通过数据调查研究，对谷物农业的生产效率进行了研究，并从土地所有权等角度等因素对农业生产效率的影响。Dag 从家庭环境等角度对农业生产效率进行分析。

从宏观方面看，通过对以上文献梳理发现，西方关于技术效率的研究大多从微观层面进行调查研究，而且研究角度非常的全面。当然，也有不少外国学者从宏观层面对农业生产的技术效率进行研究，并且取得了一系列具有学术价值的研究成果。如 Broekel 从宏观数据角度对德国的农业生产技术效率进行了研究。Krasachat 采用 1972—1994 年泰国农业生产宏观数据，对泰国农业生产技术效率进行了研究，首先对泰国农业生产技术效率进行了评价，并对其影响因素进行了分析，发现泰国农场经营存在显著的规模效应，即农场的规模越大，其农业生产效率越高，并对诸如土地等自然条件的因素对农业生产技术的影响进行了分析。Kaneko 对采用 1999—2002 年省级面板数据，对中国各地区农业生产技术效率进行研究，发现技术进步和对外开放是促进中国东部地区农业生产技术提升的主要因素。

有关研究方法很多，主要可以分为两类，一类是基于参数估计的随机前沿函数分析法（SFA）。Timmer 采用随机前沿函数分析方法对农业技术效率进行了分析，并研究了农业技术效率的改进途径及方法。此外，如 Bravo-Ureta、Ali、Meeusen 等学者分别采用随机前沿函数法对农业生产技术效率进行研究。另一类是基于非参数估计的数据包络分析法（DEA）。由于 DEA 作为一种新的非参数统计方法，较回归分析等方法有着明显的优点，尤其在经济学生产函数的确定方面更为突出，因而被学者广泛适用于农业生产技术效率的研究。如 Mao 采用数据包络分析法对中国区域农业技术效率进行了研究，并深入探讨了技术进步对农业生产效率的促进作用。Andre 采用修正 DEA 模型对农业生产技术效率进行测算研究。Wadud 将随机前沿函数法与 DEA 模型进行对比研究，对孟加拉国农场生产技术效率进行研究。Zhou 和 Fawen 采用 DEA 模型对中国西部地区农业生产技术效率进行了研究。Soleimani-Damaneh 采用动态 DEA 模型，对农业技术效率的规模效应进行了研究。当然，一些学者采用其他的研究方法对农业生产技术效率进行了研究。如 Goksel Armagan 采用 Malmquist 指数分解法，以土耳其农业作为研究对象，进行了研究。Pantzios 对希腊水产养殖生产技术效率进行研究，并采用基于投入角度 Malmquist 生产率指数法对其进行分解分析，发现希腊水产养殖技术效率的进步主要来源于规模效应的提高。

二、国内研究动态

无论是在农村土地家庭联产承包责任制的研究方面还是规模经营方面，我国学者都进行了比较深入和细致的研究。结合国内学者的研究现状和本文的研究内容，将国内学者的研究成果按照不同的分类标准进行了梳理。

（一）土地规模经营的相关理论研究

由微观经济学知识可以知道，当土地规模不断增加时，土地效益会依次出现以下 3 个阶段：土地规模报酬递增、土地规模报酬最大、土地规模报酬递减。能够使土地规模报酬最大的土地规模就是我们所说的适度规模或者最佳规模。对于土地适度规模经营的理论国内也有不少学者做过相关研究。

郭江平（2003）在讨论了土地、劳动、资本之间的关系后，得到了以下结论：第一，在一定的条件下，实施土地规模经营可以提高土地的生产效率。第二，要正确理解土地规模经营与三者之间的关系。第三，劳动、资本与土地规模经营之间的比例可以根据需要变化，合理配置。黄少安、刘明宇（2008）运用一个农户在家庭联产承包责任制下长期投资的函数分布特征模型和一个投资回收模型，得到如下结论：适用于规模经济的生产技术在家庭联产承包责任制下所发挥的效能是低于其潜在水平的。适用于规模中性的生产技术与家庭联产承包责任制是相适应的。陈定洋（2006）在分析了各国的粮食生产效率之后，发现我国的粮食生产效率除了比美、日、法等发达国家低外，比世界上大多数国家的生产效率都高，这主要是由于我国农业生产的精耕细作。梅建明（2002）认为实施土地规模经营是未来农业发展的必然趋势。现在的家庭联产承包责任制只能解决农户的温饱问题，农户不可能通过家庭联产承包责任制致富。虽然有观点认为农户如果想致富必须通过兼业经营才可以实现，但是这也不利农业向规模化、工业化的方向发展。我国的农业未来应该发展“适度规模经营”。

（二）关于家庭联产承包责任制的研究

学者马举魁（2004）认为，随着我国农村经济的不断发展和劳动力水平的大幅度提高，家庭联产承包责任制在其运行的过程中也出现了很多问题和局限性，给我国农村生产力的发展带来了一系列的障碍。为了使我国的家庭联产承包责任制更加完善从而促进农业的发展，提出了具有借鉴意义的农村土地制度改革的思路和方法。王蕙等（2008）重点分析了现行的家庭联产承包责任制带来的消极影响，认为我国农村土地现在的生产模式只能解决广大人民群众的温饱问题，要想使我国农业获得更好、更快的发展，提高国际竞争力就必须创新农业生产模式，实现规模经营。宋县委、王凌（2004）重点分析了后家庭联产承包责任制时期土地制度的缺陷，并提出了新的发展思路，即在土地国家所有的前提下由以户为单位的家庭进行承包的农场制度。陈爱娟、方浩（2004）从农民和国家的角度研究家庭联产承包责任制在其发展过程中逐渐出现的缺陷及其深层次的原因，最终推理出家庭联产承包责任制在其产生的同时就具有内在的不可避免的缺陷。吴清梅（2002）从制度经济学的角度出发，结合我国不同历史时期的具体特点，重点分析了我国农村土地制度的变化历程。最终得出的结论认为由于当时与土地相关的法律、制度的不完善造成了现行的土地制度的一些缺陷，要想弥补这些缺陷，政府部门应该通过立法完善。

（三）关于土地规模经营的必要性研究

邓蓉、黄漫红（2007）认为家庭联产承包责任制的内涵在我国农村也在发生不断的变化，因此，我国农业生产经营体制也要随之进行相应的调整。要想实现农业的现代化生产就必须解决农户分散的、小规模的经营，规模化经营在我国今后农业的发展中将会发挥重大的作用。陈良、张云（2009）以我国苏北地区作为调查对象，研究结果显示在我国社会社会经济的发展过程中，家庭联产承包责任制的弊端也在不断的出现，主要表现在土地相对分散、生产规模小，这给我国农村经济的发展带了很多不利的影响。要想解决这些问题，就必须实行土地规模经营，只有这样才能改变现有的不利局面，增加农民收入、提高农业劳动生产率，为我国的社会主义现代化建设提供坚实的物质保障。李冰、王雁（2011）认为虽然随着城镇化加快，农村进城务工人员也越来越多。但从长期来看，农民还是离不开土地，在任何时候大部分农民最终还是要依靠土地来满足基本的生活需求。在这种情况下，只有实现农村土地的规模经营才能提高农民收入，最终从根本上解决农村居民的生活水平问题。王文凤（2008）认为在我国农村当前的具体条件下，只有实行土地规模经营才能从根本上推动我国农业的发展。在土地规模经营这一过程中，只有加快土地流转，才能更好的实现这一目标。李国祥（2009）通过透彻深入地分析党的十一届三中全会精神，最终得出的结论是只有使土地的效能发挥最大化才能从根本上推动我国现代农业的大发展，也只有这样才能解决我国目前农业发展方面存在的耕地资源紧缺和人民日益增长的粮食需求之间的矛盾。柯炳生（2007）认为人口数量多、耕地面积少是我国的一个基本国情。要解决十几亿人口的吃饭问题一直是我们国家工作的重中之重，也受到了党中央和国务院的高度重视。家庭联产承包责任之下分散的小农经济已经很难适应我国当前农村经济的发展，我国在坚持家庭联产承包责任制的前提下同时积极推动土地的规模经营，不仅能显著提高我国农村土地的粮食单产量和总产量，还能为我国现代化农业的发展提供推动力。

（四）土地规模经营条件研究

史继红（2007）通过大量的实地研究认为，我国农村很多地区现阶段已经具备了通过土地流转和农村劳动力来实现农村土地规模经营的条件，很多地区现在也在推行着，事实证明效果也是非常显著的。通过实行土地规模经营，显著地提高了当地农村的生产力水平，农村劳动力在这一过程中也得到了很大的锻炼，素质水平显著提高，在农村推行土地规模经营已经得到了实践的检验。郑建华、罗从清（2005）通过研究发现，现阶段在我国农村实行土地规模经营的条件已经基本具备。我们要做的应该是顺应历史发展的潮流，当地政府应该出台一系列的政策法令，为土地的规模经营提供保障，同时也要积极的推动农村劳动力平稳有序转移，建立健全我国农村在医疗、教育、卫生等方面的社会保障体系，提高农村劳动力素质。只有这样才能更好的推动我国农村土地规模化经营的进程。马康贫、刘媛（2009）认为虽然现阶段土地规模经营已经成为我们农村土地的一种发展趋势，但是在具体的实施过程总还需要针对当地的实际情况来进行合理推动，不能搞“一刀切”。尤其在一些还不具备土地规模经营条件的地区，当地政府和主管部门不能强制实行，只有在具备了充足物质保障的地区才可以适时推进土地规模经营。柴高（2010）认为农村劳动力的转移和农业机械化是实现土地规模经营的重要条件。农村劳动力的合理转移不仅关系到我国农村经济的发展，还关系到我国社会的稳定。土地规模经营一个必不可少的条件就是要实现我国农业生产的机械化。与柴高不同的是，屈茂辉（2007）认为要实现土地的规模经营必须要具备3个条件：第一个条件是第二产业和第三产业的总产值要超过第一产业的总产值，也就是第二、第三产业相对比较发达。第二个条件是有超过一半以上的农村劳动力向第二、第三产业转移，转以后的农村劳动力要有比较稳定的收入。第三个条件是政府要为农村提供较为完善的社会保障体系，以减少其后顾之忧。

（五）关于土地规模经营组织形式和途径研究

曾福生、唐浩（2010）通过研究发现我国现行的土地规模经营主要有两种，第一种是以农民为主体的采用农户间自由流转土地的方式来实现土地的规模经营。在这个过程中农户发挥着主导作用，把土地的承包经营权作为交易的对象在土地市场上进行自由交换。第二种方法是以集体作为土地流转的中介实现土地的适度规模经营。集体一般是采用土地流转中反租倒包的形式把土地承包给种粮大户或者是工商企业进行高附加值农产品的生产。这两种方法的前提是要充分考虑广大农户的意愿。吕卫民（2011）认为在推行土地适度规模经营的过程中，要重点发挥在村集体中影响力比较大的种田能手或者种粮大户的积极作用，采用村集体自下而上和政府自上而下相结合的措施的同时，始终坚持经济效益和社会效益，以点带面，根据当地实际情况适时推进土地的适度规模经营。最终达到增加农民收入，推动我国农业可持续、快速发展的目标。杜国平（2010）有针对性地研究了在欠发达地区实行土地适度规模经营的具体模式，研究结果显示：在欠发达地区推行土地适度规模经营的条件已经基本具备，但还有一部分地区没有达到标准，所以在推进土地规模经营的过程中要区别对待。对于已经符合条件的地区要积极推进，根据当地实际情况采取适宜的模式；对于不符合条件的地区要积极的创造条件，并且缓慢推进。在具体实施的过程中大户经营型、股份合作制等都是可供借鉴的模式。朱道华（2000）结合不同的社会和经济背景，通过对江苏苏南和广东南海地区的研究发现，不同地区的土地经营方式和手段也是不一样的。其中，在推进土地规模经营的进程中，江苏苏南和广东南海所采用的土地规模经营模式也是不一样的。这也说明在土地规模经营的过程中，不同地区所适合的模式也是有所不同的。林善浪（2005）以福建闽南地区为研究对象，在研究中发现早在20世纪90年代，闽南地区就已经结合当地实际推行了土地规模经营，而土地股份合作制已经成为其主要形式。解安（2002）通过对福建、广东、浙江等省的研究中发现，在这些省份的发达农村地区早就出现了以土地承包、撂荒地开发、耕地租赁等方式的土地流转，进一步促进了土地的规模经营；在这些省份的欠发达地区也出现了区域生产型、土地流转型等适应土地规模化经营的模式。李忠国（2005）认为，在现阶段推行土地规模经营最适合的方式就是采用股份合作制，在这种比较现代化的土地经营模式下，不仅可以推动土地的规模经营，又能很好地保障农民的合法权益。农民以土地的使用权入股，到期可以获得分红。这样以来农民离开土地后又可以获得相应的收益，可以保障基本生活水平不下降。

（六）关于土地规模经营测量研究

钱贵霞（2006）在贝克尔家庭生产函数模型的基础上建立了农业生产函数的计量经济学模型，在该模型下推导出了农户在家庭利润最大化的前提下，农户耕地经营适度规模的公式。通过对全国各粮食主产区的调查，把实地调研得到的数据代入公式中得出了不同地区农户经营的适度耕地规模。胡瑞卿等（2007）在理论研究和实证研究的基础上计算出了农户的适度规模经营和土地流转量，并在此基础上分析了我国现阶段耕地流转速度过慢的主要原因是农民对农村土地赋予的社会压力太大，只有转移农村社会剩余劳动力和加快农村社会保障体系建设才能更好、更快地加快我国农村的土地流转，进而推动土地规模经营。罗芹（2008）在计算农村土地适度经营规模时从柯布—道格拉斯农业生产函数出发，最终得出了农业适度规模经营的表达式。然而在研究中发现，根据规模经济原理，农村土地的经营规模并不是越大越好，而是要和土地的生产要素投入量相结合，而不能一味的追求较大的规模。齐城（2008）选择了河南信阳作为研究对象，通过建立计量经济模型，结合当地的农业各生产要素的投入量计算出了当前条件下河南信阳地区的适度土地规模经营。周春芳（2011）以对武汉市江夏区农户进行调研取得的163个农户样本为研究对象，在农户人均纯收入最大化的前提下，建立了计量模型。通过对土地规模和农村居民人均收入为关系的二次回归模型的计算最终得出适合武汉市江夏区的农村土地经营规模应该是1.27公顷。王佳杰（2010）根据我国农村经济的发展现状，结合直观评价法确定了土地适度经营规模的方法。结合具体的实例，认为现阶段家庭低适度经营规模比较适合我国农村的具体实情。徐建忠（2007）认为我国推行土地规模经营的最终目标就是为了提高农村居民的收入，减少现存的农村居民和城市居民巨大的收入差距，最终提高劳动生产率。因此，在分析我国农村土地的适度经营规模的时候要以城市居民的收入作为参照系数。最终，从在我国实行土地规模经营的条件入手，推出了计算我国农村土地适度经营规模的方法。

（七）关于农村土地流转方式的研究

张照新（2002）统计得到转包是调查区内土地流转的主要形式，且分为亲朋好友之间的转包和非亲属之间的市场交易转包两种。黄延廷（2010）认为政府应形成土地流转的有力保障，包括政策、措施、法律法规，政府参与下的流转形式有反租倒包，这种方式使得土地流转的交易费用降低。谷树忠等（2009）认为农村土地流转的主要模式有转包（委托代耕）、互换、出租、转让、入股、重组、兼并，并分析了各种模式的基本结构和特征。刘锡荣、李彬（2012）在统筹城乡背景下，分析重庆九龙坡区的土地流转模式，这是当今一种新颖的土地流转模式，一方面可以使农民获得较高的流转收益，另一方面又能解决农民放弃土地后的社会保障问题，在今后土地流转中可以考虑推广。国内学者关于土地流转模式的研究大多基于普遍存在几种模式的组合，今后还需要加强模式的创新研究。

国内学者对影响农村土地流转的因素从理论和实践两个方面进行研究。詹和平、张林秀（2008）采用计量方法发现：农户是否参与土地流转市场、持有土地的年限、务农的劳动力数量、农业资产价值、社会保障水平等因素与土地流转关系密切。户主的文化程度越高，对土地流转的接受程度越高，参与的可能性越大。农户的文化程度对土地流转具有收入效应和替代效应（郭涛，吕杰，2010）。非农收入在家庭收入中占得比重越高，说明对土地的依赖程度越低，农户则更倾向于流转土地（杜培华等，2008）。吴飞（2011）着重分析影响农村土地流转的制度性因素。土地承包经营制度限制土地承包期限、土地用途和流转方式；入股制度的一些规定同《中华人民共和国公司法》存在冲突，集体产权制度中农村土地所有权主体模糊，形同虚设，村民委员会为谋私利会损害农户的利益；政府单方面决定土地征用价格，土地征用制度不合理。付顺、崔永亮（2010）认为影响土地流转的因素不仅仅有制度层面的，而且包括自然、经济、社会等一些非制度层面的。气候、地形影响农业生产，同样影响着土地流转的规模与速度；家庭收入、农业税、国家补贴是影响土地流转经济方面的因素；社会因素则包括传统思想观念、土地保障功能等。

（八）关于农村土地规模经营模式的研究

金高峰（2007）认为大户经营是现代农业规模经营的有效形式。大户经营是以种田能手、农业专业户为经营主体，通过土地流转集中土地，集中的主要是无力耕种或不愿耕种农户的土地，依此扩大主体的土地规模，这种方式解决了传统农业一家一户经营的弊端，比如规模小、效益低的问题。吴春宝、张世花（2012）创造性的提出“中农化”的农村土地经营模式。其特点是“小承包、大经营”，即农户通过土地流转，形成适度的土地规模，然后根据自己的特长经营土地，发展地区特色农业，这些农户进一步发展成为种植大户或养殖大户。他们认为这种模式适应了当前我国农地经营的现状，一方面小农经营存在弊端，另一方面许多地方没有能力实现较大规模的规模经营。王晖（2005）认为农地股份合作制是最具有创新意义的土地制度，它以农民土地承包权和使用权入股，或者以土地使用权等值的生产要素（劳动力、资金、技术等）入股，形成独立法人组织，从事生产经营活动，这与家庭承包经营的方式并不矛盾。股份合作制的模式可以延伸为多种。史继红（2007）认为在家庭联产承包责任制下，有3种途径可以实现土地规模经营：家族化是广泛和普遍存在的；市场化即通过市场形成一个承包价格，确定一定转让年限；政策化是以政府的宏观调控政策起作用。石月华、韩向华（2010）提出多形式推进土地规模经营，以江苏省金坛市农村土地规模经营形式为例，分析农村土地股份合作社，合作经济组织带动，引进企业、大户租赁经营这3种形式的具体运行和作用。郭晓鸣等（2007）提到成都龙头企业独立经营模式和“公司+农户”等利益联结模式。耿玉春、吕莉（2012）认为政府应加快建设各种农业示范区。

国内学者对于土地规模经营各种模式的绩效评价比较含糊，贾林蓉（2009）认为从3个角度评价农业适度规模经营：农民增收、提高农业生产力水平和适当的农业生产社会化组织形式，最根本的是提高农业生产力水平。李文安、马文起（2012）对河南省土地规模经营的主要模式从经济效益、生态效益和社会效益进行分析，但是没有对各个模式的情况进行具体分析。叶琪、涂远宏（2005）认为土地规模经营有政府主导型、市场主导型及政府和市场互补型的模式，并从资源配置方面、土地利用程度、作用机制等方面对这3种类型进行比较，认为在土地规模经营发展过程中应充分发挥市场机制的作用，并结合政府协调服务职能。

（九）土地规模经营效果的相关研究

对于土地规模经营效果的研究，国内学者也有不同的理论和见解，解安（2002）在研究福建省土地规模经营情况时发现，土地规模在20~25亩时效益最佳，平均每亩地的产值比土地规模在10亩以下的高1.98~6.6倍，比土地规模在10~15亩的农户高86%~370%，比土地规模在15~20亩的农户高69.2%~92.7%。他在分析土地规模经营效益高的原因时，认为是由于劳动者素质较高。

很多观点都认为土地规模大小与土地的收益呈正比，土地规模化经营能带来生产效率的提高，降低生产过程中的管理成本、劳动力成本等来实现生产效益的增加。但是国内也有学者也对此提出了异议，不赞成这些观点。罗必良（2000）从7个维度来研究土地规模经营的效率，最后得出的结论是对土地规模经营效率有主要作用的是农业机械和管理者素质，其他生产要素对土地规模经营效率并没有明显的作用。林善浪（2000）认为土地规模经营与土地产出效率之间的关系并不是十分明显，对土地生产效率有明显影响的是投入的生产要素。而小规模经营相对于大规模经营来说，能投入跟多的生产要素，因此更利于生产效率的提高。林勇刚（2010）利用DEA测度土地规模经营的效率，并且得出户主年龄、户主主业、农业用工量、蔬菜种植面积、机械作业费等都是影响土地规模经营效率的重要因素的结论。

（十）对新疆农村土地流转和土地规模经营的研究

樊亚丽（2009）以新疆种植棉区为研究对象，认为土地流转和土地适度规模经营的作用体现在：优化种植结构、提高农业现代化程度以及促进农民增收，是新疆棉花产业甚至是整个农业发展的客观需要和现实选择。规模化种棉需要政府应给与政策引导，以便提高劳动生产率、有效利用农业机械、建设棉花基地。蒋小风（2010）认为新疆农村土地承包经营权流转处于不断发展的状态，但是南北疆存在很大的差异，81%的流转发生在北疆，且转包为主要的方式。刘新平（2010）分析了转包、转让、互换、出租、入股这5种形式的土地流转的差异性，根据各地区经济、社会等方面的条件分析新疆各地区适宜选择的类型。汪爱琴（2007）认为转包是新疆土地流转的主要形式，具有规模小、期限短的特点。新疆应该改善土地流转制度，提高土地利用效率。国内对于新疆土地规模经营模式的研究较少。阿不都艾尼·阿吾提（2009）认为农用地互换可以实现土地集中连片，农村经济合作社和土地入股的方式可以有效借鉴，实现新疆的土地规模经营。郭亚萍、罗勇（2010）认为新疆已经出现土地规模经营的苗头，未来发展以家庭农场为主要趋势。

（十一）农业效率相关研究

微观方面，从农户微观层面对农业生产技术效率进行的研究主要有：曹慧以江西省遂川县138个农户为研究对象，采用面板数据对农户生产的技术效率进行研究，并对其变化规律和影响因素进行了深入研究。通过研究发现，遂川县农户生产存在规模效应，并且农户的农业生产经验对农业生产的技术效率具有显著促进作用，而耕作土地的分散程度对农业生产的技术效率具有抑制作用。梁义成则从非农参与度角度对农业技术效率进行研究，研究发现，家庭组织结构是决定农户技术效率的最主要因素且纯农户的农业生产技术效率相对较低，而非农兼业户的农业技术效率反而较高。金福良则对我国1 707个油菜种植农户生产技术效率进行实证分析，研究发现农户油菜种植规模与生产技术效率呈现“U”形关系，并从油菜户主学历程度、油菜种植面积、农户农业生产培训、是否外出务工等方面对农户生产技术效率的影响进行了深入研究。肖芸等对山西关中地区3个县域粮食种植农户的粮食生产效率进行研究，并采用Tobit模型对影响粮食种植生产效率的影响因素进行回归分析，研究发现，劳动力年龄、农户家庭非农收入等因素对农业生产技术效率具有显著促进作用。此外，由于农作物的作物特性差异非常大，如一些作物抗旱，而一些作物需要大量灌溉，因而其生产技术效率可能存在一定差异。

一些学者对单一农作物的生产技术效率进行了研究，并取得了一定的学术成果。如廖耀先对四川地区的主要农作物水稻、玉米和小麦的生产技术效率进行对比研究，发现其生产技术效率存在一定的差异，而且改善其生产技术效率的方法也有一定的差异。刘天军对陕西省特色经济农作物猕猴桃进行研究，主要采用当地猕猴桃生产基地农户调查数据对其进行研究，研究表明，不同的生产规模的农户之间的生产技术效率存在显著性的差异，而影响猕猴桃种植农户生产技术效率的主要因素也是经营规模的扩大，可见，种植型农业产业的规模效应较为明显。彭科等通过对山东省寿光县蔬菜产业的实地调查，综合运用DEA模型和随机前沿函数法对黄瓜和番茄农户全要素生产效率进行研究，研究发现，两种方法测算的全要素农业生产技术效率在结果上具有一致性，由于蔬菜种植存在的规模不经济以及农户生产要素投入的过剩是造成农户无公害蔬菜的生产技术水平偏低的主要原因。

宏观方面，基于国家层面宏观数据的农业生产效率研究主要有：方鸿基于DEA农业生产技术效率模型，采用中国省级层面1988—2005年面板数据对我国农业生产技术及其影响因素进行实证分析，研究表明，我国农业生产技术效率还具有一定的提升空间，并且东西部之间农业生产技术效率存在明显的梯度效应，中西部之间农业生产技术效率的差异也在逐步扩大，加强对农村劳动力的技能培训，提高其受教育水平是改善我国农业技术效率的主要途径。郑循刚则采用随机前沿函数分析方法对 2000—2007 年我国农业生产技术效率进行了研究，从全国层面来看，我国农业生产技术效率不高，存在比较普遍的效率损失，并且区域间农业生产技术效率差异明显，东部沿海地区技术效率较高，而中西部落后地区农业生产技术效率较低，并且东西部之间影响农业生产技术效率的因素也存在一定程度的差异，但是不管是中部地区还是中西部地区，农业产业政策对农业生产技术效率具有显著促进作用，这在一定程度上说明我国近年来制定的一系列农业产业政策是积极有效的。肖小勇等则从人力资本角度对我国 1999—2009 年农业生产技术效率进行实证分析，重点研究了农村的教育程度和健康水平对农业生产技术效率的影响，研究结果显示，农业生产的技术效率会随着农户的受教育程度和健康水平的提升而大大提升，并且随着时间的推移，教育对农业生产技术效率的提升效果更为显著，因此，通过鼓励农户参加继续教育，提升其文化水平以及加大力度推进农村的居民医疗水平等措施都会促进我国农业技术效率的提升。此外，其他一些学者分别运用不同方法对不同时期我国农业生产技术效率进行了研究，如吴玉鸣采用空间计量经济模型对我国农业生产技术效率进行了研究，郭军华等、周迪等采用三阶段 DEA 模型分别对不同时期我国农业生产技术效率进行了研究，孟令杰、韩晓燕分别采用采用 DEA 模型对我国 1980—1995 年、1981—2002 年的农业生产效率进行了深入研究。

基于省级层面数据对各地区的农业生产效率研究主要有：周腰华运用 Malmquist 全要素生产效率指数分解法对辽宁省各地区农业生产效率进行了研究，发现技术进步是促进辽宁农业全要素生产率上升的主要原因，因此，加大科技投入可以很大程度提升辽宁省全要素农业生产效率。张潆文运用 DEA 模型对江苏省 204 国道样带区农业生产效率进行评价比较，并选取部分年份进行重点分析，研究发现在样本期间，农业生产技术效率呈现“U”形发展态势，即 1980 年以前农业生产效率呈现下降趋势，之后呈现逐步提高态势，同时对研究期间的国家农业发展政策进行对比研究，具有较高的研究参考价值。其他学者如刘莉、金怀玉及钱丽运用 DEA 模型分别对不同时期安徽省农业生产效率进行了实证研究。焦俊党等学者对 1978 年以来我国中部地区农业生产效率进行了研究，许晴、金剑分别针对山东省和河北省农业生产技术效率进行了研究。

也有不少学者从影响农业生产效率的因素方面进行了研究，以期找到提高农业生产效率的有力途径。罗刚平运用数据包络分析法对重庆市县域数据研究农业生产效率的变动，并探究了影响农业生产效率的因素，发现通过在农村地区推广现价的农业生产技术，改善农业生产基础设施建设以及提高农户的知识技能水平均可有力促进农业生产效率的提高。王珏对 1992—2007 年我国省级层面的农业全要素生产效率影响因素进行了研究，实证研究结果显示，农业生产的土地利用情况、地理环境、工业化发展程度以及农业生产过程中科技渗透率均对我国农业生产效率有显著的促进作用，而农业生产的自然气候环境对农业生产率提升的作用并不显著。尹雷对农村金融的支持力度对农业全要素生产力的影响进行了研究，他首先运用 DEA-Malmquist 指数方法对农业全要生产力进行评价并对其进行分解，然后运用 GMM 方法对我国省级层面农业生产效率的影响因素进行了研究，显示加大对农业生产的金融支持力度可以有力促进农业全要素生产率的提高，但是东西部之间在促进效果存在一定的差异，因此，完善农村金融体系，缩小东西部经济发展差距，可以有力促进我国总体农业全要生产率的提高。

三、国内外研究评述

国外学者对农业规模经营及效率研究成果的发展可以总结为以下特点：首先，农地制度在时代变迁和发展的过程中总体上先后经历了两个阶段，第一个阶段就是使农民享有耕种土地的权利，也就是把土地所有权分配给广大农民，实现耕地资源的平均化，使农民成为土地的所有者并在土地上进行生产劳动；第二个阶段就是土地规模化经营的出现，实现了土地的连片、大规模经营，这也是在社会经济发展的基础上形成的。其次，在研究中发现，完全依靠市场的自发调节是不能完全实现土地的规模经营，规模经营的形成需要有政府的积极参与和适当的干预。只有在政府的指引下有规划的对相对分散的土地进行合理的整合和改良，才能更好的实现土地的规模经营，最终提高农村土地的规模收益。

国外学者的研究成果对法律制定和实施产生了较大影响，表现如下。

一是使土地公开买卖合法化。西方国家实行的是土地私有制，推崇市场化的经济运作模式。为了使土地集中经营以提高土地的利用效率，西方国家允许土地公开买卖。比如法国政府法律规定，允许土地在官方或者半官方机构的监管下自由买卖，但是这些机构对细碎土地具有优先购买权。这些官方机构将细碎土地购买后再将其整合成大片土地对外出售，这样对实施土地规模经营也有好处。支持土地卖给具有发展潜力和经济实力的农户经营。到20世纪末，包括前苏联在内的一些东欧国家也开始实行土地的私有化政策，这些对促进土地的规模经营都发生了很大的推动作用。

二是明确规定土地不可任意分割。为了不使大片土地被任意分割，西方一些国家都出台了相应的政策。德国、丹麦等国家规定任何家庭或组织不能建立小于政府规定面积的农场。法国为了避免由于土地继承或者转让造成土地的任意分割，规定只能由一个人来继承土地或者转让给一个人种植。

三是整合分散，零碎土地。为了解决土地分散、零碎问题。德国、法国等成立专门的土地部门，并由基金支持，在与农户或者农业组织自愿协商的基础上，将零碎土地进行平整，然后再将土地按之前的协议将土地分给农户或农业组织，并进行重新的土地登记以确定其产权。通过土地整合，使得土地的规模经营和机械化经营成为可能。

四是对土地租赁进行管控。德国为了鼓励农场进行大规模经营，规定土地租赁价格不能超过一定限度，并且尽量延长土地的租赁期限，这些对农户承包土地进行大规模经营都创造了良好的条件。

五是放宽或者取消对土地限额的政策。南斯拉夫在1988年立法规定，大幅度放宽农户对土地面积的限制。日本、丹麦等国家也通过立法取消了农户对土地拥有面积的限制，并且鼓励有经营能力的农户通过购买、租赁等方式扩大土地种植面积。

六是国家处置耕地使用不良行为。荷兰、法国等国家规定对于耕作不良或者耕地出现撂荒现象，国家有权将土地征收或者令其出租。西班牙法律规定，土地面积超过500公顷的干旱农场或者面积超过50公顷的灌溉农场，如果耕地面积没有占到总面积的80%或者产量未达到正常产量70%，国家将征收土地。

七是鼓励劳动力转移。要实现土地规模经营，必须将农业劳动力转移到其他产业，才能流出更多的土地来进行土地的规模化经营。日本为了推行土地规模经营，鼓励农户向第二、第三产业转移，并且对放弃小规模种植土地的农户进行免费的职业教育培训和发放一定的生活补助。法国在经过两次工业革命以后，大量的农村劳动力向工业部门转移，从事农业的人口从80%下降到20%。

同时，法国农业机械的发展不仅解决了一部分农业人口的就业问题，而且为农业的机械化发展提供了条件。

八是发展农业合作组织。日本在 1947 年成立了比较成功的农业经济合作组织，参与其中的工作人员都是当地的农户，这种模式使农户脱离土地后在当地就解决了就业问题。就是配套相应的政策，保障土地的规模化经营。在推进土地规模经营的过程中，国外很多国家都制定了相应的政策来保障土地的规模化经营，促进农业的发展。

九是制定合理的扶持和信贷政策。为了鼓励小农生产者转移土地经营权，法国政府成立了“非退休补足金”和“调整社会结构农业基金”，对于转移出去土地经营权的农户给予一定的补助资金。荷兰、英国等欧洲国家也制定了类似的鼓励政策。日本政府还对于购买耕地、林地等大农户发放长期的低息或者无息贷款。法国政府也对具有生命力的农户采取了类似政策，但是对于小规模经营的农户却没有优惠信贷政策。

十是制定农产品价格支持政策。德国、英国等国家在制定农产品价格等相关保护政策时，都是以中型农场的生产成本作为制定保护价格和保护政策的依据，这样使得很多小农生产者利润微薄，小农生产者只能选择转让土地或者扩大土地经营规模来降低生产成本。

十一是实行差别税收政策。为了鼓励中大型农场的发展，对其采取优惠的税收政策。法国、德国等国家在制定税收政策时，根据农场的经营状况和规模，将税收负担从轻到重分为几级。对于大中型农场使用较轻的税收政策，对于没有活力的小型农场使用较高税负。这样逐渐引导农业生产朝着大中型农场规模发展。

国外学者对农业规模经营相关问题的研究起步比较早，理论比较多。与国外学者相比，国内学者主要研究家庭联产承包责任制在不同时期的演变过程及其在发展过程中出现的问题和局限性方面，对我国农村土地规模经营的探讨，最开始主要集中在对土地规模经营问题的研究上。随着我国农村经济的发展和农村经济体制改革的深入，特别是各地对于土地制度改革的积极探索，使农业规模经营理论研究进一步深入制度创新、家庭经营模式、农业经营体制、农民组织化、农村合作经济形式。国内对农业效率的研究起步较晚，但近些年随着国家对“三农”问题的重视，农业技术效率的研究逐渐受到广大学者的重视，并掀起了农业生产技术效率的热潮。从研究范围来看，研究涉及对微观家庭、地区乃至国家区域层面的研究。

国内外学者的相关研究对农业适度规模经营的发展起到积极的促进作用，但也存在以下一些缺陷。①对家庭联产承包责任制下土地经营与规模经营的矛盾没有进行深入细致的剖析。②没有把农业规模经济放在国民经济宏观体系中研究，研究深度都较浅。③对某些指标不作深入的剖析，不能说明问题的实质。④对我国欠发达地区和贫困地区研究少。⑤定性描述多，定量分析少。⑥个案调查多，系统分析少。

第三章　基本概念与基础理论

经济学作为一门理论学科，研究的主要对象是人的行为的选择。在理性经济人的假设条件下，人的行为的主体在面对经济社会环境和相关联的稀缺资源进行理性选择的时候都会结合自己的行为目标，在达到自身效用最大化的前提下使得社会的稀缺资源得到有效地配置。农户不仅可以决定农业生产中各生产要素的投入量，也会直接影响农业生产效率。对农村土地适度规模经营的研究在本质上主要集中在农户作为农业生产的主体，如何在有限的耕地资源和现有的生产技术条件下，根据自己的农业生产经验以及所掌握的信息对现有的农业生产要素进行合理的分配，在农业产出量和经济效益最大化的前提下所达到最优的经营规模。根据阅读大量的文献和专著发现，不同的经济学派在研究农业经济时其前提假设条件各不相同。通过总结可以发现其区别主要表现在以下几个方面：一是影响农业资源进行配置的因素；二是评价最优土地经营规模时的指标选取；三是影响农业生产效率的因素分析。本书主要是在已有的农业经济学理论和前人研究成果的基础上，首先剖析我国在实行家庭联产承包责任制过程中所出现的局限性和问题，然后从农户效用最大化的角度依据在农村推行土地规模经营的特点等分析出本文的理论框架。这不仅可以作为本研究以后几个章节的理论指导，也希望可以成为研究我国农村土地适度规模经营具有借鉴意义的理论分析框架。

一、概念界定

（一）规模经营

规模经营这一概念无论是在理论还是实践当中的应用非常广泛，无论是国外学者还是国内学者都对这一概念进行了较为深入的分析，观点虽然比较多，但是也存在相同之处。各国学者普遍认为规模经营、规模经济和规模效益这三个概念是相互联系的，并不是互相孤立的。国外学者一般认为规模经济是指假设在生产过程中技术条件不变的前提下生产某一种产品，如果在生产该种产品的某种时间段内该产品的生产成本是呈现下降趋势的，就可以被称为是规模经济，否则就可以被称为规模不经济。规模效益是指企业将生产要素等比例增加时，产出增加价值大于投入增加价值的情况。只有当经营规模扩大，其产量增加的比例大于全部要素投入量增加比例时，这种经营规模才具有规模效益。规模效益产生的主要原因是企业由于生产规模扩大而使单位产品所需的生产成本降低。我国经济学家一般认为规模经营就是指随着规模的加大，生产成本和经营费用都得以降低，从而能够取得一种成本优势。

（二）土地规模经营

土地规模经营一般是指在一定的农业生产条件下，通过投入最合适的农业生产要素最终使回报率和收益率达到最大。除农业生产要素的投入量以外，农村劳动力素质和受教育程度、农民劳动工具、当地的耕地质量等因素也会对土地经营规模产生影响。而且农户在耕种土地的时候，并不是其规模越大收益率就越高，而是要求农户合理配置各种生产要素、引进先进的技术和机械设备等措施才能最终降低劳动成本、增加农民收入，并最终获得规模效益。

（三）土地流转

根据我国国务院在 2004 年颁布的《关于深化改革严格土地管理的决定》中规定农民集体所有建设用地使用权可以依法流转，并强调在符合国家规划的前提下，村庄、集镇、建制镇中的农民集体所有建设用地使用权也可以依法流转。《农村土地承包经营权流转管理办法》中规定农村土地承包经营权流转必须在坚持农户家庭承包经营制度和稳定农村土地承包关系的基础上，遵循平等协商、依法、自愿、有偿的原则。我国农村土地流转的模式主要有：土地互换、土地出租、土地入股、宅基住房、股份合作等方式。土地互换就是为方便农村集体经济组织内部农户的耕种和农户自身的的需要，对各自所拥有的土地的承包经营权进行的简单交换，这样可以促进农村规模化、产业化、集约化经营。土地出租是在市场利益的驱动和政府的指引下出现的，其具体实施过程是农民将其承包的土地经营权出租给大户、业主或企业法人等承租方，出租的期限和租金支付方式由双方自行约定，承租方获得一定期限的土地经营权，出租方按年度以实物或货币的形式获得土地经营权租金。大户承租型、公司租赁型、反租倒包型等是其比较典型的模式。土地入股也被称为“股田制”或“股份合作经营”，就是指在坚持农户自愿的基础上，通过建立股份公司把农户的土地承包经营权作价入股。宅基住房用宅基地换取住房，用农村土地承包经营权换取社保，可以享受城市的社会保障，建立城乡统一的公共服务体制。股份合作村集体按照群众自愿、土地入股、集约经营、收益分红、社会保障的严责，引导农村居民以土地承包经营权作为股份共同组建合作社。合作社由村集体统一管理，不再由农户分散经营。

（四）效　率

要想促进生产力的发展就必须提高生产效率，同样的道理，在农业生产力提高的过程中，不仅需要合理配置农地生产要素的投入，也必须提高农业生产效率。效率是指在给定投入和技术的条件下，合理利用经济资源或者是对经济资源做了能带来最大可能性的满足程度的利用。在经济学中所讲的效率主要包括经济效率、技术效率和配置效率。经济效率是社会经济运行效率的简称，它是指在一定的经济成本的基础上所能获得的经济收益。除此之外，在西方经济学中经济效率同时还可以表示成一种状态，即帕累托最优（Pareto Optimality）状态，在这个状态下，不存在任何的帕累托改进，也就是任何改变都不可能使至少一个人的状况变好而又不使其他人的状况变坏。我国经济学家谭立东用：效率=产品/（投入劳动+投入资源+投入工具）这一公式来表示经济效率。技术效率在经济学中是指投入与产出之间的关系，也就是如果在一定的投入下达到了最大的产出量，或者是在生产一定量的产出时实现了投入最小化，那么就可以被称为达到了技术效率。技术效率最早是由英国经济学家 Farrel 在 1957 年提出来的，他从投入的角度认为技术效率是指在相同的产出下生产单元理想的最小可能性投入与实际投入的比率。与 Farrel 不同的是，Leibenstein 从产出角度认为技术效率是指在相同的投入下生产单元实际产出与理想的最大可能性产出的比率。配置效率就是指用投入要素的最优组合来生产出最优的产品数量组合，在投入不变的条件下，通过资源的有效配置和优化组合，就会使效率提高，进而增加产出。

二、理论依据

（一）规模报酬理论

规模报酬是指在其他条件不变的情况下，企业内部各种生产要素按相同比例变化时所带来的产量变化。在微观经济学中，将长期中厂商的规模变化定义为所有生产要素的同比例变化。假定某厂商的生产过程中只需要投入劳动和资本两种生产要素，其投入量分别为 L 和 K，这时，当两种要素的投入量同时增加一倍，即增加到 $2L$ 和 $2K$ 时，称之为厂商的生产规模扩大了一倍。规模报酬是要说明，当生产要素同时增加了一倍，那么产量会发生怎样的变化。如果产量的增加正好是一倍，称之为规模报酬不变，如果产量增加多于一倍，则称之为规模报酬递增，进而，如果产量增加少于一倍，就称为规模报酬递减。在进行经济分析时，通常用齐次生产函数来描述规模报酬关系。对于一种生产函数，如果投入的所有生产要素都变化 λ 倍，产量也同方向变化 λn 倍，这类生产函数即为齐次生产函数。如果 $n=1$，则是线性齐次生产函数。例如，如果 $x1$、$x2$……xn 全部同时增加为 $\lambda\times1$、$\lambda\times2$、……$\lambda\times n$，则产量 Q 会增加为 λnQ。也就是，在线性齐次生产函数的情形中，当 $\lambda>1$ 时，为规模报酬递增；当 $\lambda<1$ 时，为规模报酬递减；当 $\lambda=1$ 时，为规模报酬不变。

（二）生产函数理论

1. 生产函数

生产函数是指在一定的技术水平下生产要素投入量的组合与产品的最大产量之间技术关系的函数。它既可以用于描述某个企业或行业的生产特征，也可以作为总生产函数应用于整个经济。在新古典经济学的生产分析中。通常把企业视为将投入组合转化为产出的“黑匣子”，生产函数就是对企业的这种功能的量化描述。生产函数所表明的是一种技术关系。生产函数即可以用数理模型来表示，也可以用图表或图形表示。也就是一定技术条件下投入与产出之间的关系。在处理实际的经济问题时，生产函数不仅是表示投入与产出之间关系的对应，更是一种生产技术的制约。要想达到成本最小，就必须要考虑到技术制约，而这个制约正是由生产函数给出的。另外，在宏观经济学的增长理论中，在讨论技术进步的时候，生产函数得到了很大的讨论。假定 X_1、X_2……X_n顺次表示某产品生产过程中所使用的 n 种生产要素的投入数量，Q 表示所能生产的最大产量，则生产函数可以写成以下的形式：该生产函数表示在既定的生产技术水平下生产要素组合（X_1，$X_2\cdots X_n$）在每一时期所能生产的最大产量是 Q。在经济学分析中，通常只使用劳动（L）和资本（K）这两种生产要素，所以生产函数可以写成：$Q=f$（L，K）。常见的生产函数主要有固定投入比例生产函数和柯布—道格拉斯生产函数等。固定投入比例生产函数是指在每一个产量水平上任何一对要素投入量之间的比例都是固定的生产函数；柯布—道格拉斯生产函数是由数学家柯布（C. W. Cobb）和经济学家道格拉斯（Paul H. Douglas）于 20 世纪 30 年代提出来的。柯布—道格拉斯生产函数被认为是一种很有用的生产函数，该函数以其简单的形式具备了众多经济学家所关心一些性质，因此，它在经济理论的分析和应用中都具有一定意义。

2. 农业生产函数

农业生产函数是在函数这个纯数学概念的基础上赋予自变量和因变量具体的经济学内涵，用数学形式描述农业生产过程中变量与变量之间相互依存关系的图表、曲线或数学表达式。它以简化的形式再现农业生产过程，其目的在于确定在既定条件下生产要素合理的投入数量和比例，从而达到提高要素利用效率，获取最大产量或利润的目的。农业生产函数是在柯布—道格拉斯生产函数的基础上形成的。其具体表现形式为：

$$Y=Q\ (L,\ K,\ H)\ =AL^{\alpha}K^{B}\ H^{\gamma}$$

在这个式子当中 $Q\ (L,\ K,\ H)$ 表示农业生产函数，其中 A 是一定技术条件下的参数，为固定值；L、K、H 分表表示农业生产中劳动力、资本和土地的投入量；α、β、γ 分别表示劳动力、资本、土地在总产量中的弹性系数。如果 $\alpha+\beta+\gamma>1$，则可以被称为是农业生产的规模报酬递增。即表示在当前的农业生产技术条件下，通过增加土地的经营规模可以使农户收益增加。如果 $\alpha+\beta+\gamma=1$，则可以被称为是规模报酬不变，土地经营规模的增加并不会对农户的收益产生影响。在这种情况下，要想提高农业生产的收益就必须提高在农业生产中的技术水平，即只有在技术参数 A 的取值变大的时候，才能提高农户收益。如果 $\alpha+\beta+\gamma<1$，则称为规模报酬递减。表示在农业生产技术条件不变的前提下，增加土地经营规模反而会使农户在从事农业生产过程中的收益减少，产生规模不经济。

（三）土地产权理论

科斯定理中指出，在产权界定清楚的基础上，产权的自由转让可以保障资源的有效利用，现代产权理论便基于科斯定理发展起来。产权依附或包含在一种资产或者物品中，决定着其一组权利，其中核心是所有权，还包括占有权、使用权、收益权等多种权力。

马克思主义产权理论内容丰富完整，从生产力与生产关系的矛盾出发，认为产权是适应生产力的生产关系的法律表现。土地权利是产权的类型之一，核心权利是所有权，各种权利既可以结合也可以分离。土地产权可以在市场上自由配置和交易，但其价格的确定与一般的商品不同，并不是主要由价值决定，并受供求关系的影响，而是由当时的社会产权供需决定。土地所有权是产生地租的前提。

现代西方经济学产权理论的代表人物有科斯、诺斯等。科斯把交易费用引入到分析产权和资源配置中，认为如果没有交易成本，产权的初始界定对资源配置不会产生影响；如果存在交易成本，产权的明确促使交易双方谈判，通过签订合同，保障自身的利益损失最小化。对于土地资源，科斯认为，如果耕种成本高于收益，便可以转让土地，实现资源优化配置。诺斯将产权理论与制度变迁理论结合起来，发现有效的市场具有明晰的产权，市场无效率也是由于产权结构的无效率引起的，因此，制度创新需要充分考虑产权结构的创新。此外，市场效率的提高在一定程度上会引起原有的产权结构效率低下，所以有必要及时进行产权结构的优化。

在我国，实现土地流转的持续和稳定开展，必须明晰产权，明确受益者。当前在我国土地流转运行中，过高的交易费用和不清晰的产权成为制约和阻碍土地流转的重要因素。因此，完善法律制度，确定土地产权，可以促进我国的土地流转，向规模化经营方向迈进。

（四）地租理论

一般说来，地租是土地使用者创造的，被土地所有者占有，是生产剩余物的一部分。不同的社会形态影响着土地所有权的性质，呈现的地租也不同，表现在性质、形式和内容上，社会生产关系也会出现差异。

威廉·配第最早提出地租概念，在其著作《赋税论》中，他认为地租是劳动产品的剩余，是扣除生产投入、劳动者基本生活需要之后的剩余。威廉·配第分析了剩余价值的来源和性质，认为地租并不是剩余价值的全部。杜尔阁在其《关于财富的形成和分配的考察》中指出，地租是劳动者利用自己的劳动，在土地上获得的财富，但其中一些却被土地所有者占有。亚当·斯密在《国富论》中系统的阐述了地租的概念，但其观点有些混乱并且前后矛盾。虽然没有明确提出绝对地租的概念，但是肯定了绝对地租的存在（葛扬、李晓蓉，2003）。李嘉图运用劳动价值论的观点，否认了存在绝对地租，但是完善了级差地租。他认为地租是农业经营者支付给土地所有者占有的一部分，这一部分是从利润中扣除的。

马克思主义地租理论区别于其他经济流派，主要分析地租产生的条件、原因和源泉，认为资本主义地租按形成条件和原因，分成级差地租、绝对地租和垄断地租。其中级差地租是由于土地的差异引起的不同地租，分为级差地租Ⅰ和级差地租Ⅱ，但两者的本质相同，且揭示了土地与资本结合产生不同价格的本质原因。

当前我国在大力推行土地流转，发展规模化经营，地租理论使人们重视土地价值，对于研究农村土地流转过程中流转价格的合理设定具有重要的理论意义，这样不仅保障了土地的合理利用，而且保障了农民的收益和利益。

（五）制度变迁理论

制度经济学产生于19世纪末20世纪初，是经济学的一个新兴的学科，产生至今主要经历了两个阶段，旧制度学派和新制度学派，制度变迁理论是新制度学派的重要组成部分。制度经常被认为是一种公共产品，它是由个人或组织生成的，随着社会、技术或自身需求的变化，人们会产生对新制度的需求，这种新制度替代、转变旧制度的过程便是制度变迁。

制度变迁理论的代表人物有诺斯，当前许多中国学者非常关注他的理论。他认为制度是人为设定的，目的是为了制约人们之间的相互关系，内容包括这些制约的实施机制，有正规和非正规之分。诺斯认为制度的变迁是包括制度创立、改变及被新制度取代的整个过程，取而代之的新制度效益更高。这个过程是这样实现的：首先外部条件变化，旧制度不能适应当前的需要，人们产生制度变迁的需求，通过比较预期收益和成本，如果有利可图，便打破原有的制度生成新的制度，直至达到边际成本等于边际收益的新的均衡。制度变迁能够降低交易成本，实现并协调了日益复杂的交易活动。

新制度经济学关于制度变迁理论有两个重要的模型，根据不同的主体，分成诱导性制度变迁和强制性制度变迁。诱致性制度变迁是由个人或一组人自发倡导、组织和实行的，变更或替代现行制度是在自愿的基础上实现的，具有盈利性、自发性和渐进性的特点。强制性制度变迁的主体是政府，通过对相关的行为进行成本和收益的比较，以收益最大化为目标，采用法令强制实行的制度变迁。

农村土地流转制度是对原有土地制度的不断创新和完善，最初由农民为增加收益，自发实行，然而随着时间的推移和效果的明显，市场和政府逐步发挥作用，诱致性制度变迁和制度性制度变迁并存。然而我国农村市场基础薄弱，土地流转的规模不大，尤其是新疆这些西部地区，家庭联产承包责任制下的利益集团的势力很大，所以，在当前土地流转制度的变迁中，强制性变迁所占的比重很大，政府的作用依然强劲，干预和支持有很大的帮助和保障作用。

（六）规模经营理论

规模经济理论是现代经济学中非常重要的一个理论，它阐述的是生产规模或者生产要素的集中程度与经济效益之间的关系。一般而言，在发展的起步阶段，扩大经营规模可以增加经济效益，这就是规模经济。但是规模的扩大具有一定的范围，当规模超过一定的限度，效益便不再增加，反而会减少，此为规模不经济的现象。这也就表现出规模与生产成本之间的关系，而规模经济的重要目标就是要找到规模经济和规模不经济的分界点（图 3–1，图 3–2）。

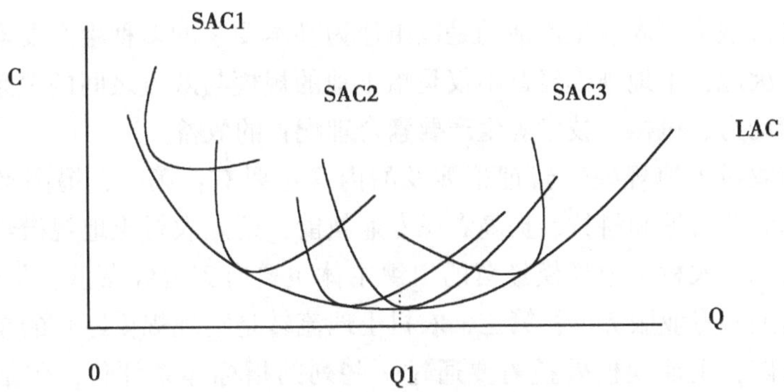

图 3–1 要素投入规模与成本关系

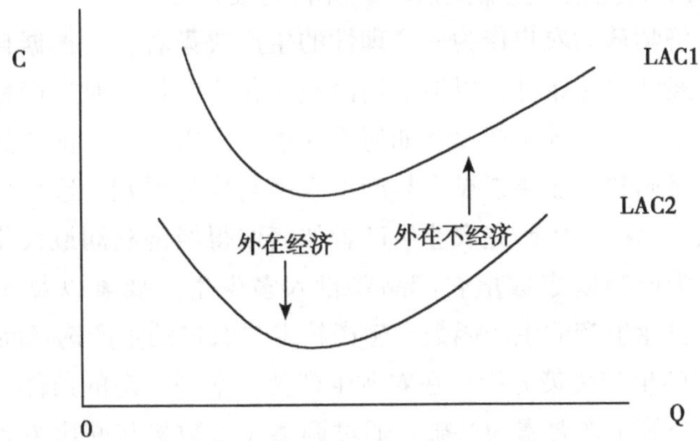

图 3–2 外在经济与外部不经济的表现

上述两个图很好的展现出规模经营的主要内容，其中图 3–1，短期成本曲线 SAC 和长期成本曲线 LAC 均呈现“U”形的特点，表明随着生产投入的增加，生产成本是先下降然后上升，最优投入量便是曲线的最低点所在的规模，这也是现实生产中需要找到的最优规模。在图 3–2 中，长期成本曲线的移动引起外在经济和外在不经济。这主要是由于经营主体的外部环境发生变化，改善或者恶化。土地流转的目的是改变家庭承包经营下，农户土地碎化且面积较小的弱点，找到最优的生产规模，实现规模效益。这为界定土地流转的最佳规模提供了参考。

对于农村土地而言，土地流转是要解决当前农地生产规模过小的问题，在此基础上形成一定的规模，实现规模经营，要找到能够获得最佳土地规模效益的土地经济规模。农业生产活动是以土地为基本要素的多种生产要素共同作用的结果。因此，土地规模经营不仅是指土地的规模与效益之间的关系，更是指土地与劳动力、机械、技术等生产要素合理配置的效益。

当前农村土地规模经营理论涉及的内容主要有：第一，提高经济发展水平、应用农业机械和科技、提高农民专业技能，这是农村土地规模经营的重要基础；第二，农村土地规模经营的组织主体主要有家庭经营型、集体经营型、企业经营型和专业服务型；第三，农村土地流转是实现规模经营的重要方法和途径；第四，土地规模效益需要通过一些列的指标体系评价，包括土地生产率、劳动生产率、生态效益等，以实现经济、生态、社会效益的统一。

（七）农户相关理论

1. 农户从事农业生产主要是追求经济利润最大化

新古典经济学认为农户作为一个理性的生产决策者，会根据自己的生产经营能力和社会经济自然条件，以追求利润最大化为前提，对生产种植何种作物以及劳动、资本、土地等生产要素如何投入进行决策。并根据产品市场和要素市场的变化及时调整农业要素投入与产出水平与作物类别，选择最有效率的生产方式进行农业生产。要研究农业生产者如何取得经济利润最大化，就要从研究农业生产者为取得既定数量农产品要投入多少生产要素以及如何投入的问题，主要涉及农业生产的生产函数、生产技术与农户的生产选择问题。

（1）农户的生产决策分析　在农业生产技术水平一定的条件下，农户以自己能拥有的土地等生产要素为基础，通过调整投入数量与配比关系来组织农业生产活动，以实现最大产出。在其他生产要素不变的条件下，随着某一种生产要素投入的增加，产出会出现先增后减，及该生产要素的编辑生产率为零时，产出达到最大，此时需要农户做出各种生产要素如何配比的经济判断决策。

图 3-3 表示农业生产要素投入与产出之间的关系。上半部分表示在农业生产技术不变的情况下，农业产出量会随着农业可变投入的增加先增后减。可变投入量在 B 点时产出在 A 点，实现最大产出，如果继续增加可变要素投入，则农业产出量不增反减。其中 TPP 代表农业总产出线，其最大值在 A 处，表示得

到物质产出最大值，但并不一定是农户最佳投入水平。为追求利润最大化，还必须考虑其他因素。图 3-3 中的 MPP 曲线表示边际农业产品，根据边际收益递减规律，在 B 点时边际产出为零，此时达到总产出最大。

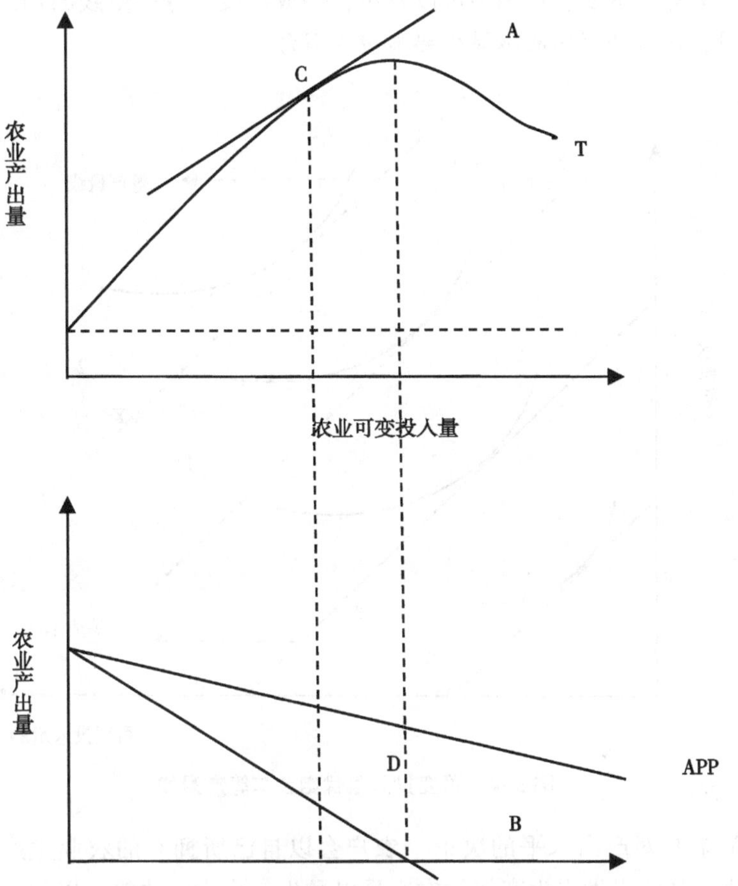

图 3-3　农业生产投入—产出关系

（2）农户不同要素投入的决策分析　在农业生产过程中，常常需要在可变投入要素的替代品之间进行选择，以达到最佳配置。这主要是根据资源的相对稀缺性和资源禀赋条件配置各要素投入比例，尽可能使用相对丰富的农业生产资源，减少相对稀缺资源的使用，在既定的产出量水平上使要素投入实现最小化。

图 3-4 表示在只有两种可变要素 *X*1、*X*2 情况下，*Y* 表示等产量曲线，纵

轴和横轴分别表示在既定产量 Y 下，可变要素投入 X 的不同组合。等产量线上的斜率表示边际替代率，表示每增加一单位 X1 的投入能够代替的 X2 数量，且存在边际替代率递减。图中与实线平行的一组线表示两种不同要素投入组合的总成本，即等成本线。从图中可以看出，等成本线是等产量线的切线，对于既定的产量，切点处就是成本最小要素投入组合。

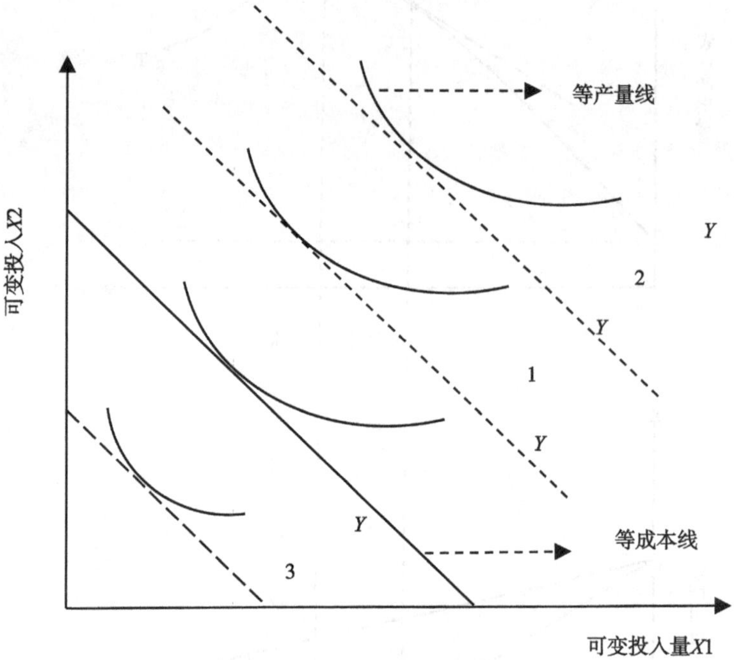

图 3-4　可变投入最优组合与等产量线

（3）农户对产出水平的决策　农户会以自己所拥有的农业生产资源为基础，根据市场需求做出生产何种农产品以及生产多少的决策，以保证自己获得最佳收益。例如一定面积的土地，既可以种植玉米，又可以种植其他经济作物，此时农户会根据自己对市场的判断从经济利益最大化出发做出生产决策。在对不同产品生产决策的过程中主要用生产可能性边界曲线（PPF）作为经济分析工具。生产可能性边界曲线（PPF）表示在生产资源一定的条件下，可以生产的不同产品的最优组合。如图 3-5 中，A、B 点表示在给定的资源条件下，能够生产的 Y1、Y2 的最大产量。为了最充分的利用既定农业资源，农户一般会选择把生产要素分配在生产可能性边界曲线上进行生产，如果选在该线以内，那么农业生产资源未得到充分利用；而如果选在该线以外，则该生产决策是目前农业资源无法达到的生产组合。生产可能性边界曲线的斜率表示在生产资源一定时，两种产出之间的替代比率。

对于农户来说，他们做出生产决策时不仅仅要考虑生产数量，更要关注的是生产带来的经济利益。经济学中常用边际收益相等的原则来分析农户的最优决策标准。图 3-5 中的等收益线代表一定水平收益条件下两种产品的产出组合。当等收益线与生产可能性边界曲线相切时，在 C 处时，实现农户的最大经济效益，农户会理性的做出生产此时对应 *Y*1、*Y*2 的决策。

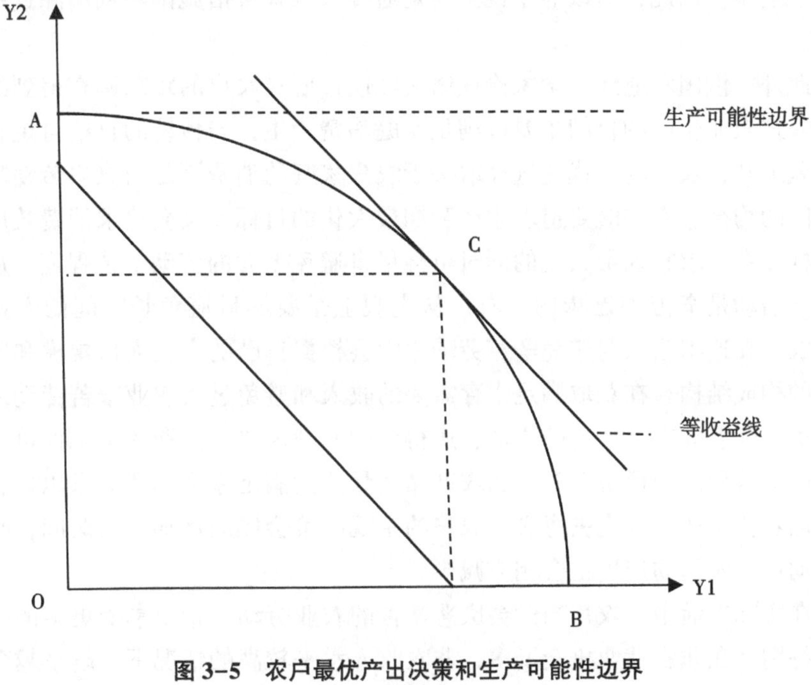

图 3-5　农户最优产出决策和生产可能性边界

2. 农户从事农业生产追求规避风险

农业生产是经济再生产和自然再生产的过程，不仅对自然因素具有很强依赖性，而且极易受经济社会因素的影响。根据农业生产中风险产生的原因与性质，可以将农业生产中遇到的风险概括为以下几种：自然风险、市场风险、政策风险以及技术风险等。由于农业生产具有季节性和周期性，收获具有一定的时间间隔，为了保证农业产量在两个收割季节期间维持生存需要，农户一般会选择规避风险，以保证农业生产的产量不低于最起码的生存需求。这种规避风险的状态会对农户在农业生产中的生产决策产生重大影响，会导致在微观层面上农业资源的无效率利用，对于特定农业资源，农业产量风险越大，农户越会选择效率较低、产量较稳定的生产决策。农户会倾向于分散风险的决策，如种植不同品种的农作物，在不同的地块上分散种植，这样虽不能保证经济效益最大化，但却可以最大可能确保粮食生产的基本安全。农户的这种风险规避行为会影响农户对农业创新的探索，影响新技术在农业生产中的采用与传播。因为采用新技术、种植新品种虽然会提高农户的产量，但是也存在较大风险，加上农户对创新信息获取不充分，会使农户习惯于选择传统技术生产，从而阻碍农业发展进步。因此，对政府来说主要是通过采取政策措施削弱或消除这些不利风险。

此外，俄国农业经济学家恰亚诺夫经过长期对农户的跟踪调查得到结论认为：农户农业生产的目的主要以满足家庭消费为主，与传统的自给自足自然经济相差无几，农户的最优化选择取决于农户家庭的消费满足与农户劳动辛苦程度之间的均衡。农户既要追求生产利润最大化的目标，又会追求消费效用最大化目标；在追求收入最大化的同时也会尽量避免太大的劳动辛苦程度。从事农业生产活动是辛苦和乏味的，农户从主观上是要尽量避免长时间的农业劳动的。农户在追求收入与避免辛苦劳动之间会根据自己的家庭人口规模和家庭中人口的构成结构，在获取满足生存需要的收入和避免过大农业辛苦劳动之间做出权衡。随着农产品产量的增加，所得到产品满足农户消费的主观评价下降而劳动的辛苦程度的评价上升，当农产品产量达到满足家庭消费需求以后，农户再增加农业生产已经失去意义，农户的主观决策会倾向增加闲暇时间，减少农业劳动量，农作物产出也会相应减少。

在实际生活中，农户当然会厌恶辛苦的农业劳动，希望享受更多的闲暇时间，特别是在非农就业机会增多，非农收入水平较高的情况下，越来越多农村年轻劳动力转移出农业生产领域，使得我国粮食安全问题前景堪忧。为保证我国粮食安全，提高农业生产劳动力素质，增加他们积极性与活力，必须首先从理论层面正确认识他们，以便采取可行措施来培养新型农民，为我国粮食生产安全提供高素质劳动者。

（八）农业生产适度规模相关理论

1. 农业投入与产出的生产关系

在农业生产中，投入与产出的生产关系一般可以用数学表述为农产品产量（Q）与各种农业可变要素投入，如种子、化肥、农药、土地面积、劳动用工等要素（$X1$、$X2$……Xn）之间的技术关系。投入要素之间存在着不同程度的替代关系，各种投入要素的不同组合可以生产出相同产量的农产品，这其中的替代关系如生物化学物质投入可以一定程度上代替部分土地面积投入、农业机械投入可以代替部分劳动力和畜力等。这种代替在一定范围内是会促进农业发展的，认识他们之间的可替代量对于指导农业各要素的投入与合理配置，提高产出水平具有重要意义。通过认识不同农业生产要素之间的替代关系，再加上对市场上各种生产要素相对价格的变化的了解，决定不同生产要素的投入水平，这样既可以保证农户要素投入经济利益最大化又能发挥生产的规模效益，使农业生产达到效率最佳的适度规模。

规模生产可以更有效的分工协作、改进经营管理手段等，进而引起规模报酬递增。在农业生产中，通过农业生产要素和农产品价格的相对变化，反映农业生产资源的相对稀缺程度。农户通过价格的引导调整要素投入水平，使需求量大的要素供给不断增加，使农业生产经营规模不断向最佳规模靠近，发挥农业生产中的规模递增效应。

2. 农户经营规模与生产效率

规模经济是新古典主义微观经济学的基本概念，表示随着经济主体经营规模的扩大，产出成本逐渐减少，达到某一最低点后开始上升。图 3-6 是一个分析农户适度规模经营的曲线模型。*X* 表示农业生产物资投入组合水平，*Y* 表示农产品产出水平，它们之间存在一定的生产函数关系。随着生产要素投入的不断增加，产出会不断变化。边际产出效率用 Dy/Dx 表示，其变动如图中 OC 所示，其与曲线相切或者相割，斜率为 Dy/Dx。在 A 点处曲线斜率达到最大 1，说明在该点处实现了生产要素投入与产出的效率最大。B、C 点投入与产出相等。图中 B 点左处直线下面的曲线斜率为负，说明该区间的投入产出效率没有达到最优，可以通过要素组合规模的增加来提高效率。B 点右边产出随着要素投入组合规模的增加而不断提高，但其边际收益在 A 点处达到最大后呈下降趋势。因此，在 A 点处边际产出达到最大，也就是说在 A 点是农业适度规模经营效益的最佳点。该理论给出了我们发展农业适度规模经营过程中农户生产规模与生产效率变化的关系，是我们研究适度规模经营的理论基础。在实际农业生产过程中，农业适度规模经营的最佳点是一个不断变化的动态的点，它会受到农业科技水平、不同区域资源禀赋条件差异等的影响而表现出不同的适度性。

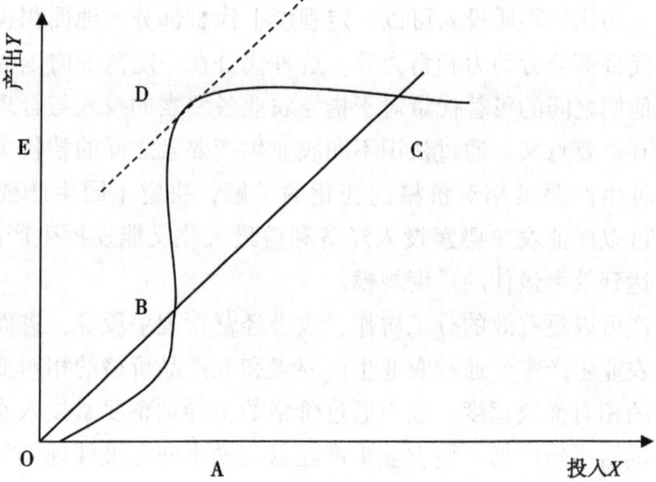

图 3-6　农户经营规模与生产效率

第四章　新疆土地规模经营现状分析
——以阿克苏为例

一、新疆概况

（一）自然地理条件

新疆地处我国的西北边疆地区，由于新疆内部多山脉和盆地，因此，也被形象的称为“三山夹两盆”。位于新疆北部的是阿尔泰山，位于南部的是昆仑山，天山把新疆分为南北两个部分，位于北部的是准噶尔盆地，南部的是塔里木盆地。人们习惯上把天山以北的地区称为北疆，天山以南的地区称为南疆。新疆地区离海洋较远，四周又有高山阻挡海洋湿气进入，因此形成了典型的温带大陆性气候，在这种气候条件下无论是四季还是早晚气温变化都比较大，空气比较干燥，降水量少，年日照时间最长可以达到3 500小时。新疆地区的年降水量不仅少而且分布极不均匀，北疆的降水量明显高于南疆，因此气温也低于南疆。新疆是我国远近闻名的歌舞之乡、瓜果之乡、黄金玉石之邦，旅游资源也非常丰富。

（二）社会经济条件（表4-1）

表4-1　新疆2012年经济统计数据

经济指标	经济数据（亿元）	增长率（%）
生产总值	4 270	8
固定资产投资额	2 825	25
消费品零售总额	1 178	14.8
财政收入	883.7	7.9

（续表）

经济指标	经济数据（亿元）	增长率（%）
财政预算收入	388.8	7.7
地方财政支出	1 474.9	28.9
城镇居民人均可支配收入	12 120	6
农民人均纯收入	4 000	14

资料来源：《新疆统计年鉴（2012）》

从表4-1的统计结果可以看出，新疆经济发展趋势良好，社会经济各项指标都呈现稳步增长的态势。在2009年我国顺利完成了“西气东输”二线新疆段，成功从西部向东部输送天然气，这也给新疆经济发展带来了很大的机遇。近几年，新疆地质勘探成果显著，新增加了石油探明地质储量3.19亿吨、天然气2 919亿立方米、煤炭447亿吨。天然林保护、平原绿化、荒漠植被恢复、重点流域综合治理等重大生态工程建设已经全面完成。新疆经济实力近几年明显增强，其中第一产业、第二产业和第三产业分别增长6.4%、14%和9.5%。

2013年，新疆全年粮食总产量为1 154万吨，比上年增长30%，为我国粮食安全能力的提高提供了保障。新疆作为我国最大的产棉大省，现在棉花种植已经全面实现了调控目标，在种棉面积减少的调控下，棉花效益却不断提高。林果种植面积突破1 600万亩，果品产量达到530万吨，同时肉、奶、蛋等畜产品产量稳步增长。设施农业规模达88万亩，农民组织化程度、产业化经营水平不断提高，基地化生产面积占全部耕地的47%，农业龙头企业和专业合作组织辐射带动农户达75%以上。农产品流通体系和质量安全体系建设全面加强，在满足国内需求的同时，农产品出口达6.8亿美元。在土地耕种过程中新增高效节水灌溉面积380万亩，地方总面积突破1 000万亩。

二、阿克苏地区土地规模经营现状分析

（一）阿克苏地区基本情况与数据来源

阿克苏地区地处新疆中部，天山山脉中段南麓、塔里木盆地北缘，总面积1 378平方千米，占新疆总面积的8%，总人口214万人，其中，少数民族占75.3%。农业经济在全疆占据重要地位，农业总产值占全疆的12.5%，粮食占总产占全疆的13.0%。阿克苏是新疆主要的灌溉绿洲农业区和重要的粮食、棉花和瓜果生产基地之一，也是新疆的主要水稻产区，素有“塞外江南”“鱼米之乡”的美誉。阿克苏地区的农业生产特点是“农牧结合，以农为主”。农牧业在其优越的自然

条件和西部大开发建设的背景下有了很大的提高，发展势头良好。现在阿克苏地区已经成了国家重要的棉花生产基地和新疆农业生产基地，如今阿克苏地区粮、棉、油、果和畜牧业的生产能力已经达到了一定的规模，无论是经济效益还是社会效益都非常好。以粮食和棉花为主的多元化种植格局已经形成。粮食作物主要有小麦、玉米和水稻，经济作物以棉花、苹果、葡萄、大枣、甜菜等为主。该地区的特色农产品主要有香稻米、露仁核桃、金冠苹果和酥梨等。其中，香稻米被联合国科教文组织确认为绿色食品，在历史上也曾经被作为朝廷的贡品，作为阿克苏地区的一种特色产品现在已经成为了享誉海内外的稀有珍品，深受国内外消费者青睐。畜牧业现在也已经成为阿克苏地区重要的经济组成部分，为当地经济的发展做出了巨大的贡献。

本文数据为课题组成员于 2013 年上半年对阿克苏地区下辖库车、拜城、沙雅、乌什、柯坪 5 个县区的调研结果。为了保证研究结果的准确性，调研采用分层随机抽样方法。此次调研共发放问卷 500 份，收回有效问卷 464 份，样本有效率达到 92.8%。

（二）农户基本情况分析

1. 人口情况（表 4-2）

表 4-2　调查区人口统计

县区	土地总面积（平方千米）	总人口（万）	农业人口占总人口的比重（%）
库车县	14 529	41	65.4
拜城县	15 917	21	63.2
沙雅县	31 887	21	59.3
乌什县	9 065	19	57.1
柯坪县	8 977	4	58.9

数据来源：面积、人口数据根据《中华人民共和国行政区划简册（2011）》，人口截至 2011 年年底，农村人口比重经计算所得

从以上统计数字可得，样本县土地总面积大，农村人口所占总人口比重大，所研究的区域都是农业大县。因此，对该区农业经营规模的研究具有重大的现实意义。

此外，根据本次调查共获取的 464 户调查数据显示，户均人口约 3.6 人。调查对象年龄主要分布在 20~60 岁，其中男性约占 54%，女性约占 46%，男女比例为 1.17：1。由于近几年外出务工人员增多，所以继续留在农村耕种土地

的农村劳动力在不断减少，比重也有所下降；其中在外出务工人员当中，男性所占的比例达到了61%，女性占39%，外出务工男女比例达到1.56：1。外出务工人员主要从事建筑业、服务业等工作。

2. 农村劳动力年龄结构及受教育程度

根据政府相关统计资料和实地调查资料可得，青壮年无论是在外出人员还是在家从事农业生产的人员当中所占的比重都比较大，分别为65%和61%，其余为青少年或者是无劳动能力的老人和小孩。从图4-1可以看出，初中和高中文化水平的农村劳动所占比重高达83%，大专及以上文化水平的农村劳动力所占比重为10%，无论是和国外还是和国内部分地区相比，比例都较低，因此，应提高新疆阿克苏地区农村劳动力受教育水平，这样才能显著提高农村劳动力素质，增加农民收入，最终推动新疆农业和农村经济的发展，显著提高农村居民生活水平。

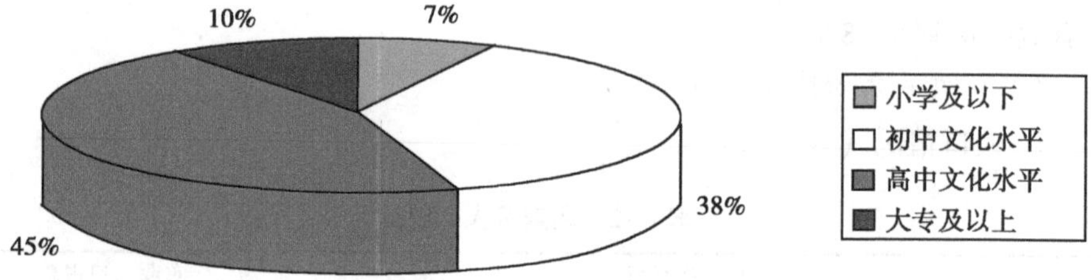

图4-1 农村劳动力文化程度分布

由图4-2可以看出，从2004年到2012年10年间，阿克苏地区农民生活水平得到了显著地提高，收入水平由2002年的人均纯收入1 985元增长到2012年的7 683元，呈现不断增长趋势。尤其在2007—2012年增长更为迅速。收入水平出现这一良好势头的主要原因除了阿克苏地区人民一直坚持艰苦奋斗、吃苦耐劳的优良传统之外，还主要得益于党中央、国务院一直以来对新疆地区优惠的政策和内地省份和人民对新疆的援助和建设。从2004年起国家开始免征农业税，完全减免了农牧民的税务负担。国家在减税的同时还同时增加了种粮的补贴、购买农业机械的补贴、全面实行九年义务教育，并开启了一系列的农村医疗制度改革，使一直困扰农民"看病难、看病贵、上学难"的问题得到了很好的解决。

（三）土地规模经营现状分析

1. 户均耕种规模（表4-3）

根据调研数据统计所得，截至2012年年底，464家样本农户户均耕地规模

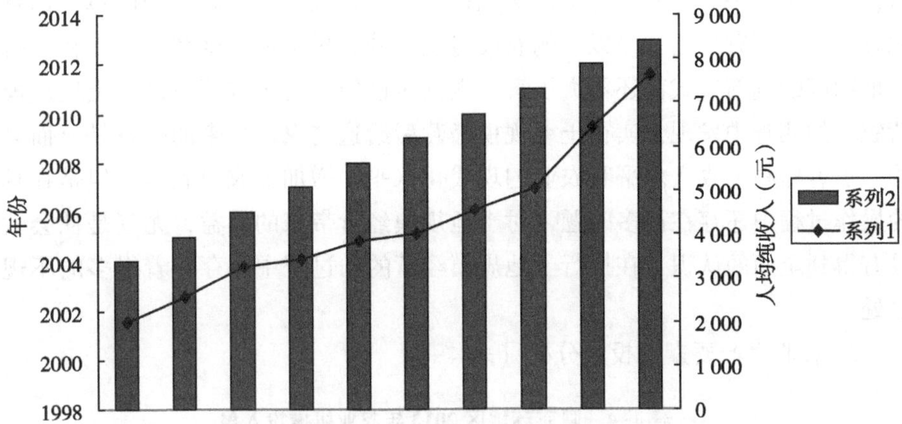

图 4-2 农村居民人均纯收入

数据来源：根据《阿克苏市统计年鉴》（1998—2012）和调查资料整理所得

1.319 公顷，其中小于等于 0.414 公顷的农户有 31 户、占 6.68%，0.414~0.776 公顷的农户有 55 户、占 11.85%，0.776~1.138 公顷的农户有 134 户、占 28.88%，1.138~1.5 公顷的农户有 209 户、占 45.04%，超过 1.5 公顷的农户有 35 户、占 7.54%。

表 4-3 户均土地经营规模

耕地面积（公顷）	户数	所占比重（%）
小于 0.414	31	6.68
0.414~0.776	55	11.85
0.776~1.138	134	28.88
1.138~1.5	209	45.04
1.5 及以上	35	7.54

数据来源：根据调查资料整理所得

从表 4-3 可以看出，调查区农村土地户均经营规模主要分布在 1.14~1.5 公顷，所占比重达到 45%以上，其次的经营规模是 0.4~0.14 公顷，约占 41%。耕地规模大于 1.5 公顷和小于 0.4 公顷都比较少，仅占 14%。因此，可以得出阿克苏地区农户的耕地经营不集中，农户耕地小规模分散经营现象严重，应积极推进阿克苏地区农村土地的规模经营。

此外，虽然我国中部和东部地区很多省份都已经推行了土地的适度规模经营，国家也在中央一号文件中多次强调过要深化农村土地制度的改革，但是在调查中发现还有将近一半以上的农民对现行的农村土地制度和国家正在推行的土地制度的创新模式都还不太了解。根据对已经参与过或正在进行土地规模经营农户的调查中发现，实行土地规模经营后给这些农户带来的效益是显而易见的，显著提高了收入水平和农业的现代化水平，增加了农户收入。但是在具体的操作过程中还存在许多问题，对土地规模经营带来的效益，尤其是社会效益没有得到全面的认识，在推行土地规模经营的的过程中也存在着很多的不规范之处。

2. 农业生产要素的投入分析（表4–4）

表4–4　阿克苏地区2012年农业机械投入量

农业机械类别	投入量	增长率（%）
农业机械总动力	78.59万千瓦	25
农用排灌机械动力	13.48万千瓦	7
大中型农用拖拉机	2 362辆	9
小型农用拖拉机	9 519辆	29
联合收割机	897辆	6
农用运输车	7 306辆	23

数据来源：《兵团年鉴》（2012）

由表4–4可以看出，随着阿克苏地区经济发展水平的不断提高，农业机械化水平也在不断的加强，机械总动力增速较快，实现了工业反哺农业。2011年，阿克苏地区机械总动力达到了78.59万千瓦，每年的增速也在不断加大，其中，小型农业机械的投入量更是实现了飞跃式的发展，实现了户户都有农业机械的目标。阿克苏地区农业机械水平的提高可以为农户节省更多的时间和精力，使农村富余劳动力向非农产业转移，有利于城镇化进行的加速，尤其是联合收割机的广泛应用，使小麦的生产和收割完全实现了机械化作业。阿克苏地区农业机械水平的提高增加了农产品种植面积。由于近几年农村经济水平的显著提高和国家对农村地区资金、技术等投入的加大，使阿克苏地区农村环境和农村道路有了很大的改善，基本上实现了“村村通”。农村道路条件的改善也使农用运输车得到了迅速的发展，总量也在逐年增加，这也在一定意义上减轻了广大农民的劳动负担。

农业生产要素的投入还包括农户在种植农作物过程中所投入的化肥、农药、种子、农用薄膜等。通过对阿克苏地区5个县区464份问卷的数据整理可得，每年化肥（主要包括小麦、玉米和棉花）投入成本为187元/亩，每年种子和农药的投入成本为40元/亩，每年农用薄膜的投入成本是12元/亩。

随着近几年物价水平的上涨，农用物资价格水平也在不断的增加，尤其是农业机械、化肥等的价格增速较快。为了减轻农民的种粮成本，政府除了减免农业税并给以一定的补助之外还有很多其他的优惠政策。农民在购买农业机械或农用运输车时只要出具农业户口就可以享受相关产品的减价优惠，尤其是在购买大型机械时将会有直接的价格减免。例如在调查中发现，库车县政府财政出资80万元，在全县范围内对于新购买的600台最新型密植棉地膜机，每台予以1 000~2 000元的补贴。除此之外，阿克苏市农业机械管理部门还积极根据国家的农业机械变更计划，无论是从采购还是价格上都协助各县购买大中型农业机械。这一系列措施不仅可以调动农民购买农业机械的积极性，也可以显著提高阿克苏地区农户生产的机械化水平，促进农业生产的发展。

3. 土地流转情况

在坚持农户家庭承包经营制度和稳定农村土地承包关系的基础上，遵循“平等协商、依法、自愿、有偿”的原则进行土地流转，是推进我国土地规模经营的一个非常重要的途径。通过土地流转这一形式可以把分散的、细碎化的土地相对集中，这样不仅可以优化土地资源配置，也可以提高农业生产效率、调整农业产业结构，最终提高农民收入，推动农业经济的发展。最近几年，阿克苏地的土地流转面积呈现不断增加的趋势。土地流转面积从2008年的9 753亩增加到2012年的13.7万亩，在这5年里流转面积增加了13倍。

阿克苏地区土地流转方式主要有反租倒包、企业租赁、互换、入股合作等方式，在这些流转方式中反租倒包所占的比重最大。反租倒包主要是制村集体支付一定的费用从农户手中取得土地的使用权，土地的承包经营权仍然由农户所有。土地流转之后由村集体统一规划和整治，加强农业基础设施建设。建设之后既可以由村集体统一经营，建立农业生产合作社，也可以再发包给农户个人或企业集团。进行土地流转之后的农户还可以再承包土地，获得报酬和收益。采用反租倒包这一土地流转方式不仅可以实现规模经营，更重要的是可以有效地分散农户单一经营的各种风险（包括自然风险、市场风险、政策风险和技术风险）。村集体对分散的农村土地的统一整合，可以使农村土地的配置效应得到显著地提高。村集体还可以结合当地的具体自然地理条件和社会经济因素发展合作社生产。调查显示，沙雅县通过采用反租倒包这一土地流转形式在不同的乡镇建立了28个农业生产合作社，来种植核桃、棉花、酥梨、大枣、蔬菜等作物，取得了显著地经济效益和社会效益。但是，这种流转方式对村集体成员的素质要求比较高，在直接面向市场时，不仅需要深入的了解农产品市场，更需要提高对风险的预见能力和降低风险的能力。

从表4-5可以看出，随着我国农村土地制度的实行，农民对土地承包经营权都有一定的了解，但了解的深度还需要继续提高。绝大多数农民都知道对于耕种的土地只有承包经营权而没有买卖权，农村土地所有权属于国家，不能进行买卖。约70%的农民对所经营土地的抵押权不知道或者是不清楚。

表4-5 农民对土地经营权流转的认知

土地经营权利分类	农民是否知道有这项权利所占比例（%）		
	有	无	不清楚
户口变化后有权继续耕种土地	46	45	9
把承包的土地转包或租给本村人	91	4	5
把承包的土地转让或租给外村人	80	11	9
继承权	65	24	11
抵押权	31	48	21
买卖权	21	70	9

数据来源：根据调查资料整理所得

（四）阿克苏地区土地规模经营模式

阿克苏地区在坚持家庭联产承包责任制的前提下，经过近几年的土地流转和对土地制度的不断创新，在部分地区实现了土地的规模经营。土地规模经营的的实行使当地的土地资源得到了合理的配置，把农村剩余劳动力从土地上解放出来从事第二、第三产业，显著提高了当地农村居民的收入水平，有利于我国产业结构的调整和社会经济的全面、可持续发展。在农村土地规模经营的过程中，阿克苏各县区根据当地的自然地理位置和社会经济发展条件以及农业生产能力，探索出了适合自身发展的土地规模经营模式。

1. 种粮大户规模经营模式

种粮大户主要是指那些具有丰富的农业生产经验、掌握了较多的农业生产技术，同时家庭又有一定物质基础的农户。在自己现有的农地面积不能满足种粮大户耕种需要的时候，种粮大户就会结合自身需求，采取土地流转的形式获得更多的耕地。在土地流转的过程中主要选取便于机械化耕种、位置相对集中和土壤条件良好的地块，采用租赁、互换等方式实现土地的规模经营。

调查中发现，种粮大户土地规模经营模式在库车县实行的较为广泛。在不同的乡镇，种粮大户耕种的土地规模虽然有大有小，但都超过了农户本身所拥有经营权的土地面积，绝大部分种粮大户通过经营较大规模的土地使家庭人均年收入显著增长，生活水平也在不断提高。例如库车县比西巴格乡的村民赵满福拥有丰富的棉花种植经验，被称为“种棉高手”。2009 年，他租赁了 450 亩土地用来种植棉花，由于该地区春季经常出现倒春寒而且经常有大风天气，会对棉花产量产生很大的影响。种棉能手赵满福通过对种棉经验的总结和理论学习发现，在棉花的种植过程中通过采用“棉花双膜覆盖技术”可以保全棉苗并能培育出抗寒、抗风能力强的壮苗，最终实现了增加棉花产量的目标，当年棉花收入显著提高。在随后的几年里，棉花种植规模也在不断的扩大，获得了很好的经济效益。

2. 合作社规模经营模式

合作社土地经营模式最早出现在我国海南省南海市，随后在我国沿海地区开始实行。农村土地合作社经营模式是指在专业生产合作社的指导下农户进行生产经营，由合作社统一组织农业生产过程中关键环节的调控，包括农作物新品种的推广、农业机械的应用以及农产品销售等。在这一过程中，不仅可以推动土地的规模经营，也可以发挥农村集体的重大作用，显著提高劳动力素质。

柯坪县属于国家级贫困县，水资源极度匮乏，农民人均耕地不足 3 亩，而阿恰勒乡长期种植棉花，产业结构单一，农民增收困难。2012 年，阿恰勒乡组建了图腾农民专业合作社，农民作为会员，既可以把土地、牲畜等农业资源入股或者是承包给合作社，由合作社雇佣专业人员对土地进行统一管理、集约化、专业化、标准化种植和养殖，并在每年年终为农民发放工资。随着合作社效益的逐渐提高，越来越多的农民开始主动加入图腾农民专业合作社。到 2013 年年末，阿恰勒乡已有 580 多户农民参与了土地流转，总面积达到 3 万余亩。土地的流转推动了阿恰勒乡农村土地的规模经营，合作社对牲畜进行统一分配管理的方式更是增加了当地农民的人均收入，生活水平显著提高。

3. 农业重点企业规模经营模式

阿克苏地区重点企业规模经营模式主要是指那些在农业生产以及销售领域对其他企业具有一定的引导、示范作用和深刻的影响和号召力，并且不仅可以推动阿克苏地区农业生产的发展，而且对国家的经济和社会发展都有一定推动力的企业，在自身发展的过程中带动农户的发展，主要种植粮、棉、油、特色林果等农产品。这些农业种植企业从农户或者是村集体手中租赁出土地后，通过雇佣农业劳动力使公司的利润和农户的收益产生关联。这种经营模式不仅可以实现阿克苏地区农村土地的经营规模，在农户自身利益与公司收益挂钩的前提下，还可以显著提高农民农业生产积极性，最终增加农民收入，提高农民生活水平，推动阿克苏地区农村经济的发展。对于农业企业而言，既承担着农业生产与加工的责任，也承担者开拓农产品市场，进行农业技术创新，带动农户积极性和促进阿克苏地区农业经济发展的重要任务。这些农业重点企业可以带动阿克苏地区农业和农村经济结构的调整，推动农业生产向现代化方向发展。国家对于农业重点企业也有相关的政策支持，在企业基地建设、原材料采购、引进先进农业生产设备和先进农业技术的应用与推广等方面会予以很大的扶持力度。

近年来，阿克苏地区农业产业化和现代化的发展以及农业生产条件的改善推动了农业企业的发展，重点企业不断涌现。到 2012 年年底，阿克苏地区已经形成了以 1 家农业产业化国家重点龙头企业、1 家全国农产品加工业示范企业和 1 家全国农产品加工业示范基地为核心，30 家自治区级重点龙头企业和 91 家地区重点龙头企业为骨干，190 家较大规模的农产品加工企业、59 家休闲农业企业为基础的农业产业化格局。这一格局的形成实现了阿克苏地区约 80%以上的粮、棉、油、特色林果、畜等农产品都可以通过农业产业化组织收购和销售的局面，使得阿克苏地区农业产业化发展进入了新时期。

（五）阿克苏地区土地规模经营中存在的主要问题

随着我国产业结构的调整，第二、第三产业所占的比重不断上升，农业所占的比重在不断下降，再加上由于农业生产的特殊性，生产周期长、效率低、抵抗自然风险和市场风险的能力弱等原因，越来越多的农村劳动力选择放弃农业生产活动，外出打工，农村劳动力呈现老龄化趋势。由于很多分散的耕地不利于机械化操作，很多地区都出现了耕地撂荒的现状。这不仅不利于我国农村土地的合理利用，也不利于粮食产量的增加和我国农村社会的发展。

1. 农民传统观念阻碍土地的流转，土地流转行为不规范，影响土地的规模经营

长期以来形成的“恋土情节”，使得广大农民对土地产生了深厚的感情，再加上农民对我国现行土地制度的了解不够深入，还存在很多方面的误解，尤其是担心把土地流转之后会丧失对土地的承包经营权等，这些都成为阻碍农村土地流转的重要因素。据调查中发现，大部分的土地流转都是由农户自发形成

的，主要发生在本村或者是邻村之间。在土地流转的过程中没有签订土地流转合同或者是只有口头约定的占65%以上，签订了正式的土地流转合同只占了35%左右。在签订了的土地流转合同中，没有明确约定土地流出方和流入方责任和义务，无违约和担保项目的占到了25%，土地流转行为非常不规范，不利于农村土地规模经营的健康、有序发展。

2. 农村基础设施不健全，抵抗自然灾害的能力差，不利于农民增收和农业机械化的发展

在调查中发现，阿克苏地区由于农村基础设施条件不完善，尤其是农田灌溉设施的不健全，农作物产量的高低在很大程度上都取决于自然条件的优劣，“靠天收”的现象还普遍存在。自然地理条件作为客观存在的现象，人们只能通过自身的劳动对自然条件加以改造，使其有利于农业生产的发展。随着农业生产技术水平的提高以及人类认识了解自然能力的增强，有利于农业生产的条件是可以创造出来的。农村土地规模经营的发展客观上要求农业机械水平的提高。到目前为止，阿克苏地区农村以及农田的道路条件有了很大的改善，但还存在一些问题，主要表现在：村庄路面过窄，路面还未完全硬化、路基较差、路面不平整等，这些都会对农业机械尤其是大型机械的使用产生不利的影响。不利于阿克苏地区农业生产向机械化方向发展，阻碍农村土地规模经营的进程。

3. 农村金融服务体系不健全，服务能力弱

调查中发现，虽然目前农村信用社、中国邮政储蓄所已经基本上覆盖了农村地区的各个乡镇，但这些机构服务功能还不健全，基本上都未开通大、小额支付系统，不能办理电子汇兑等业务。服务能力较强的农业银行在乡镇的覆盖率很低。银行机构地区分布的不平衡，给一些农业大户或涉农企业在办理存取款和资金结算等业务带来了困难。虽然农村金融服务机构能够办理本票、汇票、支票等业务，但大部分业务都局限在县级机构的营业部门，再加上农村金融服务人员素质偏低，农村金融服务意识不强，限制了金融产品在农村地区的推广和应用。

第五章　新疆土地规模经营的农户意愿分析

一、调研之一

（一）农户土地规模经营意愿情况

理性农户通过对土地、劳动力以及农资物品等资产的生产性分配决策，达到利润最大化目标。但在现实的农业生产过程中，受制于国家土地制度以及农户的流动性约束等多种原因，农户土地经营规模与意愿经营规模不一定能够达到一致，本文对农户土地规模经营意愿的调查情况如表 5-1 所示。

表 5-1　农户土地规模经营意愿选择

土地规模经营意愿	户数	占总户数百分比（%）
扩大意愿	236	40.83
缩小意愿	113	19.55
保持不变	192	33.22
无所谓	37	6.40
合　计	578	100

从上表的统计可以看出不同土地规模经营意愿农户的分布情况，具有扩大意愿的农户所占的比例最大，达到 40.8%，另外不希望扩大土地规模经营的农户（包括具有缩小意愿和保持不变意愿的农户）达到 52.77%，超过了一半，究竟是什么原因阻碍了农户扩大土地规模经营的意愿？

本研究在研究该问题时研读了很多影响土地规模经营方面的相关文章：廖波（2012）、陈美球等（2008）、何京蓉等（2010）夏显力等（2010）认为农机人才流失、非农就业水平、土地耕作收益等都是影响土地流转和规模经营的重要因素。

基于上述研究成果，再结合所选地区的特点和调查情况，本研究选取影响农户土地规模经营意愿的因素是：户主年龄、受教育程度、非农产业收入所占比重、拥有耕地面积、农地流转价格、家庭人口数量、参与土地规模经营后生活改善预期、是否签订合同、对土地流转政策的了解程度、雇佣农工成本、政策变量、区域经济条件、二三产业发展水平。

（二）模型的选择和建立

由于Logistic模型适合于因变量为非连续变量的回归分析，根据研究农户土地规模经营意愿的特点，适合选用Logistic多分类回归模型来分析农户土地规模经营意愿与可能影响因素的关系，从而得到影响农户土地规模经营的因素。模型方程如下：

$$\text{logit}(p_1) = \eta_1 + \delta_{11}x_1 + \cdots + \delta_{1n}x_n$$
$$\text{logit}(p_2) = \eta_2 + \delta_{21}x_1 + \cdots + \delta_{2n}x_n$$
$$\text{logit}(p_3) = \eta_3 + \delta_{31}x_1 + \cdots + \delta_{3n}x_n$$

$p_1 = m_1/m_4$，$p_2 = m_2/m_4$，$p_3 = m_3/m_4$ 中1代表扩大意愿、2代表缩小意愿、3代表保持不变、4代表无所谓，以情况4为对照来分析另外3种情况，且 $m_1 + m_2 + m_3 + m_4 = 1$，$\delta$ 为待估参数，x 为影响土地规模经营意愿因素，n 为影响土地规模经营意愿因素的个数。

（三）模型检验与参数估计

为了避免由于各变量量纲不同所造成的影响，对各变量要进行标准化处理。另外使用SPSS20.0中多项Logistic回归分析来对具体数据进行处理，为了检验所建立的模型是否有效，选择5%的显著水平，对所有自变量偏回归系数是否全为0进行似然比检验，显著性结果为0<0.05，说明至少有一个自变量的偏回归系数不为0，从而可知所建立的模型有效。参数估计结果如表5-2所示。

表5-2　模型参数估计与检验

意愿	即使变量	系数	标准误差	Wald值	显著性	概率变化
扩大意愿	区域经济条件（DSF）	-0.328	0.171	5.974	0.021	0.733
	农地流转价格（FTP）	-0.426	0.181	7.108	0.012	1.000
	参与土地规模经营后的预期（OLE）	0.612	0.203	4.166	0.034	1.123
	雇佣农工成本（CEA）	-0.124	0.084	6.227	0.015	0.695
	政策变量（PVS）	0.689	0.239	5.487	0.025	1.000

（续表）

意愿	即使变量	系数	标准误差	Wald 值	显著性	概率变化
缩小意愿	区域经济条件（DSF）	0.782	0.264	13.169	0.000	1.988
	受教育程度（EDU）	0.031	0.008	3.658	0.041	0.469
	农地流转价格（FTP）	0.326	0.162	5.619	0.023	0.994
	家庭人口数量（HPN）	1.065	0.461	4.782	0.030	0.887
	参与土地规模经营后的预期（OLE）	0.019	0.006	3.139	0.047	0.751
	非农收入所占比重（TPI）	0.512	0.194	7.926	0.006	0.979
保持不变	年龄（AGE）	0.073	0.036	3.727	0.039	1.055
	非农收入所占比重（TPI）	0.092	0.095	6.132	0.017	0.896
	雇佣农工成本（CEA）	-0.158	0.097	4.144	0.035	1.000
	政策变量（PVS）	0.416	0.187	4.639	0.032	0.672

根据表 5-2 的运行结果，可以知道相对于“无所谓”“意愿扩大”“意愿缩小”“保持不变”的影响因素，还可以建立具体模型如下：

$$\mathrm{log}it(p_1)=-0.328DSF-0.426FTP+0.612OLE-0.124CEA+0.689PVS$$

$$\mathrm{log}it(p_2)=0.782DSF+0.031EDU+0.326FTP+1.065HPN+0.019OLE+0.512TPI$$

$$\mathrm{log}it(p_3)=0.073AGE+0.092TPI-0.158CEA+0.416PVS$$

（四）农户土地规模经营意愿影响因素分析

根据模型估计结果可以得出影响农户土地规模经营的因素有以下几方面。

第一，区域经济条件对农户“扩大意愿”的影响负向显著，对“缩小意愿”的影响正向显著，即区域经济落后地区农户扩大土地规模意愿较强烈，而区域经济较发达地区农户扩大土地规模经营意愿较弱。通过表 5-3 统计结果可以进一步证实。

表 5-3　不同区域经济条件下农户土地规模经营意愿概况

区域经济条件	农户不同规模经营意愿				合计
	扩大意愿	缩小意愿	保持不变	无所谓	
较发达	23.47	18.77	39.96	17.8	100
落后	46.39	9.63	33.84	10.14	100

注：根据《新疆年统计年鉴（2011）》中各地区经济发展水平，选取昌吉、塔城地区为经济较发达地区，阿克苏、和田地区为经济落后地区，并且分别统计不同地区农户土地规模经营意愿

根据表5-4可知，经济落后地区农户土地规模经营“扩大意愿”为46.39%，远远高于经济较发达地区23.47%的比例。这是由于经济落后地区农户收入结构单一，来自二三产业收入较少，因此，希望通过扩大土地种植规模来增加收入的意愿就更强烈。另外经济较发达地区和落后地区农户不愿意扩大土地规模经营的意愿都超过了一半，而且“保持不变”意愿的比例都比较高，这可能是由于很多年轻人外出打工，受家庭劳动力不足和农机人才短缺的限制，很多农户还是不愿意扩大土地规模，虽然农业的比较收益较低，但是随着国家惠农政策的力度不断加大，土地的福利保障功能越发凸显，土地升值的潜力非常大，很多农户还是不愿意将土地流转出去，认为最好的选择是“保持不变”。

第二，从模型估计结果可以看出，户主年龄对土地规模经营意愿“保持不变”的影响最为显著，而对“扩大意愿”“缩小意愿”的影响不是很明显。由于农业比较利益小，很多年轻人种地积极性都很低，更不愿意扩大土地规模，他们更希望从事二三产业的工作。在家务农的农户年龄普遍较大，身体素质下降明显，而且创业意识较弱，不愿意冒风险，扩大土地规模的意愿较小，他们种地的主要目的是维持日常生活。

第三，户主受教育程度与农户土地规模经营“缩小意愿”成正比，而对“扩大意愿”“保持不变”影响不是特别明显，这是由于随着受教育程度的提高，人们可以获取的非农就业机会会大大增加，因此更倾向于缩小土地规模，从事非农产业。

第四，农地流转价格与农户土地规模经营“扩大意愿”成反比，与“缩小意愿”成正比，而对“保持不变”影响不是很显著，这是由于随着土地流转价格的不断提高，农户转入土地的成本会增加，转入土地后的收益会相对下降，很多农户扩大土地规模的意愿会下降。但是随着土地流转价格的不断提高，愿意缩小土地规模意愿的农户会增加，他们会考虑将土地流转出去，另外再外出务工，这样总收入会更多。那些“保持不变”的农户多是一些拥有较少土地的农户，他们在这些土地上种植一些家庭生活必需的粮食作物，因此，农地流转价格变化对他们是没有什么影响的。

第五，家庭人口数量与农户土地规模经营“缩小意愿”成正比，而与“扩大意愿”“保持不变”影响不显著，这可能是由于农业比较收益较低，随着家庭人口数量的增加，为了改善生活质量，农户更希望通过从事非农产业来增加家庭总收入，另外年轻力壮的劳动力外出打工，家里剩下老人、妇女、儿童，这些人能力有限，土地会成为一种家庭负担，因此，他们土地规模“缩小意愿”更强烈。

第六，参与土地规模经营后的预期与土地规模经营“扩大意愿”成正比，与“缩小意愿”也成正比，这是由于一部分农户预期扩大土地规模会使收入增加，状况变好，那么肯定会扩大土地规模。而还有一部分农户可能有一技之长或者是其他非农就业渠道，他们认为将土地流转出去后，既有流转收入，还能从事非农产业，这样状况会更好，因此这部分人会随着预期状况的变好而使“缩小意愿”增强。

第七，农户土地规模经营“缩小意愿”“保持不变”与非农收入所占比重成正比。随着经济的发展，很多农户外出打工从事二三产业，这些农户随着非农收入所占比重不断增加，对土地的依赖性会降低，从而土地规模“缩小意愿”会强烈，但是其中还有一部分农户希望土地规模保持不变，他们并不是因为土地种植所带来的收入而不愿意缩小或者放弃土地，而是更看重土地的社会保障和福利功能，另外，还有一些农户把种植土地当做休闲娱乐的方式。

第八，不同雇佣农工成本对土地规模经营意愿也有较大影响，雇佣农工成本对土地规模经营“扩大意愿”影响负显著，对“保持不变”影响正显著，对“缩小意愿”没有显著影响。新疆地区农户土地面积相对较大，在农忙季节都需要雇佣一些农工，因此雇佣农工成本也是一个重要的影响因素，当雇佣农工成本不断增加的时候，农户扩大土地规模的意愿会降低。

第九，政策变量对农户土地规模经营意愿“保持不变”和“扩大意愿”影响正向显著，这是由于我国农村地区的社会保障制度不健全，虽然国家也在陆续制定惠农政策，比如新型农村养老保险、农村合作医疗、种粮补贴等来完善农村社会保障制度，可能是由于这些惠农政策的力度有限等原因，目前，农村土地在新疆很多地方还是发挥着一定的社会保障作用，相当一部分农户还是不愿意因为惠农政策的实施来降低土地承包面积，另外在调研过程中我们还发现，有 126 户农户对政府强行征地行为感到不满，通过强行征地后剩余劳动力不能有效转移到非农产业，使得家庭经济状况变差。

二、调研之二

（一）新疆农户土地流转意愿分析

土地流转是规模经营的重要前提，是在当前新农村建设和城市化进程中发展现代农业的重要条件之一。农户是否参与土地流转是多种因素共同作用的结果，国内学者对此进行了大量的相关研究，这些研究主要是运用计量模型的方法，对影响农户土地流转意愿的因素进行实证分析。在当前以家庭承包土地经营为主的土地制度下，农户是农业生产和经营的主体，其意愿直接影响着是否流转土地，因而农户自身的特征是不可或缺的研究角度，而学者从这方面研究流转意愿的案例较少，尤其是对新疆农户的研究甚少。为此，本文从农民自身的条件出发，通过调查数据的统计性分析和计量模型的实证分析，研究密切影响新疆农户土地流转意愿的因素，以期为新疆农户土地流转提供相关的理论和实践依据。

（二）新疆农户土地流转意愿的统计性分析

本文数据来源于2013年对新疆4个经济区在内的乡镇进行实地调研的结果，通过问卷调查和深入访谈的方式，采用随机抽取样本的方法。本次调研共发放问卷500份，有效的问卷有464份，有效率为93%。

1. 农户土地流转的意愿

我们对农户的土地流转意愿进行分类统计，主要是有效的464户农户，结果如表5-4所示。

表5-4　被调查农户土地流转的意愿

土地流转意愿	数量（户）	所占比例（%）
愿　意	219	47.20
不愿意	82	17.67
不太愿意，但没办法	163	35.13
合　计	464	100.00

从表5-4中我们可以看到，新疆农户土地流转的意愿主要分成愿意、不愿意和不太愿意但没办法这3种。其中，愿意流转土地的农户共有219户，所占的比例最高，但是比例还不到所有被调查农户的50%。这说明新疆农户总体上参与土地流转的意愿不强烈，土地流转的进程缓慢；这也从另一方面表明政府对相关政策和规定的宣传不到位，农户对土地流转的了解不全面。另外还有占35.13%的163户农户虽然参与了土地流转，但实属无奈，这说明在土地流转过程中存在政府为追求高的工作绩效，采用强制的办法干预，这种做法严重损害了农民的利益，最终影响了农户参与的积极性。

2. 农户土地流转方向的选择

在调查的500个农户中有382户参与了土地流转，其中168户转入土地，占流转土地农户的43.98%，不到一半；既转入又转出的农户很少，仅有12

户，占流转土地农户的3.14%；转出土地的农户达到202户，所占流转土地农户比例为52.88%，超过了一半，新疆农户的土地流转活动的方向主要是转出土地（表5-5）。

表5-5　参与土地流转农户的流转类型

流转方向	数量（户）	所占比例（%）
转　入	168	43.98
转　出	202	52.88
既转入又转出	12	3.14
合　计	382	100.00

3. 参与土地流转农户的特征分析（表5-6）

表5-6　参与土地流转农民的基本情况

基本指标		人数（人）	比例（%）
年龄	20~35	93	24.35
	36~45	159	41.62
	46~55	82	21.47
	55以上	48	12.56
受教育程度	小学	85	22.25
	初中	93	24.35
	高中及中专	124	32.46
	大专以上	80	20.94
人均耕地面积	3~4亩	82	21.47
	4~5亩	155	40.58
	5~6亩	145	37.95
人均非农收入	500元以下	103	26.96
	500~700元	110	28.79
	700~900元	115	30.10
是否了解土地流转政策	非常了解	102	33.14
	基本了解	187	66.68
	不了解	85	22.25

（续表）

基本指标		人数（人）	比例（%）
是否参与就业培训	是	231	60.47
	否	151	39.53
是否享受医疗保险	是	195	51.05
	否	187	48.95
是否享受养老保险	是	220	57.59
	否	162	42.41

被调查农户中有382户农户参与土地流转，通过对这些农户相关情况的统计，我们发现这些农户年龄大多在36~45岁，与年轻的农民大多选择外出打工相比，处于中年的农民较多的留在农村务农，并且拥有一定的农业生产经历，为实现更好的农业收成和更高的收入，一般是转入土地，逐步发展成为种粮大户。而年龄较长的农民土地养老的观念比较重，因而较少参与土地流转。

当前新疆农村加大教育投入，重视农民的综合素质的提高，但是整体水平偏低，学历在高中及中专的农户所占比重最高，达到32.46%，受高等教育的人才比例仍旧不高。由于农民的教育程度影响着接受新鲜事物的能力，土地流转作为农村的新鲜事物，高学历农户的接受能力较强；受教育程度也影响着农民对政策的理解和认知，间接关系到农户的流转行为，通过调查发现66.68%的农户处于基本了解的程度。受教育程度和了解土地流转的政策程度是密切相关的，所以加强对农户的教育培训以及加大政策宣传至关重要。

家庭人均耕地面积在一定程度上影响土地流转。然而人均耕地面积直接受家庭承包经营土地制度的影响，一般在农民生产能力有限的情况下，承包的土地越多，流出的可能性越大，但这也不绝对。

人均非农收入是农民决定外出务工还是在家务农的一个重要参考标准。农民出于经济利益的选择，非农收入越高，外出务工的可能性加大。农户外出务工无力照看土地，便转出土地，这种方式下的土地流转关系不可持续、不稳定。

社会保障关系到农民的生存、养老问题，在当前新疆尚未建立全面的社会保障体系下，农民视土地为重要的生存保障。但是当享受到医疗保险、养老保险等相关保障的时候，农民便没有后顾之忧，参与到土地流转中，调查中有超过50%的农户是这种情况。

（三）基于Logistic模型的农民土地流转影响因素分析

分析意愿最常用的模型之一是Logistic模型，本文使用二元Logistic回归模型，定量分析新疆农民土地流转意愿的影响因素。新疆农民土地流转的意愿设定为被解释变量，愿意则为“1”，不愿意则为“0”。其中 Logistic 模型的一般形式为：

$$P_i = G\left(\partial + \sum_{k=1}^{m}\beta_{ik}X_{ik}\right) = 1/\left\{1+epx\left[-\left(\partial + \sum_{k=1}^{m}\beta_{ik}X_{ik}\right)\right]\right\}$$

在这个模型中，P_i是农户发生土地流转的概率，X_{ik}是解释变量，表示第 k 种影响农户土地流转意愿的因素，β_{ik}是各项解释变量 X_{ik}的回归系数，m 表示影响土地流转发生概率的因素的个数，∂ 表示回归截距。

本文分析土地流转意愿的影响因素，主要是从农户自身的特征出发，因此借鉴国内学者相关的研究成果，结合新疆农户土地流转的发展特点，从 3 个方面设定解释变量 X_{ik}：一是农户的自身和家庭的基本状况，包括年龄（$X1$）、文化程度（$X2$）、家庭总人口（$X3$）、家庭人均耕地面积（$X4$）、家庭人均农业收入、家庭人均非农业收入（$X5$）；二是农户对国家政策的关注程度，包括是否了解国家土地流转的政策（$X6$）和是否参加政府的技能培训（$X7$）；三是农户的社会保障状况，主要是养老保险（$X8$）和医疗保险（$X9$）。由于南疆阿克苏和三地州地区经营土地比较粗放，通过对设置的变量的进行标准化处理，得到耕地面积与农业收入之间呈现显著的正相关，因而为避免自变量之间存在多重共线性，删除家庭人均农业收入这个变量，保留家庭人均耕地面积和家庭人均非农收入这两个变量（表 5-7）。

表 5-7　变量选取及取值说明

解释变量	变量名	变量含义
农户自身及家庭基本状况	$X1$	1. 20~35 2. 36~45 3. 46~55 4. 55 以上
	$X2$	1. 小学 2. 初中 3. 高中及中专 4. 大专以上
	$X3$	1. 2~3 人 2. 4~5 人 3. 5 人以上
	$X4$	具体的人均土地面积数
农户对国家政策的关注程度	$X5$	具体的人均非农收入数
	$X6$	1. 是 0. 否
农户的社会保障状况	$X7$	1. 是 0. 否
	$X8$	1. 参加 0. 不参加
	$X9$	1. 参加 0. 不参加

（四）Logistic 回归以及结果分析

基于以上对模型的选择和变量的设置，结合相关的统计分析，应用 SPSS17.0

统计软件对调查样本数据进行二元 Logistic 定量回归处理，估计结果见（表 5-8），并对计量结果的分析如下。

表 5-8 农户土地流转意愿的模型估计结果

解释变量	B	S. E.	Wald	Df	Sig.	Exp（B）
年龄 X1	-0. 017	0. 085	0. 041	1	0. 839	0. 983
文化程度 X2	1. 326	0. 650	4. 161	1	0. 041	0. 266
家庭总人口 X3	0. 301	0. 359	0. 701	1	0. 403	1. 351
人均耕地面积 X4	-0. 044	0. 221	0. 040	1	0. 842	0. 957
人均非农业收入 X5	-0. 012	0. 006	4. 839	1	0. 028	0. 988
对土地流转政策是否了解 X6	-2. 686	1. 275	4. 435	1	0. 035	0. 068
是否参加技能培训 X7	2. 694	1. 329	4. 107	1	0. 043	14. 789
是否参加养老保险 X8	2. 609	1. 020	6. 549	1	0. 010	13. 591
是否参加医疗保险 X9	6. 272	0. 815	59. 288	1	0. 000	529. 403
Constant	-8. 670	6. 607	1. 722	1	0. 189	0. 000

注：SPSS17. 0 软件分析结果，各变量都是在 5%的水平下显著

第一，农户的文化程度是影响新疆农户土地流转意愿的显著因素，可以看到 Sig=0. 041<0. 05，与土地流转意愿成正相关，说明农户学历水平越高，参与流转的意愿越强烈。并且农户文化程度每提高一个档次，愿意流转土地的概率将增加 26. 6%。农户文化程度的提高对土地流转的作用表现在农户的传统思想观念淡化，对土地流转的认知水平和接受程度提高，便不存在流转土地就是失去土地的想法，降低了对土地的依赖程度。具有较高的文化素质的农民可以适应城市工作的要求，或者自主创业，赚取一些工资性收入，同时把土地流转出去还可以获得一定的租金收入。

第二，人均非农收入是影响农户土地流转的显著因素，其中 Sig = 0. 028< 0. 05。土地流转意愿随着人均非农业收入的增加而增强，结果表明人均非农收入每增加一个档次，农户土地流转意愿的概率达到 98%之多。当前以家庭为单位的独立粗放式的土地经营方式，存在效率低、风险高、收益差的问题，导致农业收入不稳定，越来越难以满足农户高质量的生活需求。加之随着城镇化的发展，城市对劳动力的需求增加，农民选择进城务工的机会增加，并且进城务工的劳动收入往往高于单纯经营土地的收入，经济利益成为决定农民选择的关

键因素。作为理性的经济人，一部分农户决定把土地流转出去从事非农活动。

第三，农户了解国家土地流转政策影响着土地流转的意愿。了解国家土地流转政策的农户参与到土地流转的概率比不了解的农户高7%左右，说明通过国家土地流转政策的学习，农户理解土地流转的内涵和运行机制，认识到土地流转对农民增收的重要作用，积极响应国家政策的号召。同时还可以了解自身的权利和义务，保护自身的合法利益，充分实现土地流转的效益。

第四，农民参与政府提供的技能培训同样对其土地流转意愿影响显著（Sig=0.043<0.05）。农民参加农业技能培训可以提高生产和经营水平，利用农业生产技术，改善农业经营条件，发展成为种粮能手、养殖能手等农业经营的主体，从而扩大规模的需求增加，便会转入土地。另一方面，一些农户接受政府就业技能培训，满足城市对劳动力的基本要求，外出务工，从事农业生产活动以外的工作，在一定程度上影响了土地的转出。

第五，农户的社会保障状况显著影响土地流转意愿（Sig<0.05）。其中，养老保险和医疗保险是农户社会保障的重要组成部分，社会保障水平的提高保证了农户的基本生活水平，这在一定程度上降低了土地的生存保障功能，弱化了农户对土地的依赖程度，土地流转便没有了后顾之忧。

三、小　结

第一，区域经济发展水平在一定程度上对农户土地规模经营意愿有很大影响，经济落后地区农户扩大土地规模意愿更强烈。

第二，受教育程度高的农户由于吸收新事物能力强，有从事非农产业的能力，因此对土地的依赖性较小，缩小土地规模的意愿较强烈，但是如果能发挥受教育程度高农户的优点来从事土地规模经营，比如发展农民专业合作社等，这样可能会产生更大的社会效益。另外，农业经营者老龄化现象严重，这不利于发展土地规模经营，也不利于农机化的推广，如何能吸引青年人返乡发展现代农业值得探讨。

第三，农地流转价格对农户土地规模经营意愿影响显著，农地流转价格较高时，农户扩大土地规模的意愿会降低。

第四，家庭人口数量的增加，使得很多农户放弃扩大土地规模来增加收入，而更多的是考虑从事二三产业来增加收入。新疆农村家庭一般有5口人，如果过多的农户都放弃土地种植，这对于农业的发展和国家的粮食安全来说都是非常不利的，如何能平衡农业和其他行业的利益才能从根本上提高农户扩大土地规模经营的意愿。

第五，家庭非农收入所占比重较高的农户更倾向于缩小土地规模或者使土地规模保持不变，非农产业收入高的农户可以将土地流转出去，给一些种粮大户种植或者农民专业合作社种植。但是还有很多农户虽然非农产业收入比重较高，家庭主业已转向非农产业，但是也不愿意将土地流转出去，这也成为扩大土地规模经营的一大障碍。

第六，政府在推进土地规模经营的过程中要坚持农民自愿的原则，避免产生矛盾纠纷，另外还要为转出土地农户创造条件从事非农产业。

第六章　新疆农村土地规模经营的实证分析
——以阿克苏地区为例

一、农户耕地适度经营规模测量模型的构建

本文借鉴相关学者关于农地适度规模的计量经济方法，结合阿克苏地区的实地情况，构建了如下的农户耕地适度经营规模的测量模型。

（一）假设条件

以单个农户为研究对象，而不是个人，其行为符合“理性经济人”假设，农业生产的目标是追求家庭效用的最大化。研究样本中不包括林牧渔业专业户，农户以种植农作物为主，不考虑农业生产技术条件、耕地质量差异、自然灾害等因素的变化。家庭收入主要包括农户种植农作物收入和劳动力行业内打工的收入，不包括资本储蓄收入、政策性收入、外援性收入等对农户家庭收入的补充。

（二）模型及说明

农户从事农业生产的效用函数：

$$U=I_1+I_2-E \tag{1}$$

$$I_1=P_Q\cdot Q(L,K,H) \tag{2}$$

$$Q(L,K,H)=AL^{\alpha}K^{B}H^{\gamma} \tag{3}$$

$$I_2=T\cdot P_L(L_1-L-L_2) \tag{4}$$

$$E=P_LL+P_KK+P_HH \tag{5}$$

上式（1）中，I_1表示农户种植农作物的收入；I_2表示农户家庭劳动力行业内打工的收入；E 表示农业生产支出。式（2）、（3）中 P_Q表示农产品的市场价格；$Q(L,K,H)$ 表示农业生产函数，其中 A 是一定技术条件下的参数，

为固定值；L、K、H 分别表示农业生产中劳动力、资本和土地的投入量；α、β、γ 分别表示劳动力、资本、土地在总产量中的弹性系数。式（4）、（5）中，T 表示农业劳动力被其他农户雇佣的天数，L_1表示农户家庭劳动力总量，L_2表示劳动力的闲暇时间量；P_L表示农业劳动力价格，P_K表示农业生产中资本市场价格，P_H表示耕地流转价格。

联立（1）－（5）式即：

$$U=P_Q \cdot AL^{\alpha}K^{\beta}H^{\gamma}+T \cdot P_L(L_1-L-L_2)-(P_LL+P_KK+P_HH) \quad (6)$$

对公式（6）分别求 L、K、H 的一阶导数，并令导数等于零，可以得到：

$$\partial U/\partial L=P_Q \cdot \alpha AL^{\alpha-1}K^{\beta}H^{\gamma}-T \cdot P_L-P_L=0 \quad (7)$$

$$\partial U/\partial K=P_Q \cdot \beta AL^{\alpha}K^{\beta-1}H^{\gamma}-P_K=0 \quad (8)$$

$$\partial U/\partial H=P_Q \cdot \gamma AL^{\alpha}K^{\beta}H^{\gamma-1}-P_H=0 \quad (9)$$

联立方程组（7）、（8）、（9），可以得到农户效用最大化时耕地适度经营规模：

$$H^*=[P_Q \cdot A\alpha^{\alpha}\beta^{\beta}\gamma^{(1-\alpha-\beta)}+(T \cdot P_L+P_L)^{-\alpha}P_K{}^{-\beta}P_H{}^{(\alpha+\beta-1)}]^{1/(1-\alpha-\beta-\gamma)} \quad (10)$$

$$K^*=(\beta P_HH)/\gamma P_K \quad (11)$$

$$L^*=(\beta P_HH)/\gamma P_L \quad (12)$$

式中，H^*是农户效用最大化时耕地经营规模，K^*是农业生产中最优的资本投入量，L^*是最优的劳动力投入量个数。

二、农户耕地适度经营规模的实证检验

该研究所需数据主要来自于对阿克苏地区实地调查问卷并经过整理所得到的结果。

（一）模型参数的确定

1. α、β、γ 的确定

对式（3）取对数可得到：

$$\ln Q=C+\alpha\ln L+\beta\ln K+\gamma\ln H \quad (13)$$

运用 SPSS20.0 统计软件对式（13）进行参数估计。从表 6-1 中可以看出，R^2大于 0.8，说明模型对样本的拟合度较好，回归效果很显著。相关系数 C 是 5.847，α 是 0.263，β 是 0.312，γ 是 0.411。

表 6-1 参数估计

模型	标准化系数		标准系数	T 统计量	显著性
	回归系数	标准误差			
C	5.847	0.963		5.627	0.000
lnL	0.263	0.106	0.221	2.135	0.013
lnK	0.312	0.178	0.398	1.307	0.019
lnH	0.411	0.215	0.259	1.653	0.014
R^2	0.961				
调整后 R^2	0.957				

2. 各生产要素价格的确定

根据阿克苏市农业部门提供的数据和调研小组实地调研数据，农业劳动力价格 P_L 用农业劳动力的工资水平来表示。由于现在农村劳动力市场发育不健全和农民在农村的就业机会比较少等原因，研究区域农业劳动力的工资水平是 45 元/天。农业资本市场价格 P_K 用当年定期存款基准利率加 1 表示，即为 1.03。耕地流转的平均价格 P_H 是 2 175元/公顷。

3. 其他相关参数的确定

农产品市场价格 P_Q 用农户粮食销售总收入与粮食销售总量来表示。经过计算，得出研究区域粮食平均市场价格为 1.87 元/千克。研究中把每个劳动力的有效工作时间定为 300 天/年，根据阿克苏地区的地理条件和种植方式，每个劳动力用于自家农业生产的时间是 175 天/年，则农业劳动力被其他农户雇佣的天数 T 为 125 天/年。

（二）阿克苏地区农村土地规模经营实证研究的结果分析

从 SPSS 软件的统计结果可以看出，农业生产中投入的劳动力数量、资本投入量（包括固定资本和流动资本）、农村土地面积都通过了显著性检验，即在农户在农业生产中效用最大化角度下，劳动力数量、资本、耕地面积都会对农户种粮效应产生影响，但是这 3 个因素对农户总收益的影响程度是不一样的。检验结果显示：耕地面积对农户家庭农业生产总收益的影响最大，其次是资本投入量，影响程度最小的是农户在农业生产过程中的农业劳动力投入量。经过对样本地区的实证分析可得到：所研究区域耕地的产出弹性是 0.411，也就是每增加 1 单位的耕地面积时，会使得农户家庭农业生产的总收益增加 0.411 个单位；当增加 1 单位的资本投入量时，就会使农户家庭农业生产的总收益增加

0.312 个单位；当增加 1 单位的农业劳动力投入量时会使得农户家庭农业生产的总收益增加 0.263 个单位。因此在阿克苏地区当前的农业生产条件下，农村土地的经营处于规模报酬递增阶段，而且增加户均耕地面积对农户家庭农业生产所带来的收益的增长分别大于农户在农业生产中对农村土地资本和农业劳动力投入的增长。所以，在阿克苏地区当前的条件下，扩大土地经营规模对当地农户家庭农业生产的总收益的增加是非常有好处的。

把所有参数值（包括 α、β、γ、A、P_L、P_K、P_H、P_Q、T）代入农户效用最大化时的农村土地的经营规模公式，即

$$H^* = [P_Q \cdot A\alpha^\alpha \beta^\beta \gamma^{(1-\alpha-\beta)} + (T \cdot P_L + P_L)^{-\alpha} P_K{}^{-\beta} P_H{}^{(\alpha+\beta-1)}]^{1/(1-\alpha-\beta-\gamma)}$$

经过算数计算，可以得到阿克苏地区在现有的农业生产技术条件下，农户耕地适度经营规模是 2.073 公顷/户。也就是在户均耕地经营规模为 2.073 公顷时可以使农户从事农业生产的收益达到最大（表 6-2）。

表 6-2　农户耕地经营规模现状和农户适度耕地经营规模

类别	户均经营规模（公顷）	劳均经营规模（公顷）
适度经营规模	2.073	0.576
现有经营规模	1.319	0.366

数据来源：根据实证分析和调查资料整理所得

调查数据显示，2012 年阿克苏地农户耕地经营规模仅为 1.319 公顷，户均人口数为 3.6 人/户，农村劳动力人均耕地经营面积为 0.366 公顷。在农户效用最大化的角度下，根据实证分析计算出的阿克苏地区农户适度耕地经营规模为 2.073 公顷，农村劳动力人均耕地经营面积为 0.576 公顷。因此，阿克苏地区农户适度耕地经营规模大于现有耕地经营规模，高于 0.754 公顷。劳均适度耕地经营规模大于现有劳均耕地经营规模，高于 0.21 公顷。所以，阿克苏地现有的户均耕地经营规模小于适度经营规模。

三、小　结

农村土地的适度规模经营有利于我国农业社会化、商品化、现代化水平的提高，是农业生产力水平提高的产物。本研究在对新疆阿克苏地区农户抽样调查的基础上，结合柯布—道格拉斯函数，综合考虑农业生产中劳动力、资本、土地的投入产出，从农户家庭生产效用最大化的角度，建立了农户耕地适度经营规模的测量模型。研究结果表明：农户在追求利润最大化的条件下，受农产

品市场价格、各投入要素价格、农业生产技术和农户劳动力状况的影响，农户耕地经营存在一个适度的规模。阿克苏地区在现有的地理条件和农业生产技术条件下的户均耕地适度经营规模是2.073公顷，当劳动力、资本、土地的投入量变动1%时，对应的农业产出量变动分别是26.3%、31.2%、41.1%，这表明土地投入要素是影响农业产出的重要因素，劳动力投入量对产出的影响最小。但实地调查数据显示阿克苏地区实际户均耕地面积仅为1.319公顷。阿克苏地区农村土地的面积是客观存在的，在相当长的时间里不会发生较大变化，在不能增加的同时还可能面临城镇化进程中农村土地减少的局面。因此，要想增加农民收入、提高农村居民生活水平、加快农业经济的发展就需要转变农业生产思路，通过加快农村土地的合理流转、转移农村剩余劳动力、增加对农业生产过程中资金和技术的投入，提高阿克苏地区农村土地的经营规模，进而使阿克苏地区农业生产向现代化、产业化和机械化方向发展。

第七章 新疆农户自愿参与土地规模经营效果评价

新疆土地规模经营的模式较多，有农民专业合作社、农村土地股份合作社、家庭农场、种粮大户和农业公司等。在调研过程中，我们发现这些规模经营的土地来源一部分是农户在家庭联产承包责任制的基础上自愿流转土地获取，一部分是政府强行征地占有。因此，我们根据调研数据，将土地规模经营分为两种模式：一种是农户自愿参与型，另一种是农户非自愿参与型。本章将着重评价农户自愿参与土地规模经营的效果。

一、数据来源和时间段选取

在调研过程中，我们发现新疆农村土地股份合作社数量不是很多，但都是农户自愿入股参与，因此，我们以农村土地股份合作社为例来研究农户自愿参与农村土地规模经营的效果。塔城宏兴农村土地股份合作社、昌吉绿洲农村土地股份合作社、和田信远农村土地股份合作社分别经营土地规模 565 亩、430 亩、1 100亩，我们对参与这 3 个土地股份合作社的农户做了详细调研，为了使得研究结论更符合实际情况，调研数据更加准确，本次调研采用问卷调查和深入访谈形式，并且对周边未参与农户也作了相应调研以作参照，共涉及农户 163 户，其中参与农村土地股份合作社 79 户，未参与农村土地股份合作社 84 户，时间跨度为 2007 年到 2011 年，共 815 个样本。

参与农村土地股份合作社的农户必须满足以下条件：已经入股合作社至少两年，这样农户入股合作社后的收入就相对稳定，然后在符合条件的农户中随机抽取。由于新疆农村土地股份合作社的发展主要集中在 2009 年和 2010 年，因此，农村土地股份合作社成立前的时间选择 2007 年，农村土地股份合作社成立后的时间选择2011年，选取2007年和2011年数据为计算依据，农民自愿参与模式共有326个样本。

二、模型选择和变量说明

（一）DID方法介绍

下面的实证分析使用的是DID模型，又称“双重差分法”，双重差分法广泛用于政策实施和工程项目评估中。可以有效评价一项政策或者一个工程项目的净影响。基本思路是随机抽取调查样本并且根据是否受政策影响分为两组，一组为受政策影响的处理组，一组为不受政策影响的对照组，计算处理组在政策实施前后某个变量的变化值，再计算对照组在政策实施前后同一变量的变化值，最后两个变化值的差值即为该项政策的净影响。

本文将入股农村土地股份合作社的农户设置为“处理组”，将未入股农村土地股份合作社的农户设置为“对照组”，我们根据调研数据，分别计算出处理组和对照组同一个变量在入股农村土地股份合作社前后的变化量，并且计算出这两个变化量之间的差值。

（二）DID模型的构建和变量描述

1. 模型的构建

我们将入股农村土地股份合作社的农户设置为处理组 M，未入股农村土地股份合作社的农户设置为对照组 N，建立如下模型：

$$Y_{it} = \beta_0 + \beta_1 T_{it} + \beta_2 A_{it} + \beta_3 T_{it} A_{it} + \mu_{it} \tag{a}$$

Y_{it}代表农户 i 的人均收入，A_{it}是一个二值虚拟变量，如果农户入股股份合作社值为1，如果农户未入股股份合作社值为0，T_{it}是一个时间虚拟变量，值为0代表入股土地合作社前，值为1代表入股土地合作社后，μ_{it}是一个随机扰动项。

根据上述定义，我们可以知道处理组 M 农户 A_{it}值为1，模型（a）可以写成 $Y_{it}=\beta_0+\beta_1 T_{it}+\beta_2+\beta_3 T_{it}+\mu_{it}$，在入股土地股份合作社前后的收入分别为：

入股农村土地股份合作社前：$Y_{it}=\beta_0+\beta_2$

入股农村土地股份合作社后：$Y_{it} = \beta_0 + \beta_1 + \beta_2 + \beta_3$

入股农村土地股份合作社前后处理组农户的收入变化为：

$$\Delta Y_{it1} = (\beta_0 + \beta_1 + \beta_2 + \beta_3) - (\beta_0 + \beta_2) = \beta_1 + \beta_3$$

对照组N农户的 A_{it}值为0，模型（a）可以写成 $Y_{it}=\beta_0+\beta_1 T_{it}$，在入股合作社前后的收入分别为：

入股农村土地股份合作社前：$Y_{it}=\beta_0$

入股农村土地股份合作社后：$Y_{it}=\beta_0+\beta_1$

入股农村土地股份合作社前后对照组农户的收入变化为：$\Delta Y_{it2}=(\beta_0+\beta_1)-\beta_0=\beta_1$

入股农村土地股份合作社对农户收入的净影响为：$\Delta\Delta Y_{it}=\Delta Y_{it1}-\Delta Y_{it2}=(\beta_1+\beta_3)-\beta_1=\beta_3$，这个值就可以反映农村土地股份合作社的效果。

由于人均收入还受到其他因素的影响，在分析过程中为了控制这些因素的影响，采用固定效应模型：

$$Y_{it}=\beta_0+\beta_1T_{it}+\beta_2A_{it}+\beta_3T_{it}A_{it}+\lambda x_{it}+\mu_{it} \tag{b}$$

式中 x_{it} 为可能影响人均收入的因素，例如年龄、受教育水平、劳动力所占比重、户均耕地面积等，μ_{it} 为影响人均收入的一些其他因素。

2. 变量的选取及解释

因变量的选取：本文主要评价农村土地股份合作社对农户收益的影响，衡量农户收益的指标主要是人均纯收入，因此因变量为农民人均纯收入，但是农民人均纯收入又可分为人均种植业收入、人均养殖业收入、人均务工收入、人均分红收入、人均政策性收入，因此还要分别评价农村土地股份合作社对这些收入的影响。

自变量的选取：本次调查我们根据影响农户收益的因素，选择年龄、受教育时间、家庭人数、劳动力所占比重、户均耕地面积为自变量（表7-1）。

表7-1　变量的主要特征

变　量	最小值	最大值	均　值	标准差
人均纯收入	3 546	9 428	6 106. 92	1 834. 17
人均种植业收入	283	4 917	2 471. 07	1 206. 68
人均养殖业收入	639	2 153	1 179. 65	327. 33
人均务工收入	326	5 034	2 279. 68	1 407. 39
人均政策性收入	94	1 352	372. 69	159. 77
人均分红收入	0	3 317	901. 36	1 104. 36
年龄	24	71	44. 31	11. 65
受教育时间	2	15	8. 46	2. 30
家庭人数	3	8	4. 79	1. 34
农业劳动力所占比	0. 33	0. 75	0. 61	1. 82
户均耕地面积	9. 47	70. 64	27. 83	9. 04

资料来源：调查数据整理所得

三、农户自愿参与模式模型估计结果及分析

（一）农户收入状况描述

农户人均收入在入股农村土地股份合作社前后的组内和组间对比如表 7-2 所示：2007 年，入股户的人均纯收入和未入股户的人均纯收入差距为-396 元，2011 年这一差距为 1 366元，两者的差值为 1 762元，这就是差分估计值。入股户和未入股户的人均纯收入、人均种植业收入、人均养殖业收入、人均务工收入在 2007 年差别较小，但是 2011 年，入股户的人均种植业收入、人均养殖业收入明显低于未入股户。入股户的人均纯收入、人均务工收入、人均分红收入明显高于未入股户。这是由于入股户将土地入股到合作社后外出务工，从而使得务工收入和分红收入偏高，种植业和养殖业收入偏低。另外还可以发现，入股户和未入股户的人均政策性收入在 2007 年和 2011 年差别都很小。

通过对表 7-2 的分析还可以得出，未入股户和入股户的人均纯收入、人均务工收入、人均政策性收入在入股土地股份合作社后都呈增长的趋势。

表 7-2　农户人均收入在入股农村土地股份合作社前后的对比

人均纯收入	2007 年（入股前）	2011 年（入股后）	ΔY	人均种植业收入	2007 年（入股前）	2011 年（入股后）	ΔY
未入股户	4 725	7 368	2 643	未入股户	2 704	3 716	1 012
入股户	4 329	8 734	4 405	入股户	2 477	721	-1 756
ΔY	-396	1 366	1 762	ΔY	-227	-2 995	-2 768
人均养殖业收入	2007 年（入股前）	2011 年（入股后）	ΔY	人均务工收入	2007 年（入股前）	2011 年（入股后）	ΔY
未入股户	1 296	1 729	433	未入股户	1 462	2 622	1 160
入股户	1 307	896	-411	入股户	1 037	3 896	2 859
ΔY	11	-833	-844	ΔY	-425	1 274	1 699
人均分红收入	2007 年（入股前）	2011 年（入股后）	ΔY	人均政策性收入	2007 年（入股前）	2011 年（入股后）	ΔY
未入股户	0	0	0	未入股户	268	479	211
入股户	0	2 541	2 541	入股户	287	506	219
ΔY	0	2 541	2 541	ΔY	19	27	8

注：这里人均纯收入是指总收入扣除了物质成本后的净收入，下同

（二）未引入控制变量时模型的估计结果

未引入控制变量时采用模型（a）进行回归。估计结果如表 7-3 所示，I_1

表示人均纯收入，I_2表示人均种植业收入，I_3表示人均养殖业收入，I_4表示人均务工收入，I_5表示人均分红收入，I_6表示人均政策性收入。

表 7-3　未引入控制变量下 DID 模型估计结果

变量	系数	I_1	I_2	I_3	I_4	I_5	I_6
T_{it}	β_1	-2 166***	579**	1 766**	1 277***	978**	402***
A_{it}	β_2	-246	-192*	-134	-639	590***	76.27
$T_{it}A_{it}$	β_3	2 318***	-2 680**	-489**	1 793***	2 166***	85.33
con	β_0	4 105.22***	2 188***	986***	1 268***	327***	186***
F（3322）	—	926.11	613.55	72.83	257.4	1 135.36	346.22
Sig.	—	0	0	0	0	0	0
R_2	—	0.714	0.672	0.206	0.414	0.782	0.536

注：*、**、*** 分别代表在 10%、5%和 1%的水平上显著，下同

从表 7-3 中回归结果可以看出，所有收入都通过了模型显著性检验。

第一，模型中人均纯收入、人均务工收入、人均分红收入的双重差分估计值 $T_{it}A_{it}$在 1%的水平正向显著，说明农户入股农村土地股份合作社后，在控制了时变效应和差异效应的情况下，入股户相对于未入股户，人均纯收入、人均务工收入、人均分红收入都显著地提高。这是由于入股农村土地股份合作社后，入股户将土地入股到合作社经营，自己外出务工，这样使得人均务工收入和人均分红收入提高。

第二，人均种植业收入、人均养殖业收入的差分估计值 $T_{it}A_{it}$在 5%的水平显著为负。说明农户入股农村土地股份合作社后，在控制了时变效应和差异效应时，入股户相对于未入股户，种植业收入和养殖业收入明显减少。这是由于农户将土地入股到合作社后，种植业产量必然下降，养殖业所需食物也随之减少，养殖数量下降，从而种植业和养殖业收入都减少。

第三，人均政策性收入的时间系数 $\beta_1=402$，在 1%的水平上正向显著，双重差分估计值为 85.33，差异系数 $\beta_2=76.27$，对人均政策性收入的影响都不显著，这是由于在新疆，政策性收入主要是根据耕地面积给予一定的良种和种植补贴，另外还有一些贫困户的低保补助和老人的养老金，这些补贴是逐年增加的，与土地是否入股土地股份合作社是没有关系的。

（三）引入控制变量后模型的估计结果

在引入控制变量后采用模型（b）进行回归分析，找出影响各种收入的因

素，模型估计结果如表 7-4 所示。

表 7-4　引入控制变量后 DID 模型估计结果

变　量	人均收入					
	I_1	I_2	I_3	I_4	I_5	I_6
$T_{it}A_{it}$	1 927. 30***	-2 648. 21**	-527. 16***	1 739. 25***	1 803. 26***	51. 28
年龄	-1. 05	7. 03***	4. 31**	-23. 61	31. 04	16. 92***
受教育时间（年）	372. 16***	42. 18	-105. 67	482. 19**	-110. 93	31. 04
家庭人数	-126. 26	-236. 14	-71. 29	549. 13***	-339. 84***	-71. 92**
劳动力所占比	2 628. 35***	1 862. 33***	34. 19	3 391. 04***	-298. 01	-23. 01
户均耕地面积	138. 42***	68. 14***	64. 54*	-31. 48*	19. 73***	7. 36***
con	3 901. 47**	2 046. 18**	912. 47	-2 901. 40	13. 02	-46. 78
F（8 317）	1 045. 36	879. 26	148. 28	672. 16	772. 37	289. 01
Sig.	0	0	0	0	0	0
R^2	0. 841	0. 772	0. 318	0. 598	0. 636	0. 439

从表 7-4 可以知道，引入控制变量后，模型都非常显著，并且双重差分估计值的显著性相对于未引入控制变量的估计结果变化不大。

第一，年龄与人均种植业收入、人均养殖业收入、人均政策性收入呈显著地正相关。这是由于农户年龄越大，外出务工的意愿越小，更倾向于从事种植业和养殖业，并且一些农户的种养经验丰富，更容易在种植和养殖方面增加收入。新疆根据农户耕地面积发放一定的种粮补贴，年龄大的农户由于过去分得了较多的土地，所以种粮补贴较多，另外，新疆 60 岁以上农村老人可以领取至少 85 元的基础养老金，所以年龄大的农户可以获得更多的政策性收入。

第二，受教育时间与人均纯收入和人均务工收入呈显著地正相关，这是由于受教育程度高的农户容易接受新事物，适应社会能力强，更容易获得非农就业机会。

第三，家庭人数与人均务工收入呈显著地正向关，与人均分红收入和人均政策性收入呈显著地负相关，呈正相关是由于家庭土地面积多年来保持不变，随着家庭人口数量的增多，现有土地的种植收入已经不能满足对生活的需求，家里一部分劳动力不得不外出务工来增加经济收入。呈负相关的原因是土地入股分红收入虽然不确定，但是家庭人口增加，人均收入就会下降。另外国家给予的政策性补贴是根据耕地面积发放，在耕地面积保持不变的情况下，补贴收入变化很小，家庭人数增多，人均收入也会下降。

第四，劳动力所占比与人均纯收入、人均种植业收入、人均务工收入呈正相关，对其他收入影响不显著。这是由于劳动力越多，既可以对现有的土地精耕细作，以增加种植业收入，还可以在农闲时间，外出务工，增加非农收入，从而人均纯收入也会随之增加。

第五，户均耕地面积与人均纯收入、人均种植业收入、人均分红收入、人均政策性收入呈显著正相关。这是因为户均耕地面积越多，种植业收入必然会增加，同时也可以获得更多的政策性补贴和分红收入。

四、小 结

第一，农户自愿参与入股成立的农村土地股份合作社，参与户相对于未参与户而言，人均纯收入、人均务工收入、人均土地流转收入显著增加，人均种植业收入、人均养殖业收入显著减少。主要是由于农户将土地流转给专业合作社后获得了土地流转收入，并且有更多的时间从事非农产业，从而种植业和养殖业收入会相应下降。

第二，影响农户收入的因素中：农户年龄与人均种植业收入、人均养殖业收入、人均政策性收入呈显著正相关；农户受教育程度与人均纯收入和人均务工收入呈显著正相关，对其他收入的影响不显著；家庭人数与人均务工收入呈显著正相关，与人均土地流转收入和人均政策性收入呈显著负相关；劳动力所占比与人均纯收入、人均种植业收入、人均务工收入呈正相关，对其他收入影响不显著；户均耕地面积与人均纯收入、人均种植业收入、人均土地流转收入、人均政策性收入呈显著正相关。

第三，通过实证分析，我们会发现农村土地股份合作社确实是符合新疆农业发展的一种模式。一些农户将土地入股到合作社获得分红收入，避免了种养殖的自然灾害风险和市场风险，另外使自己解放出来从事其他非农产业也增加了非农收入。

第八章　新疆农户非自愿参与土地规模经营效果评价

新疆的一些农民专业合作社、农业公司、试验农田等是政府为了发展农业，振兴地方经济而强行征得农户土地，再通过招商引资或者政府补贴等模式组建的。这种农户非自愿参与的土地规模经营模式效果如何，本章予以实证分析。

一、数据来源与时间段选取

昌吉地区绿鑫农民专业合作社、阿克苏地区试验农田、和田地区久诚农业公司分别经营土地740亩、1 300亩、460亩。这些土地均是当地政府为了发展现代农业、提高农业生产效率，强行征得农户承包地而进行土地规模经营，不少农户自始至终就不愿意参与土地规模经营。为了评价这种农户非自愿参与的土地规模经营的效果，我们采用同样方法选取71户参与户和周边58户未参与户进行研究分析，时间跨度为2007年到2011年，共645个样本。

我们也将农户参与土地规模经营前的时间选择2007年，农户参与土地规模经营后的时间选择2011年。选取2007年和2011年数据为计算依据，共258个样本。

二、模型选择和变量说明

（一）DID模型的构建

我们将参与土地规模经营的农户设置为处理组 M，未参与土地规模经营的农户设置为对照组 N，建立如下模型：

$$Y_{it} = \beta_0 + \beta_1 T_{it} + \beta_2 A_{it} + \beta_3 T_{it} A_{it} + \mu_{it} \qquad (a)$$

Y_{it} 代表农户 i 的人均收入，A_{it} 是一个二值虚拟变量，如果农户参与土地规模经营值为 1，如果农户未参与土地规模经营值为 0，T_{it} 是一个时间虚拟变量，值为 0 代表参与土地规模经营前，值为 1 代表参与土地规模经营后，μ_{it} 是一个随机扰动项。

根据上述定义，我们可以知道处理组 M 农户 A_{it} 值为 1，模型（a）可以写成 $Y_{it}=\beta_0+\beta_1 T_{it}+\beta_2+\beta_3 T_{it}+\mu_{it}$，在参与土地规模经营前后的收入分别为：

参与土地规模经营前：$Y_{it}=\beta_0+\beta_2$

参与土地规模经营后：$Y_{it}=\beta_0+\beta_1+\beta_2+\beta_3$

参与土地规模经营前后处理组农户的收入变化为：

$$\Delta Y_{it1}=(\beta_0+\beta_1+\beta_2+\beta_3)-(\beta_0+\beta_2)=\beta_1+\beta_3$$

对照组 N 农户的 A_{it} 值为 0，模型（a）可以写成 $Y_{it}=\beta_0+\beta_1 T_{it}$，在参与土地规模经营前后的收入分别为：

参与土地规模经营前：$Y_{it}=\beta_0$

参与土地规模经营后：$Y_{it}=\beta_0+\beta_1$

参与土地规模经营前后对照组农户的收入变化为：$\Delta Y_{it2}=(\beta_0+\beta_1)-\beta_0=\beta_1$

参与土地规模经营对农户收入的净影响为：$\Delta Y_{it}=\Delta Y_{it1}-\Delta Y_{it2}=(\beta_1+\beta_3)-\beta_1=\beta_3$，这个值就可以反映农户非自愿参与土地规模经营的效果。

由于人均收入还受到其他因素的影响，在分析过程中为了控制这些因素的影响，采用固定效应模型：

$$Y_{it}=\beta_0+\beta_1 T_{it}+\beta_2 A_{it}+\beta_3 T_{it}A_{it}+\lambda x_{it}+\mu_{it} \tag{b}$$

式中 x_{it} 为可能影响人均收入的因素，例如年龄、受教育水平、劳动力所占比重、户均耕地面积等，μ_{it} 为影响人均收入的一些其他因素。

（二）变量的选取及解释

因变量的选取：这部分主要评价农户非自愿参与土地规模经营对农户收益的影响，因此因变量同样选择农户人均纯收入、人均种植业收入、人均养殖业收入、人均务工收入、人均土地流转收入和人均政策性收入。

自变量的选取：本次调查我们根据影响农户收益的因素，选择年龄、受教育时间、家庭人数、劳动力所占比重、户均耕地面积为自变量（表 8-1）。

表 8-1　变量的主要特征

变　量	最小值	最大值	均　值	标准差
人均纯收入	3 354	9 824	6 855	1 614
人均种植业收入	267	4 376	2 158	1 046
人均养殖业收入	583	2 214	1 307	246
人均务工收入	322	5 014	2 407	1 237
人均政策性收入	98	1 246	374	107
人均土地流转收入	287	2 982	1 682	627
年龄	23	74	44.8	10.6
受教育时间	2	13	8	2.2
家庭人数	2	8	4.83	1.15
劳动力所占比	0.33	0.75	0.56	1.5
户均耕地面积	11.4	71.5	27.8	6.7

资料来源：调查数据整理所得

三、模型估计结果及分析

(一) 农户收入状况描述

农户非自愿参与土地规模经营前后农户人均收入的组内和组间对比如表 8-2 所示。

第一，2007 年参与户和未参与户人均纯收入的差值为 213 元，2011 年这一差值为-394 元，双重差分值为-607，即农户非自愿参与土地规模经营后人均纯收入下降了。

第二，2011 年，参与户的人均种植业收入比未参与户少 2 986元，差分估计值为 -3 089，表明农户非自愿参与土地规模经营后，参与户相对于未参与户，人均种植业收入显著下降。

第三，农户的人均养殖业收入、人均务工收入、人均土地流转收入和人均政策性收入的双重差分估计值分别为：129、90、1 033、-4。参与户的人均养殖业收入和人均务工收入相对于未参与户虽然有所增加，但是却不明显。参与户与未参与户的人均政策性收入差别较小。

表 8-2　农户人均收入在参与土地规模经营前后的组内与组间对比

人均纯收入	2007 年（成立前）	2011 年（成立后）	ΔY	人均种植业收入	2007 年（成立前）	2011 年（成立后）	ΔY
未参与户	4 369	7 739	3 370	未参与户	2 589	3 722	1 133
参与户	4 582	7 345	2 763	参与户	2 692	736	−1 956
ΔY	213	−394	−607	ΔY	103	−2 986	−3 089
人均养殖业收入	2007 年（成立前）	2011 年（成立后）	ΔY	人均务工收入	2007 年（成立前）	2011 年（成立后）	ΔY
未参与户	986	1 468	482	未参与户	1 279	2 681	1 402
参与户	1 182	1 793	611	参与户	1 483	2 975	1 492
ΔY	196	325	129	ΔY	204	294	90
人均土地流转收入	2007 年（成立前）	2011 年（成立后）	ΔY	人均政策性收入	2007 年（成立前）	2011 年（成立后）	ΔY
未参与户	119	486	367	未参与户	319	470	151
参与户	384	1 784	1 400	参与户	281	428	147
ΔY	265	1 298	1 033	ΔY	−38	−42	−4

（二）未引入控制变量时模型的估计结果

将所有数据采用模型（a）进行回归分析，估计结果如表 8-3 所示，I_1表示人均纯收入，I_2表示人均种植业收入，I_3表示人均养殖业收入，I_4表示人均务工收入，I_5表示人均土地流转收入，I_6表示人均政策性收入。

表 8-3　模型估计结果

变量	系数	I_1	I_2	I_3	I_4	I_5	I_6
T_{it}	β_1	1 874***	976.33*	379.46***	1 027.36***	416.26*	192.36***
A_{it}	β_2	−149	−217.42	373.91	216.55	286.43*	−18.49
$T_{it}A_{it}$	β_3	−976.49**	−1 996.28**	792.91	694.72	1 761.15***	−33.85
con	β_0	2 785.21***	3 891.62***	1 601.25***	1 286.45***	242.91***	310.44***
F（3 254）	—	536.14	784.91	92.63	296.76	1 054.82	206.88
Sig.	—	0	0	0	0	0	0
R^2	—	0.683	0.752	0.287	0.601	0.796	0.533

从模型估计结果，我们可以看出，所有模型都通过了模型的显著性检验。还可以知道：

第一，人均养殖业收入和人均务工收入的双重差分估计值为正值但不显著，说明农户非自愿参与土地规模经营后，参与户的人均养殖业收入和人均务工收入相对于未参与户都有所增加，但是增加不明显。这可能是由于这些农户不擅长养殖，导致土地流转出去后养殖业收入增加不明显，另一方面二三产业发展缓慢，不能有效吸收剩余劳动力，使得这些参与农户的务工收入也增加有限。

第二，人均纯收入的双重差分估计值在5%的水平负向显著、人均种植业收入双重差分估计值在5%水平负向显著，说明在控制了时变效益和差异效应时，这些农户在被动参与土地规模经营之后，人均纯收入和人均种植业收入都明显减少。这可能是由于农户将土地流转出去后，人均种植业收入减少，但是养殖业收入、务工收入和土地流转收入的增加不足以弥补种植业收入的减少，从而人均纯收入随之降低。

第三，人均纯收入、人均种植业收入、人均养殖业收入、人均务工收入、人均土地流转收入、人均政策性收入的时间系数β_1值均为正数且显著，表明这些收入随着时间的推移在不断增加，这与现实情况也是相符的。

（三）引入控制变量后模型的估计结果

在引入控制变量后采用模型（b）进行回归分析，找出影响各种收入的因素，模型估计结果如表8-4所示：I_1表示人均纯收入，I_2表示人均种植业收入，I_3表示人均养殖业收入，I_4表示人均务工收入，I_5表示人均土地流转收入，I_6表示人均政策性收入。

表8-4　引入控制变量后DID模型估计结果

变　量	人均收入					
	I_1	I_2	I_3	I_4	I_5	I_6
$T_{it}A_{it}$	-1 325.1***	-2 313.42**	437.71	948.32	2 017.47***	-59.38
年龄	-23.47**	-13	7.51**	-63.71*	48.33	11
受教育时间（年）	58.36	-56.72	-185.03	234.47	146.24	27
家庭人数	-376.24*	-346.92***	-83.26	137.48	-286***	-48.29**
劳动力所占比	3 142.61***	1 827***	56.23	2 968***	-257.31***	-18.55
户均耕地面积	93.14***	84.29***	94.28*	-62.83*	104.52***	26.71***
con	3 927.42**	2 734**	659	982	24.61	201
F（8 249）	1 276	936	104	324	831.62	643
Sig.	0	0	0	0	0	0
R_2	0.763	0.694	0.211	0.325	0.601	0.474

从表8-4可以知道，引入控制变量后，模型都非常显著，并且双重差分估计值的显著性相对于未引入控制变量的估计结果变化不大。另外，还可以得到如下结论。

第一，年龄与人均纯收入、人均务工收入呈显著负相关，与人均养殖业收入呈显著正相关，这是由于农民年龄越大，外出务工的意愿越小，并且养殖经验丰富，更愿意从事一些养殖方面的工作。

第二，受教育程度对人均纯收入的影响不显著，这是因为虽然一些农民受教育程度不高，但是通过一技之长或者辛勤劳动同样可以致富。

第三，家庭人数与人均纯收入、人均种植业收入、人均土地流转收入和人均政策性收入呈显著负相关，原因是现在农村土地种植机械化水平提高，种植土地需要的劳动力减少，但是由于二三产业的不发达导致很多劳动力不能有效转移，从而人均纯收入下降。土地流转收入和政策性收入的多少主要依据耕地流转面积或者总面积大小，家庭人数越多，人均收入自然会下降。

第四，劳动力所占比与人均纯收入、人均种植业收入、人均务工收入显著正相关，与人均土地流转收入显著负相关。这是由于劳动力越多，既可以对现有的土地精耕细作，以增加种植业收入，还可以在农闲时间，外出务工，增加非农收入。另外，如果农民预期参与土地规模经营会使自己收入减少，就不愿意参与土地规模经营，从而人均土地流转收入就会降低。

第五，户均耕地面积与人均纯收入、人均种植业收入、人均土地流转收入、人均政策性收入呈显著正相关。与人均务工收入呈显著负相关。这是因为户均耕地面积越多，种植业收入必然会增加，同时也可以获得更多的政策性补贴和土地流转收入。但是耕地面积越多，农民外出务工的时间就会减少，从而人均务工收入就会降低。

四、农户非自愿参与成立的农业组织收益分析

为了进一步研究农户非自愿参与成立的农业公司或者合作社等农业组织的收益状况，我们将实地调研数据整理如表 8-5 所示。

表 8-5　农户非自愿参与成立的农业组织收益状况

合作社	成立时间	土地规模（亩）	经营范围	2010 年收益（万）	2011 年收益（万）
绿鑫农民专业合作社	2008.7	740	瓜果蔬菜	−23.7	−26
阿克苏试验农田	2009.11	930	红枣	−58.4	8.7
久诚农业公司	2009.4	460	瓜果蔬菜	−19.4	3.8

通过上述调研数据，可以得知，绿鑫农民专业合作社连续两年亏损，阿克

苏试验农田土地规模为930亩，2010年亏损58.4万，2011年收益仅为8.7万。久诚农业公司2010年亏损19.4万，2011年虽然扭亏为盈，但是仅有3.8万的收益，与其经营的460亩土地规模极不相称。

五、小　结

第一，农户如果是非自愿参与土地规模经营，参与户相对于未参与户而言，人均纯收入和人均种植业收入明显减少，人均养殖业收入和人均务工收入都有所增加，但是增加不明显，这与当地农户的养殖经验不丰富和二三产业比较薄弱有关。养殖业收入和务工收入的增加不足以弥补种植业收入的减少，使人均纯收入降低。

第二，要大力发展二三产业。由于农户土地被征收后解放了大量农村劳动力，政府要引导和帮助这些农民从事非农产业，农户的非农收入增加会降低农户对土地的依赖性，并且可以消减农户对征收土地的抵触心理，有利于社会的和谐稳定。

第三，农户非自愿参与成立的土地规模经营组织收益偏低，甚至出现亏损现象。因此，政府在发展现代农业，推行土地规模经营过程中，要尊重农民意愿，不能操之过急，否则既不能增加农户和土地规模经营组织收益，甚至还会造成一定的社会矛盾。

第九章　新疆土地规模经营实现方式的绩效分析

土地规模经营实现方式比较多，本章试图对几种典型方式的绩效进行比较。

一、种粮大户实现方式的绩效分析

种粮大户实现方式是新疆农村土地规模经营最主要、最普遍存在的方式。它要求农户具有一定经济实力，具备农业生产的经验，其通过转入本集体其他农户闲散的、不愿耕种的土地，取得相应的土地使用权，扩大自身的土地面积，依此开展规模化经营，获得规模效益。种粮大户的农业生产经营方式灵活，借助自身积累的种植经验、文化知识、管理方法等往往能实现土地扩大规模带来的经济效益。土地转入者支付一部分租金给转出者，转出者可以选择外出务工，也可以受雇于该农户，赚取工资性收入。

新疆青河县查干郭勒乡科克玉依村的种粮大户徐某某，从2004年开始，通过不断地转入土地，到2012年，土地面积由最初承包的970亩地扩大到1 500亩，并且一直坚持种植小麦。随着种粮规模的不断扩大，小麦产量每年都不断增加，带来的经济收入亦是不断增长。2012年每亩土地小麦产量为400多千克，净收入高达60多万元。徐某某联系当地农业局和农业技术推广中心，时刻关注科技信息，充分应用种植技术，每年都尝试小麦新品种，经过新种子的倒茬，每亩土地的小麦单产能增加10千克。同时他使用先进的农业生产技术，主要有节水灌溉技术、滴灌肥的施肥技术，节省了灌溉和施肥的成本。为保持土地的持续生产能力，2013年，徐某某尝试把500亩地的麦草粉碎还田，试验秸秆还田技术。徐某某的小麦种植如火如荼的开展着，不仅自己实现了发家致富，而且带动了当地的农户生产的积极性，提高了农业生产的技术水平。

通过以上对种粮大户实现方式的介绍和徐某某的案例分析我们可以看到，种粮大户经营方式的经济效益主要表现在：种粮大户主要是通过土地规模扩大实现了粮食产量的增加、收入的增长，实现了规模化经营带来的经济利益。而转出土地者一方面获得一定的租金，剩余劳动力外出务工可以获得工资性收入。

社会效益主要表现在：种粮大户转入其他农户的土地，大多是不愿耕种或者无力耕种农户的土地，降低其农业生产经营的风险，转移出一部分农村剩余劳动力。种粮大户的经营规模的扩大会伴随着用人数量的增加，雇用工人解决了一部分农民的就业问题，但是受种粮大户经营成本的限制，其雇用人数较少，对当地剩余劳动力的吸收能力相当有限。

生态效益主要表现在：种粮大户深知土地是其重要的生产资料，对土地保护的意愿很是强烈，最基本的秸秆还田、种植防护林等措施，帮助保持土地肥力、防止土地沙化等，采用节水灌溉技术、滴灌肥技术，节约水资源和肥料。

种粮大户转入的土地大多是亲朋好友的，往往采用口头约定的方式，土地流转关系不稳定，使得一些农户为取得暂时的经济利益，采取粗放经营，这对土地的可持续发展不利。受资金的限制，推广农业机械和科技的力度不大。这些是种粮大户模式在今后发展过程中需要重点解决和完善的方面。

二、农民专业合作社实现方式的绩效分析

农民专业合作社实现方式的经营主体是专业合作社，集中愿意从事农业生产但自身经营能力有限的农户，由合作社发放种子、化肥等生产资料，按其要求和标准统一开展种植或养殖，采用机械集中耕作，共同使用先进农业技术。农户参与到专业合作社只需缴纳少量的服务费，收获的农产品归自己处理，也可以按照市场价格优先出售给合作社。这种模式是通过发挥集体的优势而形成的规模化生产的一种模式。

近年来，新疆农民专业合作社数量迅猛增加，吸引了大量农户的加入。2011 年，全区在工商部门登记注册的数量便已达到 4 500个，拥有 23 万余户的成员，辐射 54.3 万户的非成员农户。新疆甘河子镇某某农民专业合作社是众多专业合作社的其中一个，主要从事棉花的种植和经营。合作社通过转入成员的土地，统一种植棉花的品种，统一采用大型机械耕作，集中安排浇水、施肥、病虫害防治等活动，实现社区内的棉花种植进行规模化的生产和标准化的管理。2012 年社区每亩土地的棉花产量可达到 420 千克，比不入社的农户每亩

多生产 20~30 千克，按当年 1 千克棉花 8 元的销售价格计算，每亩收入增加了 160~240 元。合作社统一购买种子、化肥、农药等农资，因购买数量多，大部分是按批发价格购入，每亩生产的成本节省近 100 元，总之，入社农户与不入社的农户相比，平均节本增收 260~340 元。合作社的统一管理，节省了家庭的农业劳力，如果外出打工，收入还能增加 2 万元之多。

农民专业合作社经济方面的效益表现在：统一购买，成本降低；统一销售一方面提高了市场的议价能力，保证农产品的价值，另一方面降低了单个农户进入市场的风险和交易成本，节约了人力和财力，使得入社成员大部分实现增收。合作社从事特定农作物的规模生产和经营，带动当地这种农作物的交易活动，吸引邻近乃至全国的客商，可以繁荣当地的市场。

农民专业合作社在社会效益方面有：合作社集中使用大型机械设备进行耕作、收割等，不仅节省了农民自身的时间和力气，促进一部分农村剩余劳动力的转移，而且提高了现代农业的机械化。合作社组织农户学习农业专业技术和知识，传达政府的农业政策和文件，提高了农民的生产和经营水平。

农民专业合作社在生态方面的效益相对比较低，合作社为改善农业生产条件，整理土地的活动利于实现土地的持续生产能力，但是在种植防护林、保持水土等方面的措施实施的较少，对新疆生态环境的保护力度不大。

三、土地股份合作社实现方式的绩效分析

土地股份合作社实现方式基于家庭承包经营责任制，农户根据土地的承包合同，将获得的土地使用权折算成股份，以合作社作为经营主体，在其指导下统一从事一项或多项农业活动，农户既是经营者和投资者，又是生产者，实行利益共享、风险共担的运行方式。入股的农户不仅根据农业收成取得收入，同时根据入股的数量分配红利。

新疆乌苏市甘河子镇郝家庄子村，从前以家庭为单位，一家一户分散经营土地，大型机械难以进入农地进行耕作，导致质量和效率低下，不利于优良品种的推广，先进的种植技术无法应用，农业一度处在艰难的发展阶段。近年来，该村干部和村民们认识到农业现代化是解决困境的有效路径，可以利用先进技术等提高农作物的产量和质量，条件成熟了，可以创造品牌，依此开拓市场。他们开办了甘河子镇某某土地股份专业合作社，最初 13 户农民入股，成立合作社并成为社员，总共入股的土地有 500 亩。在合作社指导下，根据实际，因地制宜，通过小范围的试点，带动大面积的扩展。首先对入社农户的土

地进行整理，集中形成一定的规模，标准化经营。农户参与决策，根据市场行情决定生产的方向，根据经营状况获得收入，年底根据股份分得红利。这种方式比较新颖，为农村土地经营探索了新路径，但是入股经营存在较大的风险，发展还需谨慎。

土地股份合作社方式的经济收益表现在：对于农户，一是流转土地的直接收益；二是农业生产的收成收入；三是入股的红利收入。农民不仅获得劳动报酬，而且获得土地作为生产要素的报酬。对于合作社，以农民入股的方式获得土地，一方面减少了支付给流转土地的费用，便将宝贵的资金用于合作社的发展之中；另一方面促进了资本积累，壮大合作社的实力和能力，更好地发挥其服务和指导能力，直接的结果也使农民获得更多的收入和利润。土地股份合作社整合区域的各种资源，扩大了发展空间，带动了村域经济的发展。

在土地股份合作社中，农民作为经营者和投资者，参加股东大会，直接决定土地的经营与管理，在实践中不断增强市场和竞争的主体观念，从根本上转变了农民的角色。为适应农业现代化和产业化的发展要求，督促农民掌握现代农业科学技术和知识，提高农民的综合素质，使他们朝新型农民方向发展。

在土地股份合作社中，农户直接参与土地的生产和管理活动，经营状况决定经济利益的得失，为实现更高水平的发展，更加注重土地的持续生产能力和良好的农业生产环境。合作社整理土地，优化土地利用结构，采取植树种草、防止水土流失的措施，改善农业生产环境，提高土地的生产效率，同样有利于保护整个新疆的生态环境。

实践证明，农村实行土地股份合作制，是土地经营过程中的一项重大创新，是推进农业产业化和现代化的有效方法，也是增加农民收入、繁荣农村经济的长效措施。然而，土地股份合作社的发展风险大、要求高，应先在农村经济发展水平较高、农村剩余劳动力转移较快的地区开展，然后逐步推行。新疆农村经济发展水平整体不高，该模式还处于探索的阶段，主要存在于较发达的北疆地区。

四、公司化实现方式的绩效分析

公司化实现方式以龙头企业或农业公司为经营主体，主要以租赁的方式转入农户的土地作为产品的原材料产地，或者直接建立农业生产基地。公司与农户协商土地流转的价格，支付给农户土地租金，获得农户承包土地的使用权，按照自身的发展理念，自主经营，自负盈亏。公司化经营模式往往是集种植、加工、运输、销售于一体的，可以就地雇用转出土地的农户在公司打工，这样农户按照公司的要求统一生产经营土地，以家庭为单位的经营模式被打破。

近年来，新疆龙头企业发展势态迅猛，自治区级别的龙头企业有120多家，包括16家国家重点的龙头企业。这些企业每年可以吸收133万的农民参与，使农户户均收入增加850多元。带动农户进行规模和标准的生产，并开展加工和销售的工作，促进农业的多层次和纵深发展，加快产业化进程。某某农林业开发有限公司依靠新疆轮台县优良的小白杏和番茄，在此县建立种植基地，发展成为自治区的重点龙头企业。2012年该公司转入农户的土地，种植26万亩小白杏，1.5万亩的番茄，带动6万多农民参与。该公司以林果资源为基础，采用"公司+农户+市场"的运营模式，在种植业的基础上，开展特色果品的深加工，主要产品有浓缩杏酱、杏汁饮料、杏酒、番茄酱等，2012年，销售收入共1.85亿元，其中出口创汇1 380余万美元，创利税1 500余万元。该公司每年收购鲜杏和番茄原料多达10万吨，使得农民人均获得的杏子收入达到1 700余元，年人均增加400元之多。该公司不断发展，预计投资建立示范基地，带动了轮台县的杏子产业化发展，提高了产品的附加值，实现了企业和农民、农村的发展共赢。

公司化实现方式的经济效益主要表现在：公司拥有雄厚的经济实力，资金充足，能够承担标准化、大规模的农业生产，通过创造农产品品牌，提高农产品知名度，这些有利于公司实现利润。然而，公司经营受市场的影响较大，是否实现盈利主要看公司的经营和运作。公司以自身经济利益最大化为主要经营目标，对当地经济发展的带动作用较小，但是增加了当地的税收。对于农户而言，转出土地获得一定的土地租金，外出打工或者受雇于公司，可以获得工资性收入，收入水平大大提高。

公司化实现方式的社会效益主要表现在：公司通过流转农户的土地使其外出务工，促进农村剩余劳动力的转移，同时公司雇用农户从事生产、销售等活动，可以有效的吸收农村剩余劳动力。公司化经营主要是采用农业机械的耕种和收割等，机械化水平很高。

政府在与公司谈判的过程中，会规定公司必须建设防护林及其他防止水土流失的措施，这在一定程度上对生态环境起到保护的作用。但是公司化经营以自身的经济利益最大化为目标，不会过多地投资环境保护，农产品的包装等环节还会造成环境的破坏。

表9-1是以上4种规模经营实现方式的绩效比较。

表 9-1 4 种规模经营实现方式的绩效比较

效益	种粮大户	农民专业合作社	土地股份合作社	公司化
经济效益	转入者实现规模扩大带来的收益；转出者获得租金或工资性收入	节约成本，增强市场实力，增加农民收入，繁荣当地经济	农民获得流转土地收入、工资性收入和土地入股红利	公司收益不稳定，对当地经济带动作用小；农民获得地租或工资性收入
社会效益	降低转出者的农业生产风险；对农村剩余劳动力吸收能力有限	转移和吸收大量农村剩余劳动力，提高农民的技能	转变农民角色，提高农民的整体素质	转移和吸收农村剩余劳动力，提高机械化
生态效益	意愿强烈，采取多种措施保护土地资源和生态环境	整理和优化土地，对生态环境保护的措施有限	能够采取多种措施保护土地资源和改善生态环境	环境保护力度不大，造成一定破坏

第十章　山东菏泽市农户土地规模经营研究借鉴

有关农户土地规模研究，本研究在第二章中进行了部分介绍。尽管如此，但仍可以看出有关国内研究比较热烈。本章试图通过挖掘一些系统性研究成果，以便为新疆土地规模化生产寻找更确切的答案。迟超楠对山东省菏泽市农户土地规模进行了深入研究，其研究结论和建议为本研究提供了很好借鉴。

一、现状分析

（一）土地经营规模现状

自1949年以来，山东省耕地面积及人均面积都经历了从短暂增长到长期减少的变化过程。1949—1957年增加了780万亩；1957—1979年数量持续减少，由17亿亩减少到13亿亩，减少了约4亿亩。后4年剧烈波动，1983—1999年基本稳定在1.2亿亩左右；1999—2004年一直处于下降状态，之后虽略有增加但仍未达历史的耕地面积。菏泽市的耕地面积也由1949年2 100万亩减少到2015年的1 200万亩。根据统计年鉴数据：菏泽市2016年耕地面积8 231 266公顷（占山东省耕地总面积的1/10以上，在全省17个地市中居第二位）人口809.80万人。1985年，菏泽市承包户均土地经营规模为5.32亩，到1998年为5.03亩。2000年后进一步细碎化、分散化，从2008年起，由于一系列惠农政策的实施，特别是全面取消农业税等，使得耕地面积有所增加。截至2014年户均耕地面积为4.53亩，比1985年减少0.79亩，低于全省平均水平4.63亩。这使得探讨和研究如何在有限土地上获得更多的产出显得尤为迫切和重要。此外，根据杨学成等（2010）年在山东的3次调研中的数据得到：菏泽市农户平均地块 4.52 块，每块 1.17 亩。因为细碎化分散经营使得土地有效利用面积较少了 3%~10%，土地生产效率下降了 15.3%。

山东省是人口大省，1980—2014 年，全省转移到非农产业的农业劳动力为 3 542.18万人，平均每年转移约 101.21 万人。其中，农村非农业劳动力占劳动力的比重由 2007 年的 41.92%，提高到 2014 年的 44.32%。粮食生产比较效益较低、生产经营风险较大，加之随着社会经济的发展，非农产业就业机会的增加，许多青壮年劳动力不愿继续从事农业生产活动，农村从事农业劳动的劳动力越来越老年化、妇女化。

有相当一部分农民对家庭承包制度的理解存在误解，以为自家承包的土地就是自己的私有财产了，加上农村社会保障特别是养老保险和医疗保险水平较低，土地起着最终养老保障的功能。在调查中发现存在“有地的不想种，想种的没有地”的现象。且在流转过程中存在着租赁转包不规范的现象。根据调查发现，农村自发流转占总流转量的 80%以上，而农户委托村委会相关组织流转的土地量不足 20%。大多数以口头协议为主，且缺乏相应的约束，租赁转包期多短而不稳定。

干旱灌溉多是水泵抽水浇地，水源为河坝蓄水，但河坝大多小且蓄水能力差。遇到大旱则也没有更好的解决办法，排水设施老化，排水多靠农民自发挖沟排水，调查中发现，只有少量排水设备，但农业机电排灌溉条件落后，设备多属 20 世纪 80 年代以前添置，因年久失修，特别是分田到户后，长时间未用，基本已成废铁。根据对菏泽市种粮大户的生产成本统计，全市种粮大户 2011 年因抗旱添置抽水机 500 台，柴油、农用电等成本费用就达 90.32 万元，这既加大了农户的生产经营成本，也造成粮食产量的下降。

在对种植大户典型案例调查中发现，制约其粮食规模化生产正常运转的一个主要原因是融资困难。农业生产积累较少，靠农业的生产活动不能积累足够可以扩大规模的资金。目前农户主要的融资渠道是农村信用社贷款。而且也只有成立了公司性质的农户用企业资产抵押才能获得贷款，且贷款一般较少，还是不能满足其扩大规模的需求。被调查的 20 个种粮大户其资金缺口总额为 1 979.2万元，除从信用社得到了 318 万元的贷款外，其余资金缺口都从民间私人渠道解决，为此这些种粮大户仅支付利息就累计达到 279 余万元。由于高息运行，在增加生产成本的同时，也给种粮大户带来了经营上的风险，制约了农户对扩大规模的融资需求。

（二）农业规模经营模式现状

1. 专业合作社

山东省菏泽市的农民专业合作社组织规模化生产经营模式，主要是通过愿意把自家土地流转出去的农民采取平等协商、合作经营的形式，由合作社以市场最低价提供种子、化肥、农药等农业生产要素以及耕地、播种等机械化服务，来实现农地生产经营的规模化效益的。且合作社发起人多为种粮大户。

专业合作社是技术服务部门或者产品收购部门牵头，以农副业专业生产的农户为基础，组建的各种类型的专业合作社。重点是解决农民难买难卖问题。入社的社员享有技术指导、生产服务、合同保管、二次分配等权利，同时需要履行产品入股、科学管理的义务，通过遵守章程，享受合作社社员权利，也履行相应的社员义务，进而达到共赢的目标。截至目前，山东省菏泽市注册登记农民专业合作社共计2 490户，注册资本（金）达368 893万元，成员总数达20 600人。

2. 龙头企业带动型

围绕提高农产品市场竞争力，菏泽市重点发展了一批以带动能力强的加工企业为主导，以同类农产品或者服务为基础，实行“公司+企业+合作组织+种养大户”的龙头企业带动合作组织。以山东省菏泽市牡丹区为例，该区着力实施了农业龙头企业带动战略，夯实农村经济发展的“牵引点”。依托当地丰富的农业优势资源，通过政策促进、项目倾斜、资金扶持等措施，积极引导农字号企业延长产业链条，提升农业效益。该区沙土镇群众有着几十年种植芦笋、甘蓝、山药等经济作物的传统，在此基础上建设的裕鲁西达、佳美食品、沙土食品等10余家农副产品加工企业实现了快速发展，并辐射带动种植基地16多万亩，年销售收入超20亿元。目前，牡丹区规模以上农副产品加工企业增加到163家，今年上半年实现主营业务收入118.99亿元、利税12.4亿元，分别同比增长30.7%和49.6%。

3. 其他整合型

围绕扩大产业规模，引导农产品加工企业强强联合山东省菏泽市在部分产业重点发展了一批企业联合型协会。如菏泽花木协会发展牡丹种植10万余亩，在产品销售技术服务、新品种引进、成果推广等方面起到了很大作用，并组建了全国闻名的牡丹花木集团公司。

菏泽市还围绕优化配置农村资源，加快推进产业结构调查，重点发展了一批规模大、品质优、区域性强的农产品生产基地为依托，吸收种植专业户为会员的其他整合型合作组织。例如山东省菏泽市牡丹区的芦笋协会，由60多个种植专业村整合而成，自1997年成立以来向会员推广栽培技术，推广新品种达400多项，形成了统一供种，统一防病，统一销售的多种联合形式，还采取了外出市场考察、网上招商等促销形式帮助拓宽销售渠道，有力地拉动了该地区经济发展。

（三）适度规模经营过程中主要问题

1. 土地经营规模小且分散

粮食生产比较效益较低、生产经营风险较大，加之随着社会经济的发展非农产业就业机会的增加，许多青壮年劳动力不愿继续从事农业生产活动，农村从事农业劳动的劳动力越来越老年化、妇女化。同时农户粮食生产的土地也比较细碎，又是分散经营，耕地撂荒现象比较普遍。

2. 存在农户对土地流转的积极性不高以及流转行为不规范的问题

有相当一部分农民对家庭承包制度的理解存在误解，以为自家承包的土地就是自己的私有财产了，加上根深蒂固的把土地看作根本家庭生存保障。担心流转出去就不再属于自己，所以许多农户对土地流转都持消极态度。在调查中发现存在“有地的不想种，想种的没有地”的现象。且在流转过程中存在着租赁转包不规范的现象。

3. 农田基础设施薄弱

水利设施较差，干旱灌溉多是水泵抽水浇地，水源为河坝蓄水，但河坝大多小且蓄水能力差。遇到大旱则也没有更好的解决办法。排水设施老化，致使农业生产抵御自然灾害的能力较差。

4. 财政支持力度有限，农村正规金融服务缺失

这制约了农户对扩大规模的融资需求。在对种植大户典型案例调查中发现，制约其粮食规模化生产正常运转的一个主要原因是融资困难。农业生产积累较少，靠农业的生产活动不能积累足够可以扩大规模的资金。目前农户主要的融资渠道是农村信用社的贷款。而且也只有成立了公司性质的农户用企业资产抵押才能获得贷款，且贷款一般较少，还是不能满足其扩大规模的需求。

5. 菏泽市农村对于农产品的加工能力低，产业化经营的发展还处在初级阶

从菏泽目前的经营状况来看，虽然“合同农业”“订单农业”等有了一定程度的发展，但大部分农业生产仍然是以一家一户的分散经营为主，没有形成规模化、集约化的生产经营，农业生产的规模效应、集约效应低下。菏泽的农民专业合作组织规模较小、结构分散、功能单一、辐射力弱，推广型农产品科技含量低、精深加工的产业链短、附加值低、市场影响力弱，再加上部分合作组织主要人员工作经历与文化教育背景的不同，目标不明确，农民的商品意识

和市场竞争意识也不强，所以农业生产的效益较为低下。

二、菏泽市农户不同规模土地经营效率实证分析

（一）实证研究模型与方法

1. 数据包络分析（DEA）模型的构建原理

数据包络分析（Data Envelopment Analysis）最初是在1978年由A. Chames、W. W. Cooper和E. Rhodes 3人提出，以规模报酬不变为前提，利用前沿面计算决策三元的相对效率。根据DEA方法、模型和理论可以直接利用输入输出数据建立非参数DEA模型，进行经济分析。同时，使用DEA对决策单元进行效率评价时，可得到较多管理信息，帮助优化改进决策。因此，本研究计算本地区相对规模效率，所以主要运用数据包络分析（DEA）的计量模型对样本数据进行计算，测算不同决策单元的相对效率，根据计量结果对非效率的决策单元提出改进的方向与大小幅度。

数据包络分析方法（DEA）发展到今天已有许多模型，如C2R、BCC、FG、ST等，不同的模型对应不同生产可能集，对于某一个选定的决策单元（DMU）判断其有效性的综合DEA模型为（10.1）（Yu Wei，Brockett，1996）。假设研究对象有n个决策单元，每个决策单元都有m种类型的非负输入和S种非负输出分别表示该决策单元的“资源损耗”和“工作成效”。X_j表示决策单元U_j的投入集合，Y_j代表其产出集合。λ_j表示通过线性组合构造的一个有效的决策单元U_j时，第j个决策单元的组合比例。θ表示U_j离有效前沿面的径向距离，θ越接近1表示决策单元越有效。S^-，S^+为松弛变量，非零的松弛变量使得无效决策单元沿水平或者垂直方向延伸达到有效前沿面。

$$\begin{cases} \min\left[\theta - \varepsilon\left(\sum_{i=1}^{m} s_i^{\ -} + \sum_{r=1}^{s} s_r^{\ +}\right)\right] \\ s.t. \sum_{j=1}^{n} \lambda_j x_j \leqslant \theta x_0 \\ s.t. \sum_{j=1}^{n} \lambda_j y_j \geqslant y_0 \\ \delta_1\left(\sum_{j}^{n} \lambda_j + \delta_2(-1)^{\delta_3}\lambda_{n-1}\right) = \delta_1 \\ \lambda_j \geqslant 0,\ j = 1,\ 2,\ \cdots,\ n,\ \delta_1,\ \delta_2,\ \delta_3 \text{ 取值为 0 或 1，} \theta \text{ 无约束} \end{cases} \tag{10.1}$$

当综合 DEA 模型中参数 $\delta_1=0$ 时，得到测度综合效率的 C2R 模型，当参数 $\delta_1=1$，$\delta_2=0$ 时即得到测度技术效率的 BCC 模型。

2. 超效率 DEA 模型

超效率 DEA 模型是 Andersen 和 Petersen 在 1993 年提出的，主要是用来评价决策单元对于其他单元的效率。基本原则是：在对决策单元进行效率评价时，把决策单元的投入产出让其他单元的投入产出替代，从而有效的区分各有效决策单元的效率差异，并对各决策单元进行有效性排序。该模型的效率评价结果可能大于 1，可用于进一步分析 DEA 有效决策的单元。它的提出解决了 C2R 模型和 BCC 模型测算结果中无法继续评价多个有效决策单元。假设 w，u 为（10.1）式的最优解，则面向输入的超效率综合 DEA 模型及其对偶规划可以表示为：

$$\begin{cases}\max u^T y_j + \delta_1 u_0 \\ s.t.\ w^T x_j - u^T y_j - \delta_2 u_0 \geqslant 0 (j=1,\ 2\cdots n) \\ w^T x_j = 1 \\ w \geqslant 0,\ u \geqslant 0,\ \delta_1 \delta_2 (-1)^{\delta_3} u_0 \leqslant 0 \end{cases} \tag{10.2}$$

$$\begin{cases}\min\theta \\ s.t.\ \sum_{j=1}^{n} x_j\lambda_j + s^- = \theta x_j (j=1,\ 2\cdots n) \\ \sum_{j=1}^{n} y_j\lambda_j - s^- = y_j \\ \delta_1 (\sum_{j=1}^{n}\lambda_j + \delta_2 (-1)^{\delta_3}\lambda_{n+1}) = \delta_1 \\ s^- \geqslant 0,\ s^- \geqslant 0 \\ \lambda_j \geqslant 0,\ j=1,\ 2\cdots n,\ n+1 \end{cases} \tag{10.3}$$

面向输出的超效率综合 DEA 模型及其对偶规划为：

$$\begin{cases}\min u^T x_j - \delta_1 u_0 \\ s.t.\ w^T x_j - u^T y_j - \delta_2 u_0 \geqslant 0 (j=1,\ 2\cdots n) \\ u^T y_j = 1 \\ w \geqslant 0,\ u \geqslant 0,\ \delta_1 \delta_2 (-1)^{\delta_3} u_0 \leqslant 0 \end{cases} \tag{10.4}$$

$$
\begin{cases}
\max\theta \\
s.t. \sum_{j=1}^{n} x_j\lambda_j + s^- = \theta x_j (j = 1, 2 \cdots n) \\
\sum_{j=1}^{n} y_j\lambda_j - s^- = y_j \\
\delta_1 \left(\sum_{j=1}^{n} \lambda_j + \delta_2 (-1)^{\delta_3} \lambda_{n+1}\right) = \delta_1 \\
s^- \geqslant 0, s^- \geqslant 0 \\
\lambda_j \geqslant 0, j = 1, 2 \cdots n, n+1
\end{cases}
\tag{10.5}
$$

3. 综合效率、技术效率和规模效率的关系

综合效率：衡量决策单元技术效率和规模效率的整体效率指标。它代表决策单元的各个要素资源配置状况和每个投入要素的技术利用状况。

技术效率：在一定技术稳定使用过程中，给定投入变量的情况下，决策单元获得最大产出的能力。代表生产主体能否有效利用各要素的生产技术使产量最大化，反映决策单元把握和利用现有技术能力的高低，以及先进技术推广利用的有效程度和更新速度。

规模效率：反映决策单元是否在最合适的投资规模下进行生产经营活动，该值越高代表决策单元各要素配置比例越合理。只有当决策单元的规模大小合理使各生产要素得到充分利用，才能保证其综合效率可能达到最佳。

图 10-1 表示单要素输入、输出的情况，$Y=f(x)$ 表示决策单元处于最佳效率状态时，要素投入 x，获得最大产出 y 的生产函数。例如，如果决策单元在 A 处进行生产经营活动时，其技术效率、规模效率和综合效率可以分别表示为：

A 点技术效率=CB/CA

A 点的规模效率=CD/CB

A 点的综合效率=CD/CA=技术效率×规模效率

决策单元的综合效率值可以由规模报酬不变模型测算得到，技术效率可根据规模报酬可变模型测算得到，进而二者相除可以得到规模效率。由以上推导得出，如果综合效率和技术效率没有差别，则表明决策单元的规模效率达到最优状态，如果存在差别，则是受规模效率的影响。在既定的生产技术条件下，各生产要素的生产技术潜力得到充分发挥，其综合效率的不佳主要在于决策单元规模的不合理，存在对其规模大小的调整空间。本研究主要是对农户粮食种

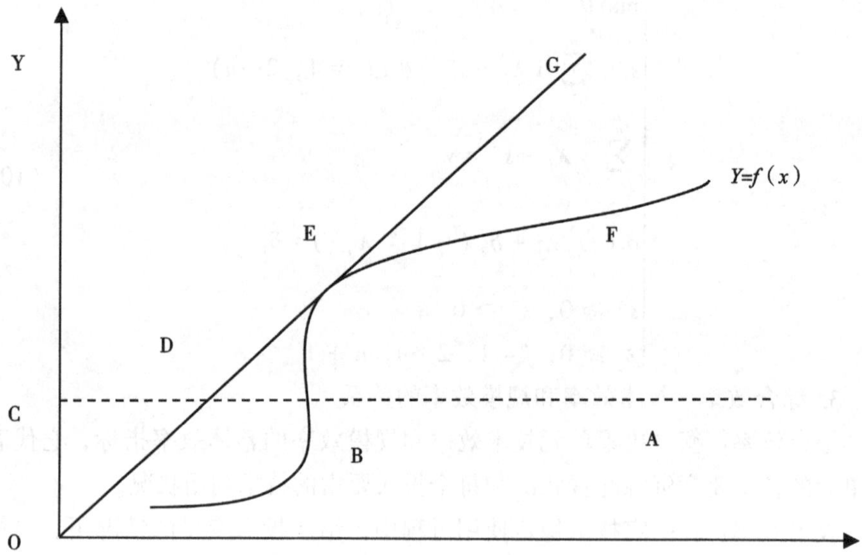

图 10-1　综合效率、技术效率和规模效率关系

植规模效率的分析，根据不同效率指标的测算找到最佳生产经营规模值，并分析非效率的改进方向和改进幅度。

（二）样本农户土地生产经营基本情况

1. 实证研究方案说明

本文的数据主要来源于对中国粮食主产区山东省菏泽市的实地调研，调查对象专门针对粮食种植农户。采用随机抽样的方法抽取牡丹区、曹县、定陶、鄄城 4 个地区进行实地走访。调查中共发放问卷 400 份，收回有效问卷 385 份，问卷有效率为 96.3%。调研内容主要涉及农户家庭特征、农户 2014 年小麦和玉米生产经营情况、农户家庭非农收入、农户土地流转情况以及影响规模经营的其他因素。

2. 样本农户基本情况

在样本农户中，农户家庭的平均人口为 4.3 人，人口最多的为 10 人，最少的为 1 人。现在很多农户都是三代同堂，一部分老人和儿媳妇带着小孩子在家务农，儿子出去打工，也有一些老人在家务农，儿子儿媳妇在外打工，不像过去儿子多，成家之后要分家。样本中家庭人口数 4 人的最多，占 49%，3 人的占 24%，4 人以上占 20%。80%的农户都有家人在外打工，从事非农业产业或全家搬到城镇生活。

从调查的样本农户户主的年龄结构看，平均年龄 54 岁，40 岁以上的占 92%，其中 65 岁以上的还占了 11%，这部分人主要因为文化水平较低或者身体素质原因，外出打工不尽人意，才不得不选择留在家里从事粮食种植。他们主要是粗放经营，对于采用新技术、新耕种方法以及投资水利等基础设施的积极性，这导致很难提高土地产出。40 岁以下青壮年劳动力仅 8%，一般来说，该年龄段人身体状况好，且有掌握较高农业生产技术知识的能力强，由他们从事农业生产有利于土地生产率的提高和农业生产要素的合理配置。

样本农户人均年收入为 5 834. 43元，低于非农业生产收入水平，其中，种植业外收入占 79. 4%，且有 79%的农户有人在外打工。尽管已有实践和研究表明适当扩大种植规模和采用新技术是可以取得更高货币收入的，但是当前样本农户普遍认为种粮食不赚钱，他们之所以还种植是“不种荒着可惜”，抽出一点时间粗放种植，最后收多少算多少。如果大部分农户都不愿意从事种植业生产，这将严重影响国家粮食安全。因此，从理性经济人角度出发，增加务农农户货币收入是今后发展适度规模考虑的重点。

样本农户总体受教育水平主要集中在义务教育阶段，占 75%，高中及以上仅占 24%。由此得知，从事种植业生产的农户受教育水平较低，发展现代农业需要使用新技术现代化生产要素，这可能会力不从心。样本农户受教育程度较低，另一方面也是因为受教育程度高的都外出从事非农活动了，这说明通过推行优惠政策、改善农村农业生产经营环境吸引文化水平高的青壮年劳动力从事农业活动是实现农业适度规模经营的重要途径。

此外，从农户地理区位分布来看，样本农户基本属于平原地形。调查样本中距离县城最远的为 30 千米，离县城最近的仅有 3 千米。90%的农户认为到县城以及中心集镇的交通很方便，最多一个小时都能到达。这为农业物资采购、经济交换提供了便利，且有利于农户从市场获取各种农业生产信息。当然，随着交通道路的完善，农户到县城从事短期非农业活动的成本减轻，有利于农民从事非农业为主、兼业种植业的活动。这一方面会使农户通过非农活动增加收入，另一方面也制约了种植业的发展。农户情愿自已粗放耕种自家土地，也不愿意把土地流转给种粮大户进行规模经营。这导致我国农业规模化生产的发展缓慢，同时形成了兼业农户，这不利于农业劳动生产率和土地生产率的提高（表 10-1）。

表 10-1　样本农户基本情况

项目	分组	比例（%）	项目	分组	比例（%）
年龄（岁）	16~30	2	家庭人数（个）	1	1
	30~40	6		2	6
	40~50	46		3	24
	50~65	35		4	49
	65 以上	11		4 个以上	20
教育程度	文盲	1	人均年收入（元）	4 000 以下	15
	小学	13		4 000~6 000	37
	初中	62		6 000~8 000	20
	高中	19		8 000~10 000	15
	高中以上	5		10 000 以上	13

数据来源：根据调研数据整理所得

3. 样本农户不同土地经营规模数据描述

调查样本农户的耕种规模总体分布如表 10-2，在 197 个样本中耕地规模在 20 亩以下的有 112 户，占总数的 56.85%，耕种规模在 100 亩以上的农户有 17 户，仅占总户数的 8.6%，总体上还处于小规模生产经营阶段。本论文根据研究需要对样本农户进行了分组，首先考虑到山东菏泽农户一般家庭承包经营制度承包经营的土地大部分在 8 亩以下，再者根据样本农户的数据资料分布情况，以十进位、百进位和千进位规律分成 15 组，测算各组相对效率。调研数据显示，种植规模 8 亩以下的基本上是耕种自家承包土地，他们基本上没有流转情况，且此类农户占了大部分。种植规模在 8~20 亩的农户，他们规模扩大的主要原因是帮亲戚朋友或者街坊邻居代耕代种，不是以种植利润为目的，他们也还没有把种植收入作为主要家庭经济来源，大多还是兼业种植，避免土地撂荒，并没有把主要精力放在种植生产上。他们也没有达到最充分利用土地，存在浪费现象。调查发现，从 20 亩以上的农户开始，他们把种植业作为自己的主业了，开始追求经济效益最大化，投资规模扩大，效率也得到了提高。他们基本有专职从事种植的劳动力，并以种植业作为主要职业，其收入作为主要收入，本论文借鉴已有成果经验结合实地调研结果，把超过 20 亩的农户称为种粮专业大户。超过 100 亩的农户基本上已经不用到田间地头从事农业生产了，而是主要从事产前和产后相关领域，如种子化肥农业的销售、粮食的加工等。

表 10-2 不同规模种植农户面积分组情况

农户播种规模	调查农户数	户均耕地面积（亩）	种植总面积（亩）
0<面积≤8	79	3.70	506.70
8<面积≤20	33	14.10	902.60
20<面积≤30	21	23.00	966.00
30<面积≤40	12	36.20	868.80
40<面积≤50	10	46.21	924.20
50<面积≤60	11	55.70	1 225.40
60<面积≤70	6	64.45	773.40
70<面积≤80	4	74.23	593.84
80<面积≤90	4	84.23	673.84
90<面积≤100	3	92.00	552.00
100<面积≤200	2	162.10	648.40
200<面积≤300	2	210.50	842.00
300<面积≤400	4	321.30	2 570.40
400<面积≤1 000	5	610.00	6 100.00
面积>1 000	1	1 170.00	2 340.00
总计	197	2 967.72	20 487.58

数据来源：根据调研数据整理所得

（三）样本农户不同规模土地经营效率计量分析

1. 样本农户投入产出变量的选择及数据整理

利用 DEA 模型进行分析的关键是投入产出变量选择是否恰当。从数据的可获得性、真实准确性、样本覆盖范围的全面性等考虑，本文将每一个样本农户作为一个决策单元，根据不同的土地规模收集农户的种植投入费用、实物产出和货币收入数据。考虑到各种生产要素及资源在生产过程中作用的强弱，本文选取农户种植的耕地面积、用于种植的用工数量、肥料和农药等生产资料费用以及机械动力费用作为投入变量，以农户的实物产量和所获得的货币利润为产出变量。其中肥料费用包括化肥和农家有机肥；机械动力费用包括畜力费用、收割机费用、耕种翻土机械费用以及防洪抗旱费用；用工数量（天）是指劳动力用于耕种粮食作物时，从耕地、播种、收割、施肥、打药直到入库或者卖出为止的全生产过程中的劳动投入。这其中包括自己劳动投入、交换和雇佣的劳动投入。为了研究方便，根据投入物质要素包含的技术含量性质不同，又把其细分为劳动替代型投入和土地替代型投入（表 10-3）。

表 10-3　农户输入输出指标

输入指标	变量名称	输出指标	变量名称
种植面积（亩）	$X1$	实物总产量（斤）	$Y1$
土地替代型投入（元）	$X2$	种植货币净利润（元）	$Y2$
劳动力投入（元）	$X3$		
劳动替代型投入（元）	$X4$		
其他各项投入（元）	$X5$		

农户种植面积是农户在一年中实际耕种的面积，包括自家承包耕地和流转租入耕地以及帮亲戚朋友耕种的面积。之所以采用实际耕种面积没有采用可耕种面积是因为可耕地在山东菏泽一年内可耕种两季或一季，也可能休耕或撂荒，对于闲置没有有效利用的耕地面积不能计入投入要素。

劳动替代型物质投入（元）是指农户在整个生产过程中投入的机械作业费用，包括耕地、收割、喷药、灌溉等费用，通过这些要素的使用，可以扩大劳动力耕种的土地规模，提高劳动生产率。

土地替代型物质投入（元）是指生产过程中使用的种子、化肥、农药等费用，这些要素的合理投入能改善土质，提高单位面积产量，可以有效克服耕地资源稀缺性的制约。

其他各项费用（元）是指农户在种植过程中发生的期间费用，如租赁土地费用、科技咨询服务的费用以及其他没有列入上面各项的费用。

实物产量（斤）是指农户全年在耕地上生产收获的产量，其大小反映土地产出率的高低以及各种投入要素的利用程度。

粮食生产的货币净利润（元）是指农户用投入产出的货币价值比较得到耕种一年获得的货币经济利益，是一个农户生产经济效率综合反映的价值指标。其高低直接影响农户经营种植的积极性大小（表 10-4）。

表 10-4　不同规模农户各种投入产出指标明细

农户播种规模	各项投入指标					各项产出指标	
	土地耕种面积（亩）	土地替代型投入（元）	劳动用工天数（天）	劳动替代型投入（元）	其他各项费用（元）	粮食总产出（斤）	粮食生产净利润（元）
0<面积≤8	3.70	1 038.11	52.30	473.23	483.81	4 713.90	1 693.53

（续表）

农户播种规模	各项投入指标				各项产出指标		
	土地耕种面积（亩）	土地替代型投入（元）	劳动用工天数（天）	劳动替代型投入（元）	其他各项费用（元）	粮食总产出（斤）	粮食生产净利润（元）
8<面积≤20	14.10	2 651.61	110.67	1 533.48	1 486.45	12 125.00	2 523.17
20<面积≤30	23.00	4 001.20	112.34	2 638.26	4 443.44	21 066.67	6 689.67
30<面积≤40	36.20	7 482.23	117.99	7 689.83	6 690.45	33 200.97	13 123.10
40<面积≤50	46.21	8 132.34	120.32	8 897.60	7 366.56	40 766.32	19 532.41
50<面积≤60	55.70	10 276.00	123.30	9 678.43	9 193.56	60 170.23	28 647.32
60<面积≤70	64.45	12 765.77	182.46	10 679.33	11 893.31	58 390.13	19 993.24
70<面积≤80	74.23	15 767.31	209.78	10 768.78	14 492.37	65 739.21	20 743.54
80<面积≤90	84.23	21 131.21	253.34	11 982.78	16 596.72	66 520.11	21 832.23
90<面积≤100	92.00	27 839.70	250.11	12 954.56	18 894.44	69 082.43	25 355.78
100<面积≤200	162.10	51 998.32	463.00	24 896.66	32 947.21	120 400.00	40 880.00
200<面积≤300	210.50	68 973.33	523.34	44 398.23	55 694.26	149 050.20	53 780.23
300<面积≤500	321.30	136 782.45	878.67	83 671.22	87 021.24	229 000.32	74 093.22
500<面积≤1 000	610.00	176 782.89	1 289.88	92 770.33	143 979.43	421 250.00	102 912.23
面积>1 000	1 170.00	187 766.00	1 821.43	80 805.45	300 779.82	794 600.21	163 490.23

数据来源：根据调查数据整理所得

根据农户调研所得的投入产出数据，对农业生产要素分类以及对农户以规模为标准进行分组对其数据进行整理如表10-4。可以看出：农户的耕地规模越小其单位面积投入的劳动时间越多，耕地耕种面积越大，其单位面积劳动替代型的机械动力投入越大。这是因为一般小规模农户不愿意投资机械设备，虽然机械设备的投入可以极大地解放劳动力但是自己狭小的规模不能充分发挥机械设备的作用，而机械设备投资较大。他们主要靠自己的“精耕细作”加之增加化肥等土地替代型投入来提高产出。而规模较大的农户倾向于投入机械设备，这是因为近年来劳动力工资水平有了较大提高，且农忙季节暂时雇佣也不方便，大型机械设备的投入可以减少人工成本，同时大规模可以使机械作用充分发挥，提高了生产效率。

2. 基于实物产量目标的不同规模土地经营效率实证分析

不同规模粮食的产出量可能不同，本文运用DEA模型对农户不同生产经营规模粮食的实物产量的最佳规模进行评估。换句话说，就是表示实现既定的粮食产量，农户各种农业生产要素的投入水平。将调研得到的样本的投入产出指标值代人 DEA 模型，运用软件 DEA-SOLVER-LV 版本对调研样本农户分组后不同规模区间的数据分别代入规模报酬不变（C2R）、规模报酬可变（BCC）以及超效率模型，运算得到以追求实物产量为目标既定的综合效率、技术效率和规模效率。并基于结果数值分析不同规模农户所处的规模效率递增、递减或者不变的阶段，从而比较得出有利于粮食产量最大化的农户最佳经营规模。

（1）综合效率、技术效率和规模效率分析　通过规模报酬不变模型和规模报酬可变模型测算农户效率得出如下结果，如表 10-5 所示。第二列为农户种植的综合效率，共有 4 个不同规模区间实现了种植综合效率有效，分别为 0<面积≤8，8<面积≤20，40<面积≤50，面积 >1 000。换而言之，以上这 4 个规模范围内农户的规模效率和技术效率都是有效的，他们的投入要素得到了充分利用，不存在浪费现象。从粮食产量来讲，就是每种单个投入要素的生产潜力得到最大发挥，且各要素间实现了最佳匹配。除了以上 4 个区外，其他 11 个区间综合效率为非有效，表明这个规模区间下生产要素的潜力和要素配置没有得到最大利用，存在调整的余地。可以通过经营主体适当的调整提高粮食生产效率，保证粮食安全。从表 10-5 的测算结果看，有的生产综合效率非有效是在技术效率有效条件下产生的。如第 3 列共有 5 个决策单元为技术效率有效，1 110个为非技术效率有效。这说明该区间规模非有效是因为要素投入的比例或者配置组合导致的。在这种情况下，只需要调整投入要素的配比就能实现规模有效，把决策单元的非有效转化为有效，从而提高粮食产量。主要是积极地把先进机械设备和化肥农药要素用于粮食作物的种植过程中。

依据综合效率、技术效率和规模效率的关系可以计算出各个决策单元的规模效率，见表 10-5 第 4 列。可以看出只有 4 个区间为规模效率有效。11 个非有效决策单元中有两个处在规模报酬递增阶段，这两个决策单元存在资源要素投入不足情况，只要增加要素投入优化要素投入比例即可提高规模效率。还有 9 个处在规模报酬递减阶段，这说明其要素投入过多，有些资源未得到充分利用存在资源浪费。

表 10-5　农户生产规模效率

农户种植规模	生产综合效率	生产技术效率	生产规模效率	规模效率阶段
0<面积≤8	1.000	1.000	1.000	规模效率不变
8<面积≤20	1.000	1.000	1.000	规模效率不变
20<面积≤30	0.730	0.819	0.891	规模效率递增

（续表）

农户种植规模	生产综合效率	生产技术效率	生产规模效率	规模效率阶段
30<面积≤40	0.849	0.900	0.943	规模效率递增
40<面积≤50	1.000	1.000	1.000	规模效率不变
50<面积≤60	0.879	0.992	0.886	规模效率递减
60<面积≤70	0.905	0.996	0.902	规模效率递减
70<面积≤80	0.844	0.991	0.852	规模效率递减
80<面积≤90	0.831	0.997	0.833	规模效率递减
90<面积≤100	0.623	0.787	0.791	规模效率递减
100<面积≤200	0.730	0.952	0.767	规模效率递减
200<面积≤300	0.656	0.933	0.703	规模效率递减
300<面积≤500	0.682	0.992	0.688	规模效率递减
500<面积≤1 000	0.722	1.000	0.722	规模效率递减
面积>1 000	1.000	1.000	1.000	规模效率不变

（2）超效率分析　在测算出的综合效率中有 5 个区间下效率值为 1，即此 5 个区间规模效率都是有效。这就需要从中发现最有效的决策单元。超效率 DEA 模型可以科学地区分开存在多个决策单元有效的情况，从而帮助找出最优决策单元。通过对样本农户综合效率有效的决策单元用超效率 DEA 模型可测算出如表 10-6 的结果。在所有规模区间中 40~50 亩区间的效率值最高位 1.335。这说明此规模区间是所有决策单元有效中效率最高的一个。其他规模区间下虽然也有效，但相对于 40~50 亩规模来说不是最优的。

表 10-6　农户生产超效率值

农户种植规模	规模报酬不变模型		超效率模型	
	效率值	排序	效率值	排序
0<面积≤8	1.000	1	1.124	3
8<面积≤20	1.000	1	1.031	4
20<面积≤30	0.821	9	0.809	10
30<面积≤40	0.853	7	0.852	8
40<面积≤50	1.000	1	1.335	1
50<面积≤60	0.872	6	0.866	7

（续表）

农户种植规模	规模报酬不变模型		超效率模型	
	效率值	排序	效率值	排序
60<面积≤70	0.901	5	0.879	6
70<面积≤80	0.823	8	0.912	5
80<面积≤90	0.791	10	0.822	9
90<面积≤100	0.762	11	0.770	11
100<面积≤200	0.734	12	0.736	12
200<面积≤300	0.665	15	0.654	14
300<面积≤500	0.688	14	0.672	15
500<面积≤1 000	0.722	13	0.711	13
面积>1 000	1.000	1	1.301	2

非有效决策单元的投影分析通过对有效决策单元与非有效决策单元的区分，我们可以再通过 DEA 的超效率模型造出有效决策单元中的效率相对最优者，运用非有效决策单元的投影分析，找出非有效决策单元的改进方向和幅度的大小。对农户生产规模效率的研究首先是要确定最有效率的生产规模，使生产规模不断向最优规模进行调整，确定适度经营规模的发展方向；然后再对非有效的决策单元具体分析，找出非有效的原因并指出其改进的方向和大小幅度。数据包络分析 DEA 方法，给我们提供了有效的测算方法，通过对非有效单元的投影分析，把非有效的决策单元投影于相对效率最优的投影面上，可以明确各非有效决策单元与有效决策单元的差距，能很好地给决策者指明改进的方向。用 DEA-SOLVER-LV 版本对非有效决策单元进行投影分析结果见表 10-7。

针对效率非有效的决策单元，指出了各投入要素对各决策单元非有效的影响大小，不同的投入要素可以调整的幅度大小不同。如 80~90 亩区间范围获得既定粮食产量投入耕地面积最优为 84.23 亩，实际耕种面积多出了 13.98 亩，这 13.98 亩存在土地浪费现象。同理土地替代型投入最优为 21 131.21元，实际多投入了 12 421.83元，幅度高达 58.8%。劳动用工最优为 253.34 天，实际多投入了 43.72 天，多投幅度为 17.3%。劳动替代型投入多了 2 124.51元，幅度为 17.7%。其他费用多投了 4 523.33，幅度为 27.3%。造成这种现象主要原因是该区间农户生产经营对机械设备投资过大，过于依赖化肥、农药等要素，加之缺乏科学的生产经营管理使得用工也存在浪费现象。通过测算可以发现目前条件下投入要素与达到最优条件下投入要素之间的差距，进而通过相应调整使得非有效决策单元向有效方向移动。改变粗放的生产方式，走集约化发展道路是充分发挥生产要素潜力的保证。

表 10-7 非有效农户投影结果

农户种植规模	耕种面积		土地替代型投入		用工天数		劳动替代型投入	
	目标值	冗余值	目标值	冗余值	目标值	冗余值	目标值	冗余值
0<面积≤8	3.70	0.00	1 038.11	0.00	52.30	0.00	473.23	0.00
8<面积≤20	14.10	0.00	2 651.61	0.00	110.67	0.00	1 533.48	0.00
20<面积≤30	16.89	-6.11	2 100.53	-1 900.67	66.81	-45.53	1 178.94	-1 459.32
30<面积≤40	29.33	-6.87	6 264.58	-1 217.65	92.57	-25.42	5 292.40	-2 397.43
40<面积≤50	46.21	0.00	8 132.34	0.00	120.32	0.00	8 897.60	0.00
50<面积≤60	47.05	-8.65	7 285.34	-2 990.66	98.77	-24.53	8 195.90	-1 482.53
60<面积≤70	56.73	-7.72	9 755.45	-3 010.32	164.57	-17.89	9 586.10	-1 093.23
70<面积≤80	67.67	-6.56	11 908.86	-3 858.45	179.22	-30.56	9 810.55	-958.23
80<面积≤90	70.25	-13.98	8 709.38	-12 421.83	209.62	-43.72	9 858.27	-2 124.51
90<面积≤100	71.65	-20.35	12 509.26	-15 330.44	194.87	-55.24	9 839.41	-3 115.15
100<面积≤200	119.77	-42.33	21 941.90	-30 056.42	343.24	-119.76	18 373.31	-6 523.35
200<面积≤300	143.94	-66.56	26 347.77	-42 625.56	309.91	-213.43	24 166.68	-20 231.55
300<面积≤500	222.54	-98.76	40 750.22	-96 032.23	478.34	-400.33	39 440.11	-44 231.11
500<面积≤1 000	409.31	-200.69	73 430.35	-103 352.54	926.45	-363.43	67 516.93	-25 253.42
面积>1 000	1 170.00	0.00	187 766.00	0.00	1 821.43	0.00	80 805.45	0.00

3. 基于货币收入目标的不同规模土地经营效率实证分析

（1）以农户货币收入为目标的综合效率、技术效率和规模效率分析 对调研得到的 385 个有效样本农户数据带入 DEA 模型的规模报酬不变、规模报酬可变和超效率模型进行计量分析，运用 DEA-SOLVER-LV 版本软件进行数据处理，可以得到以农户货币收入为目标的综合效率、技术效率和规模效率等，结果如表 10-8 所示。

表 10-8 农户以货币收入为目标的生产规模效率测算结果

农户种植规模	生产综合效率	生产技术效率	生产规模效率	规模效率阶段
0<面积≤8	1.000	1.000	1.000	规模效率不变

（续表）

农户种植规模	生产综合效率	生产技术效率	生产规模效率	规模效率阶段
8<面积≤20	0.670	0.632	0.943	规模效率不变
20<面积≤30	0.710	0.763	0.931	规模效率递增
30<面积≤40	0.859	0.907	0.947	规模效率递增
40<面积≤50	1.000	1.000	1.000	规模效率不变
50<面积≤60	0.624	0.627	0.995	规模效率递减
60<面积≤70	0.611	0.616	0.992	规模效率递减
70<面积≤80	0.606	0.613	0.988	规模效率递减
80<面积≤90	0.641	0.647	0.991	规模效率递减
90<面积≤100	0.690	0.701	0.985	规模效率递减
100<面积≤200	0.621	0.903	0.688	规模效率递减
200<面积≤300	0.553	0.992	0.557	规模效率递减
300<面积≤500	0.432	1.000	0.432	规模效率递减
500<面积≤1 000	0.422	1.000	0.422	规模效率递减
面积>1 000	0.416	1.000	0.416	规模效率不变

如果综合效率值不等于1，则说明该农户的各项农业生产要素投入并非最佳状态。从表10-8第2列可以看出，菏泽市农户种植综合效率最佳的耕地规模是0~8亩和40~50亩。此两个规模区间相差较大，前者是规模较小的8亩以下，主要以农户精耕细作，自己耕种自己承包土地为主；后者是40~50亩，此规模区间主要通过土地流转实现了规模的扩大。除此之外其他规模区间都存在投入产出量不合理或者结构不合理的现象。

基于货币收入目标的农户技术效率测算结果如表10-8第3列所示。从表中可以发现有5个决策单元的技术效率达到1，但从技术角度来讲该部分农户处于最佳生产状态，此外10个决策单元没有达到最优状态。总体来说，农户的技术效率还是较高的，这得益于农户对农业新技术的使用越来越重视。在农业生产资源有限的条件下，通过生产技术的不断创新、研发和推广应用，技术效率一定程度上对规模效率较低的缺点进行了弥补，对菏泽市农户增产和农业的可持续发展起到了重要作用。

（2）以农户货币收入为目标的超效率分析　对于不同规模区间的种植农户同时规模效率最佳时，用超效率模型对其加以测算选出最优规模。运用超效率

DEA 模型对所有决策单元的效率评价结果如表 10-9 所示。可以看出，非有效决策单元的超效率分析值与规模报酬不变模型的效率值一致，但是对规模报酬不变模型下有效决策单元的效率值的测算结果出现了差异。在规模报酬不变模型里两个相对有效决策单元的超效率值分别为 1. 283 和 1. 423，其数值大小反映了效率的高低，所以种植规模区间在 40~50 亩的超效率值最高。这意味着在此规模条件下，即使各项投入等比例增加 42. 3%也能保持效率有效，同时保证在菏泽市不同种植规模中相对有效性。相比之下，种植规模区间在 8 亩以下的农户相对有效率弱了一点，各要素投入只能等比例增加 28. 3%，如果超过这个比例就会面临非效率状态。因此，种植区间为 40~50 亩是菏泽市农户生产经营最佳规模。

表 10-9　农户生产超效率值评价结果

农户种植规模	规模报酬不变模型		超效率模型	
	效率值	排序	效率值	排序
0<面积≤8	1. 000	1	1. 283	2
8<面积≤20	0. 670	6	0. 670	6
20<面积≤30	0. 710	4	0. 710	4
30<面积≤40	0. 859	3	0. 859	3
40<面积≤50	1. 000	1	1. 423	1
50<面积≤60	0. 624	8	0. 624	8
60<面积≤70	0. 611	10	0. 611	10
70<面积≤80	0. 606	11	0. 606	11
80<面积≤90	0. 641	7	0. 641	7
90<面积≤100	0. 690	5	0. 690	5
100<面积≤200	0. 621	9	0. 621	9
200<面积≤300	0. 553	12	0. 553	12
300<面积≤500	0. 432	13	0. 432	13
500<面积≤1 000	0. 422	14	0. 422	14
面积>1 000	0. 416	15	0. 416	15

（3）以农户货币收入为目标的非有效决策单元的投影分析　对决策单元 DEA 测算结果的非有效决策单元在相对有效平面上进行“投影”，得到该非有效决策单元与相应有效的距离，进而可以对非有效的决策单元找到改进的方向

和大小。通过对投入要素的调整和重新配置，将非有效决策单元调整为有效决策单元。从表 10-4 中可以看出，以货币收入为目标的非有效决策单元的土地投入规模、劳动投入、劳动替代型投入以及土地替代型投入都有大量剩余，没有充分发挥要素潜力，存在浪费。例如规模区间在 30~40 亩范围内的平均值为 36.2 亩，但实际要实现既定的货币收入目标 13 123.10元，根据表 10-10 结果可以发现，农户各项投入都存在多余浪费现象：土地规模只需要 25.53 亩即可，实际中比最佳耕地面积多了 10.67 亩，同样土地替代型的投入需要 6 467.67元，实际投入多余 1 014.56元，用工天数需要 117.99 天，实际中存在 28.33 天的浪费，劳动替代型投入需要 5 201.20元，比实际投入少 2 488.63元。多投入的生产要素增加了生产成本，使得货币收入没有达到应有的水平。

表 10-10 非有效农户投影结果

农户种植规模	耕种面积		土地替代型投入		用工天数		劳动替代型投入	
	目标值	冗余值	目标值	冗余值	目标值	冗余值	目标值	冗余值
0<面积≤8	3.70	0.00	1 038.11	0.00	52.30	0.00	473.23	0.00
8<面积≤20	4.54	-9.56	1 339.5	-1 312.11	71.12	-39.55	731.29	-802.19
20<面积≤30	11.40	-11.60	2 588.88	-1 412.32	112.34	-36.45	1 007.51	-1 645.77
30<面积≤40	25.53	-10.67	6 467.67	-1 014.56	117.99	-28.33	5 201.20	-2 488.63
40<面积≤50	46.21	0.00	8 132.34	0.00	120.32	0.00	8 897.60	0.00
50<面积≤60	42.28	-13.42	10 276.00	-3 001.43	123.30	-60.77	7 916.73	-1 761.70
60<面积≤70	49.00	-15.45	9 755.45	-3 010.32	182.46	-72.11	8 614.61	-2 064.72
70<面积≤80	51.11	-23.12	10 054.70	-5 712.61	209.78	-85.91	9 492.45	-1 276.33
80<面积≤90	48.78	-35.45	10 987.87	-10 143.34	253.34	-67.32	9 127.00	-2 855.78
90<面积≤100	51.22	-40.78	9 572.37	-18 267.33	250.11	-93.12	9 243.40	-3 711.16
100<面积≤200	120.65	-41.45	15 279.87	-36 718.45	463.00	-142.70	18 171.44	-6 725.22
200<面积≤300	169.05	-70.27	50 141.08	-18 832.25	523.34	-200.45	34 150.62	-10 247.61
300<面积≤500	220.07	-101.23	53 533.69	-83 248.76	878.67	-378.83	55 989.05	-27 682.17
500<面积≤1 000	309.12	-300.88	67 857.99	-108 924.90	1 289.88	-404.90	53 307.32	-39 463.01
面积>1 000	158.00	-1 012.00	37 956.36	-149 809.64	930.88	-890.55	28 774.45	-52 031.00

4. 小 结

无论从货币收入角度还是实物产出角度，DEA 方法的测算结果都表明菏泽市大部分农户都处在综合效率非有效状态。

（1）通过 DEA 分析方法测算　其结果可以看出，菏泽市农户种植规模在 40~50 亩会达到最佳相对效率。根据山东省菏泽市的自然气候条件，农户适合种植一年两季作物，所以其承包规模为 20~25 亩会达到最优相对效率。研究结果也证明，规模过大或者过小都不利于生产要素充分利用，也可看出走适度规模经营之路是发展现代农业的不二选择。

（2）根据测算结果　发现山东省菏泽市农户种植的技术效率总体好于规模效率。这与我们理性人假设是一致的。理性农户会根据自己的生产条件合理调整农业各项投入水平，尽可能充分发挥各生产要素的技术效率。同时研究还发现，以实物产出为目标的生产效率总体高于以货币收入为目标的生产效率，这说明在当前条件下，农户种植主要目的是满足自己口粮问题，也从侧面反映出当前国家稳定粮食产量任务易于解决农户增收问题。

（3）测算结果　显示农户普遍存在生产规模不合理现象，通过对非有效单元的投影分析可以发现，农户普遍存在生产要素投入过度问题。这说明只有解决了农户规模无效和生产资源浪费问题，才能提高种植生产效率，达到最佳种植规模。

基于以上研究，今后山东省菏泽市种植业发展过程应着力于积极发展适度规模经营，努力提高农户的规模效率。通过规模效率、技术效率和综合效率的测算结果发现，农户种植的非有效状态主要是由于规模无效引起的。其主要原因是我国实施农户平均承包耕地的制度导致家庭农户土地规模较小，其他生产要素却过度使用，要素配比不协调，致使规模效益难以充分发挥。此外，造成农户种植效率非最优的原因还有农业生产技术研发和推广力度不够；部分农户受耕地面积和积累资金额限制，没有能力采用最新农业技术，抵御风险能力差；种植规模过大的农户，粗放种植可以实现较大经济收入，提高生产效率、生产能力的动力不足。

三、菏泽市农户土地适度规模经营影响因素分析

影响农户土地适度规模经营的因素总体可以概括为两个方面：宏观因素和微观因素。宏观因素主要包括政策层面和政策执行效果作用于农户的反馈。微观因素主要指与生产主体自身因素有关的部分，如劳动力年龄、受教育程度、自身意愿等。本文将对相关影响因素采用 Tobit 模型进行计量分析，对于模型没有包括的因素基于调研数据和统计数据进行统计分析。

（一）基于 Tobit 模型的影响因素分析

Tobit 模型也称样本选择模型、受限因变量模型，是因变量满足某种约束条

件下取值的模型。由于通过 DEA 模型测算的农户种植规模综合效率值在 0 到 1 之间，数据被截断。所以本文将运用 Tobit 模型做综合效率值（被解释变量）对各种影响因素（解释变量）的回归分析。

1. 变量选择与 Tobit 模型构建

根据现有文献和山东省菏泽市农业生产的实际情况以及可获得性，除自然因素以外，本文主要考虑以下因素。

（1）播种面积（$x1_i$）　在市场经济条件下，农业劳动力向城市转移是必然趋势，其结果是单位劳动力农业生产经营规模的扩大，这可能会带来两方面的影响：一是人均经营规模的扩大会变精耕细作为粗放式生产，不利于效率的提高；二是有利于机械化大生产的推广使用，进而提高生产效率。

（2）劳动力年龄（$x2_i$）　一般来说，劳动力年龄的增加会使其从事农业生产的经验得到积累，会提高自身生产效率。但是年龄达到一定程度之后，由于身体的原因，劳动力可能会出现体力下降、行动缓慢，且农业生产的技术性相对较弱，经验增加到一定程度之后很难继续增加，这就可能影响生产效率的提升。

（3）劳动力受教育程度（$x3_i$）　通常我们认为劳动力受教育年限越长，其接受新技术的能力和实践操作能力就会越强，就越有利于提高生产效率。

（4）农户非农收入占总收入的比重（$x4_i$）　收入是影响农户是否有动力提升生产效率的一个重要因素。如果非农就业收入远高于农业收入，则家庭中会有更多劳动力从事非农生产活动，使农业产出仅能维持自家一年口粮即可。相反如果农业收入占高于非农收入，人们可能会花费更多时间和精力钻研如何提高生产效率。

模型具体形式如下：

$$Yi = A + \beta_1 x1_i + \beta_2 x2_i + \beta_3 x3_i + \beta_4 x4_i + \mu_i \qquad \text{模型（10-1）}$$

2. 计量结果分析

利用 Eviews6.0 软件对模型（10-1）做截面数据 Tobit 回归分析，结果如表 10-11 所示。

表 10-11　农户综合效率 Tobit 处理结果

变量名	相关系数	标准差	Z 统计值	显著性
常　量	0.932	0.036	2.634	0.0011
劳动力年龄（$x2_i$）	0.004	0.049	−1.924	0.0481

（续表）

变量名	相关系数	标准差	Z 统计值	显著性
受教育年限（$x3_i$）	-0.006	0.003	-0.912	0.0624
非农收入占比（$x4_i$）	-1.231	0.023	2.053	0.0187
播种面积（$x1_i$）	1.521	0.056	-0.215	0.0491

（1）农户的劳动力的年龄对其综合效率有显著影响，且是正向影响　也就是说劳动者年龄越大综合效率越高。这主要是因为，菏泽市年轻劳动力外出务工，只有在休假或者农忙时请假从事农业生产，不能保证农业种植的时间投入和精细管理，且主动提高效率的积极性不高。而年长者一方面有多年从事农业生产的经验，另一方面外出务工不易，对从事农业活动有比较大的兴趣，所以会较积极主动提高生产效率。

（2）农户受教育年限对其综合效率无显著影响　这主要是从事农业生产的农户基本是小学文化程度，相差不大。高学历者大多不直接从事农业生产活动，且所学内容大多与农业生产实践存在脱节，对学生从小没有系统进行过农业有关的培训与实践，因此对农业生产并未起到明显作用。

（3）非农收入在总收入中所占比重是综合效率的一个重要影响因素，为负向影响　即非农收入所占比重越高，综合效率越低。这主要是因为菏泽市农户种植主要目的是满足自己家庭基本口粮，而非作为主要经济来源进行经营。在满足基本口粮生产的前提下，更愿意选择非农行业养家糊口。播种面积越大，综合效率越高。

（4）播种面积对综合效率有显著影响，且为正向影响。在一定程度上，土地投入多少决定了生产技术水平　且面积的扩大，农户会把其作为家庭主业进行经营，更会关注投入产出效率。

（二）其他因素分析

1. 农户适度规模经营意愿

每个人都有自己选择职业的权利，特别是对是否从事效益相对较低的农业生产，同时在农村农户相互之间影响较大，比较容易受大氛围的影响，不愿特立独行被周围人议论。因此，有必要对农户从事适度规模经营的意愿和积极性进行研究。通过对样本农户的调查发现，大部分农户积极性不高，且种植规模与测算的最佳规模相差较大，主要原因是自己承包的土地面积过小，不能实现农户追求经济收入最大化的目标。调查中有 70.1%的农户认为自己耕地面积太小，远远不够维持家庭生活所用，多余劳动力被迫外出打工（表 10-12）。同时样本农户中只有 22.7%的家庭愿意把适度规模经营作为主要收入来源，且这其中主要是老年人、家庭无力从事非农就业和大规模种植家庭。77.3%的农户都是非农收入占多数，自然他们也不会在农业基础设施中投入资金。

表 10-12　农户发展农业适度规模认识及意愿情况

认识状况	百分比	生产意愿	百分比
规模较小	70.1	家庭主要收入来源	22.7
规模适度	13.2	亲朋外出务工，委托代耕	60.1
规模过大	5.6	能提高劳动生产率，增加收入	5.4
不清楚是否合适	11.1	有利于机械化，降低成本	11.8
合　计	100	合　计	100

2. 政策支持力度

（1）财政投入　通过统计年鉴数据发现，山东省菏泽市财政中农业投入在全省中排名第 6，与其农业在全省中的贡献率不匹配。相关文献研究结果都表明财政支农资金对综合效率的提高具有积极作用。尤其是农业基础设施的外部性决定了农户自己很少愿意投资基础设施建设，支农资金在农业技术设施兴建方面发挥主要作用。

（2）土地流转制度与市场的完善程度　党的十八届五中全会明确指出，"加快转变农业发展方式，发展多种形式适度规模经营，发挥其在现代农业建设中的引领作用。"中央一号文件也提出，"充分发挥多种形式适度规模经营在农业机械和科技成果应用、绿色发展、市场开拓等方面的引领功能。"按照着力加强供给侧结构性改革的思路，着眼于转方式、去库存、降成本、补短板的要求，适度规模经营作为优化资源配置的有效途径，以及现代生产要素向农业集聚的重要载体，在提高农业供给体系质量效率方面，有引领作用。传统分散分户经营，受限于不发达经济，受制于狭小规模，受困于单一产业，自给自足的经营理念占据主导地位，不利于降低单位成本、提高资源利用效率。调研中也发现部分青壮年农户有志于从事适度规模经营，但是苦于耕地规模难以扩大，无法使用现代化农业设施提高效率、降低成本。菏泽市选择单县进行了以土地承包经营权为基础的农村产权交易建设试点，指导单县政府成立了农村产权交易服务中心并挂牌。单县县委、县政府先后出台了《关于加快农村土地承包经营权流转工作的实施意见》《单县农村产权交易市场建设工作实施方案》

及《农村产权流转交易管理办法》。2014 年，全市农村土地流转面积 151.3 万亩，占家庭承包耕地面积的 13.8 %。流出农户数 26.02 万户，签订承包合同 17.05 万份，签订承包合同的耕地流转面积 111.26 万亩，规模扩大后农户综合效率得到了显著提高。可以看出，加快土地确权工作，完善土地流转市场体制机制建设对提高效率有积极作用。

（3）农村组织的管理水平　调研中发现，目前菏泽市多数农户合作社尚处于初级阶段，大多为几个农民一商量带着身份证就去注册了，规范化程度较低。大多数只停留在领取国家财政补助，配置化肥农药阶段，只有少数合作社主要负责人能为社民提供销售渠道与技术培训，还有少数甚至形同虚设。至于怎样管理和运营合作社并不知道，且缺乏管理人员、财会人员、营销人员，直接影响了合作社的发展。合作社这一农户适度规模经营的形式还存在很大的发展空间。

四、研究结论与政策建议

（一）研究结论

1. 发展农业适度规模经营是菏泽市农业发展的必然趋势

山东省耕地总量较高但人均较少，已低于全国平均水平。菏泽市农户土地使用方面较为细碎化，加上人均承包面积不大，影响了农业现代化的进程，大多数农户没有把土地经营当作副业进行，对农田水利投入积极性不高，制约了土地综合效率的实现。但随着近年来外出务工的越来越不容易、各种惠农措施的实施以及土地流转机制的初步建立，部分农户有重返土地的热情，但小规模分散经营效益较低，实施农业适度规模经营，加强专业化生产、提高效率、增加收益成为一个不可逆转的趋势。但现有条件下，农户规模经营意愿不强，所以要通过一系列系统措施提高农户经营积极性。

2. 通过对农户的调查和实证研究发现，菏泽市农户与当前社会经济及生产技术水平相匹配的适度规模是 40~50 亩

不同地区和不同的种植作物适宜种植的规模可能存在差异。运用数据包络分析得到的菏泽市目前的适度规模在 40~50 亩，因为是两季种植，所以承包或租赁土地 20~25 亩比较合适。

3. 对适应新形势的新型经营主体的培育力度有待进一步加强

由于农业的特殊性，对农业从业人员也提出了特殊要求。他既需要具有经营现代化农业的科学知识，更需要有长期以来从事精耕细作农业的实际生产经

验的积累，还要具有创新精神和风险意识。所以老弱病残者不适合作为现代农业的主体。农户劳动力的年龄、受教育程度以及具体到工作经历、学习实践活动都应该成为适度规模经营培育的重点。应注意加强对新型经营主体的培育。

4. 与适度规模经营相协调的政策措施需要进一步完善

农业基础设施由于其显著的外部性，农户独自出资兴建积极性不高，基础设施投资主要依赖政府，基础设施不完善。财政专用支农资金有限，资金利用效率也有限。土地流转制度与体系有待进一步完善，流转市场也有待进一步规范化建设。

（二）对策建议

1. 规范农业用地流转机制，提高农地综合效率

在当前社会经济条件下，大量农民选择外出务工，兼业种植业，这很大程度上降低了土地利用的综合效率，造成资源的浪费。政府和有关部门应适当鼓励外出务工农户或者丧失劳动能力的农户转让其承包土地给种田能手、种粮大户或者合作组织，以便促进规模经营和集约经营。同时，可以细化农村内部生产力分工，提高劳动效率。调查数据显示，21.2%的农户既不同意转入也不同意转出；34.8%的农户同意转入，39.1%的农户同意转出。也就是说大概会形成39.7%的有效供给，比例不高。这需要政府有针对性的组织开展良性宣传、引导活动，把一个个实实在在的农地流转带来收益的例子介绍给农户。同时在实施土地流转过程中兼顾各方利益，也要防止违背农户意愿的强制流转。建立农地流转中介机构，使流转信息更加透明化，更加及时精准，可以为农户提供准确的农地流转信息政策解读，以便有需要的供需双方及时达成流转协议。

2. 在充分尊重农户意愿的基础上，切实推进本区土地生产适度规模经营

根据本地区实际情况测算得到的最优适度规模为40~50亩，在此区间内组织生产活动符合当前经济技术发展水平，可以最大限度充分利用各种资源。各部门应根据各个小区域的具体情况，确定出符合该地区实际情况的种植规模即适度规模，进行生产经营。

3. 建立“民办官助”的新型农民合作经济组织

由于农村长期以来实施家庭承包经营，分散经营、小农意识较为严重，加之善分不善合的思想束缚以及合作社组织领导者缺乏系统的相关学习，缺乏合作知识理论，也缺乏合作经验，很需要政府的帮助。《中华人民共和国农村合作社法》得到充分体现，各级政府都要领办协办，倡导组建农民专业合作组织，特别是农经部门，更应尽到责任和义务。“扶上马，送一程”应该在工作

中得到体现。“推广公司+农民专业合作社+农户”的运营模式，帮助农民合作社规范化发展。开展的扶贫科技培训、行业关键技术培训和设立西部经济隆起带农业专家服务基地，培训新型农民。科技示范户、示范基地管理人员进行系统培训为农民合作组织提供坚强的支持。同时对现有已经注册的农民专业合作社进行审核，对于不符合条件的限期整改，改后不过关的予以解散，以督促其发挥应有的效用。

4. 加大对农业的财政支持，建立新型农村银行、合作基金会

财政支农资金的加大对农业的发展和适度规模经营都具有重要意义，但是毕竟财政资金有限。亚洲开发银行驻中国代表处首席经济学家汤敏曾在演讲时说：“中国并不缺资金。解决农村金融，我们不缺大血管，缺的是毛细血管，缺的是能够一直深入农户的多元化金融机构。农村金融改革最重要的就是制造一个很好的毛细血管系统”。政府和有关部门要抓住我国针对农民的“两权”抵押贷款和农村金融改革推行契机，探索建立农村银行、股份制合作基金会，解决资金问题，以便完善基础设施建设，更好地实施适度规模经营。

5. 此外，耕地的产出率和土地承载力存在一个上限，因此要想增加粮食产量、保证粮食安全，除了鼓励规模生产率之外，还应该鼓励科技研发创新，培育高产、高效、抗病农产品品种。

（三）研究借鉴

1. 农户土地规模经营研究，必须有合理的研究方法。

2. 市场化流转是实现农户土地规模经营的主要方式。

3. 政策支持对土地承包经营与规模经营协调有重要影响。

第十一章　新疆农村土地家庭承包经营与规模经营协调发展的路径设计

路径即路线图，是目标和原则确定下的路线设计。新疆农村土地承包经营与规模经营协调，应该有自己的路径设计，公莉对此进行了深入研究。

一、路径设计的目标

新疆农业基础比较薄弱，农业发展水平较为滞后，农民增收问题依然严峻，这一现状表明了当前新疆农业发展的主要问题和症结，反映了新疆作为我国主要的农业区面临严峻的形势，但同样也指明了新疆农业发展和农民致富的方向。实践表明，家庭承包经营土地在很大程度上提高了农民参与农业生产的积极性，但是为适应当前农业现代化的发展需要，土地规模经营是促进农业发展关键道路。新疆近年来不断致力于发展土地规模化经营的模式，通过持续稳定的土地流转，形成种粮大户、农民专业合作社、公司化经营等模式，效果显著，但问题也不容小视。因此，在分析当前新疆规模化经营发展现状的基础上，结合新疆农业的发展特点，设计新疆农村土地家庭承包经营与规模化经营协调发展的路径更至关重要。

设计新疆农村土地家庭承包经营与规模化经营协调发展的路径，从微观上讲，就是要实现农民的切实利益。农民是农业生产经营的主体，土地是农民最基本的生产资料，家庭承包制度确保农民获得的土地，实现土地流转和各种农业生产要素的合理配置，加大对农民生产和技术知识的教育和培训，达到生产经营者适合的土地规模，便可以提高农业生产要素报酬和土地规模报酬，提高农地的耕种效率和产出率，进而提升农民收入，改善农民生活质量。同时，在生产过程中，还要注重保护农地资源，提高土地资源的可持续生产能力。

设计新疆农村土地家庭承包经营与规模化经营协调发展的路径，从宏观上讲，就是要实现农业的现代化。农业现代化是我国农业发展的最终目标，在农村土地家庭承包经营下，农户能做到对自家土地的精耕细作，但是土地分散、单一农户资金有限，机械和科技采用少，因而农业生产效率低，产出率也较低。然而现代农业对农业生产经营的要求提高，改善生产要素和技术进步是提高农业生产效率的主要手段，土地规模化经营能够很好的实现这一方面的需要。实现农业现代化，不仅有利于改善农业的生产条件，保障农业的基础地位，还利于解决我国面临的人多地少的问题，保障我国粮食安全。

二、路径设计所遵循的原则

（一）坚持和巩固家庭联产承包责任制

我国实行的家庭联产承包责任制是基本的土地制度，土地的使用权从所有权中分离，以家庭为单位承包经营土地，按人口的多少和土地的质量平均分配相应的土地，农业产品在满足集体和国家的要求后，剩余的全部归农民自己所有。这种安排充分满足了农民对公平的要求；它适应农村生产力发展水平，农民在获得土地使用权后可以自主决定农业生产经营活动，其自身的生产能力很大程度上决定了分配到的剩余产品，加之近年来国家取消农业税，并不断加大对农业的补助，这些极大地调动了农民农业生产经营的积极性，发展了农村的生产力，稳定了农村社会。

（二）充分尊重农民的意愿，保护农民的利益

在家庭联产承包责任制下，农民承包土地后，是独立自主的生产和经营主体。作为独立的土地经营者，农民是否流转土地，是否参与规模化经营，往往统筹自身的偏好、能力和收益等各种因素。政府、企业等组织必须充分尊重农民的意愿和选择，可以采用主动参与、积极沟通、平等协商的办法，积极引导农户参与土地流转以及规模经营，但是必须遵循法律法规，按照程序进行，不得强迫或干预农户的选择。对于转出土地的农户，坚持有偿原则，给予相应的补偿。相关组织如果强制执行，必然损害农民的利益，引起农民的强烈反抗，也不会获得应有的效果。

（三）因地制宜，循序渐进，保护生态环境

农业生产活动很大程度上依赖环境、天气等自然因素。新疆植被覆盖率低，荒漠面积大，受气候的影响，降水稀少，且各种自然灾害频发，生态环境相当脆弱。生态环境与农业生产活动是相互联系的，良好的生态环境能改善农

业生产环境，破坏生态环境最终必然导致农业生产无法顺利进行，因此，保护生态环境对农业的意义重大。新疆 4 个经济区的自然条件、经济发展水平不尽相同。因此，在经营土地的过程中必须从当地的实际条件出发，选择的方式不能生搬硬套；必须根据实际条件和发展需求循序渐进，把握好适当的度，不可盲目追求经济效益；最重要的是必须以保护生态环境为前提，追求农业生产的可持续性，不可以牺牲生态利益来追求经济利益。

（四）以市场供需为导向，发挥市场资源配置的作用

随着我国市场经济体制的不断完善，各种资源包括农业生产资源都参与市场运行机制，通过市场供需的调节，让生产要素得到合理配置，促使生产资料向高收益方向流动，从而充分实现其价值，发挥潜在的生产能力。实现土地规模化经营的路径是对原有土地生产经营方式的重大调整，更需要市场发挥其合理配置土地资源作用，以市场需求为导向，通过有效竞争把土地流转到最优的生产经营者。然而市场同样存在一定的缺陷，这也需要政府的宏观调控作用，加强对土地规模化经营的指导，完善相关的政策措施。

三、家庭承包经营与规模经营协调发展的路径

（一）基于可回转的土地流转方式

新疆虽然土地面积广阔，人均耕地面积多，但是受独特地自然环境的影响，农地主要分布在 700 多块大大小小的绿洲上。在家庭联产承包责任制下，农户分配到的土地更加零星分散，而且地块与地块间的距离较远，这给通过流转实现土地集中经营带来了一定的困难。新疆农民受传统思想观念的影响，加之对土地流转的认识不足，导致农民愿意把土地握在自己手中，流转活动不活跃。新疆要实现土地规模化经营，如果不进行土地流转很难实现土地的相对集中，也就不能达到有效农业生产的土地规模，所以如何实现有效的土地流转便成为土地规模化经营的基础工作。在结合影响新疆农户土地流转因素的基础上，我们设计一条包括政府、服务机构、流转双方在内的各主体共同作用的土地流转模式，通过可回转的设计保障土地资源的有效利用。

政府统筹土地流转工作，组织成立服务机构，覆盖整个市、区、乡镇，收集、整理和发布农户土地流转的相关信息，并用汉语和主要的少数民族文字表示，使得不同民族之间交流沟通无障碍，依此做到全区流转信息的互通，从而促使供需双方的有效对接。政府制定规范的操作流程，并以文件形式固定下来，保证农户土地流转依法有序。

通过农户的土地流转信息，便可以组织农户开展土地流转工作。对于可以实现土地流转的双方，服务机构详细登记双方信息；政府机构根据流出方的土地信息确定土地价值并合理定价，根据流入方的土地信息测定其规模经营的指标，作为以后流出方是否可以回转土地的依据。然后土地供需双方自主决定流转形式、时间等内容，并签订流转合同；政府机构根据测定的指标，同农户协商，在充分尊重农户意愿的基础上确定土地可以回转的条件及操作程序等；土地流转服务机构提供规范合同文本并监督合同的签订，签订合同后对土地转入方的经营活动进行监督，确定其是否有效利用土地。

土地流出方可以主动要求实施土地的回转。在土地流转后，流入方随意改变土地用途或者出现土地没能有效利用的情况时，流出方可以主动向土地流转服务机构反映，土地流转机构认真审查转入方土地的规模经营指标，确定其没能达到指标后上报政府相关部门，在政府部门批准后组织双方按照合同的规定实施土地回转。土地流出方也可能是被动的实施土地可回转的规定。土地服务机构定期进行监管，根据土地规模经营的指标，审查过程中如果发现其没能达到规定的指标，则可以向政府部门报告，政府部门同意可以实施回转后，服务机构通知流出方行使可回转的规定，流转双方按照合同规定实施土地的回转。政府部门可以对土地流出方主动地土地流转后监督进行相关的奖励与支持，鼓励有关方积极监督土地流转使用情况，保证土地的合理利用。

流出方在实施土地可回转时，必须以流转双方签订的合约为依据，不得强制执行而损害转入方农户的利益，土地流转服务机构协助实施并做好监督工作。对于回转的土地，流出方可以自己经营，也可以继续流出转让给可以有效实现规模效益的农户经营。对于转入方合理的土地利用，要严格按照合同的规定实施，服务机构和政府相关部门要保障其合法利益。通过这样一条土地可回转的路径，实现土地流出方和流入方相互监督，不仅能够有效保护土地资源，而且加强了农户对土地的经营活动，充分发挥土地的效益和农户的生产能力，从而实现农户增收。这种路径如图 11-1。

（二）新疆土地流转和规模化经营的模式选择

对于土地流转的方式，转包、出租、互换等方式多样，各具特点。转包是新疆农户最普遍采用的土地流转方式，其是指农户按照家庭承包经营土地制度承包土地，在承包期内，把全部或者一部分的承包土地，按一定的条件转给同一集体经济组织的其他农户。这种流转方式下的所有权关系不变，转让的只有

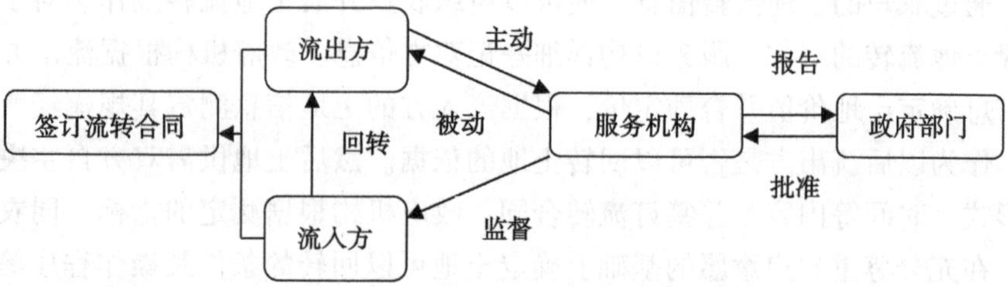

图 11-1 基于可回转的土地流转路径图

使用权。转包这种方式有许多优势，其操作比较方便、形式灵活，双方达成转包协议即可，但必须以书面合同确定，以免事后出现争端无据可依。转包这种方式往往是农户之间的自发行为，土地主要是在亲朋好友之间流转，是新疆农户最容易接受且参与较多的土地流转方式，今后应当在做好的基础上不断扩大其规模和范围，发挥其对土地流转的推动作用。然而这种方式也存在流转土地的规模小、时间短的问题，这在一定程度上影响转包农户的投入力度；同时也不利于吸收社会资金、技术、管理等要素，生产资料达不到最优配置，所以在今后的流转中应结合其他方式的优点，相互配合使用，不断完善土地流转活动。

当前新疆逐步发展形成多样化的土地规模化经营模式。然而受新疆整体生产力水平和农业发展状况的影响，在家庭联产承包责任制下，以家庭为基本单位的农业经营主体仍旧难以替代。种粮大户经营模式是当前新疆最有力的模式，不仅坚持了家庭经营，而且适应现代化发展需要。现代化种粮大户的家庭生产经营模式不同于传统的一家一户的独立生产经营模式，其首先克服了小生产的弊端，向规模化和集约化方向发展；其次，广泛采用现代农业技术和工具，提高效率、增加效益；再者，有利于提高农民的综合素质，转移农村剩余劳动力。基于此，新疆农业生产经营应当充分发挥种粮大户的积极作用，通过壮大种粮大户促进土地的规模化经营。然而只依靠农户自身的力量是难以应对农业各环节中的所有问题的，必须为以种粮大户为主体的农业生产经营体制建立和完善创造条件。比如加强对种粮大户的培训，提高他们的农业技术、管理水平、经营素质；政府在资金、税收、土地流转政策等方面给予充分支持。然而在实际的发展过程中，实现现代农业经营还需要拥有雄厚的资金技术的相关组织机构作为补充，其他经济组织积极参与土地规模化经营从多方面支持传统农业的改造，加快农业现代化的进程。因此，农民专业合作社、龙头企业、股份合作社等经济组织形式在实现土地规模化经营中应发挥其创新示范作用。当前新疆在有效地实现土地流转的基础上，应主要以种粮大户和家庭农场为主要的实现土地规模化经营的主体，并适当的采用其他模式作为辅助，共同促进家庭承包经营与土地规模化经营协调发展的实现。

第十二章　新疆农村土地承包经营与规模经营协调的法律支持

一方面，根据《中华人民共和国农村土地承包经营法》规定，土地承包经营是我国农村土地基本经营体制，土地承包权和承包经营权按照“三权分置”办法规定，也是农民的基本权利；另一方面，土地规模经营确实已经成为新疆乃至全国农村经济发展的迫切需要。前者有法律保障，但一定程度上有碍于土地规模化经营，后者虽为经济概念，却在一定程度上需要法律支持。总之，新疆农村土地承包经营与规模经营协调，必须得到法律支持和保障。

黄延廷、姚维振、徐芳、陈鹏、张备、王秀玲等学者对这一问题有深入研究，本章借鉴了他们的研究成果。

一、农业产业化的法律保障体系构建

（一）完善农业市场主体的法律保障

农民是农业规模化经营的主体，农民民间组织是农业生产和农村经济的必然产物，在新农村建设和农业规模化经营过程中的作用明显。我国《中华人民共和国农业法》明确规定了要大力发展农村、农民社团，以此促进农业的健康可持续发展。虽然我国也成立了一些农村社团组织，但是这些组织并未发挥应有的作用。为此，在新农村建设过程中，必须认清农村民间组织的地位和作用，为农村民间组织的发展创造良好的法律环境。尽快出台农村民间组织法、《中华人民共和国土地管理法》和《中华人民共和国农村土地承包法》，明确界定农户对承包土地享有使用权、占有权、处分权和收益权，必须确保土地权利人享有充分的参与权与知情权，为发展和完善农业市场主体提供法律依据。应尽快完善，为正确使用农村土地和稳定农村社会关系提供法律保障。

（二）健全农业市场交易秩序的法律保障

由于地处弱势，农民往往成为不公平竞争行为、垄断行为和其他商业欺诈行为的牺牲品。为保障农民的合法权益和市场交易有序进行，可以借鉴美国的做法，通过将非盈利性、非股份制的合作社从反托拉斯法中豁免出来，对垄断行为以立法的方式予以限制，明确交易的行为标准，为农产品运销加工企业确立一个公正合理的市场交易环境，缓解农产品价格的大幅度波动。因此，应尽快完善市场规制法，为建立一个公正合理的农业市场交易环境提供法制保障。具体而言，一是完善市场竞争法，确定农户的经济主体地位。二是完善消费者权益保护法，提高农村消费者的维权能力，降低农民维权成本以提升农村消费者的保护力度。三是完善产品质量法，建立健全农业产前、产中和产后全过程的、符合国际标准的农产品质量标准体系。

（三）加强对农业产业化宏观调控的法律保障

在社会主义新农村建设过程中，农业科研和农业基础设施建设是新农村建设的重要依托，是农村经济发展的基础和保障，是农业规模化经营的重要保证。考虑到农业基础设施与农业科研具有期限长、投资大和不确定性等特点。因此，为充分发挥财政投资对农业规模经营的积极作用，应尽快完善财政法，加强财政对农业产业化的支持力度，建立农村公共财政，尤其要加大用于农业基础设施建设开支和农业科研的财政支持力度，以推进农业科研、农业基础设施建设和重大环境工程建设；同时要探索新的财政支持农业规模化的模式，保证财政资金的高效利用，真正起到通过财政对农业规模化的支持，带动我国农业经济又好又快发展，并促进农民收入持续、快速增长。

（四）完善农村社会保障的法律保障

完善的农村社会保障体系是解决农民的后顾之忧、促进农业规模化的顺利进行、充分调动农民生产经营的主动性和积极性的基础性工作。关于农民社会保障方面的法律，目前我国正式立法很少，主要是一些政策性文件，导致这方面规定难以得到有效实施。随着我国城镇化和工业化的发展，大量农民进城务工或经商，大批农民转入非农领域就业，被征用土地的农民处于无业、无地、无保险状态，严重影响了社会稳定。因此，必须制定农村养老保险基本法，通过立法的形式健全农村社会保障和农村社会保险制度。同时，要制定专门调整农村医疗保险的法律法规，以规范农村医疗保险事业，建立具有社会保险性质的农村医疗保险制度，尤其要建立和完善新型农村合作医疗制度，它是建设社会主义新农村、构建和谐社会的重要举措，直接惠及广大农民。另外，通过制定最低生活保障法，以确定资金来源及领取的条件和标准，既要保障特困农民的最低生活需求，又不会让国家背上沉重的经济包袱。鉴于我国目前实行农业联产承包责任制，农户大多是单产作业，可考虑制定《中华人民共和国农业保险法》，建立符合市场经济要求的政策性农业保险机制。总之，通过完善相关立法，建立符合我国目前经济发展水平的，由政府适当补贴和农民适当支出的农村社会保障制度，真正解决农民的后顾之忧。

此外，鉴于农业产业化进程中社会化服务体系的不健全，建议政府在增强对农业引导和调控的同时，要搞好服务网络组织建设的指导、协调工作，充分运用行政手段、经济手段和法律手段，加快构建和完善科技服务、生产销售服务、信息服务和金融服务等农村社会化服务体系。鉴于农民工权益保护问题，可通过完善《中华人民共和国劳动法》和《工伤保险条例》等法律制度，维护农民工的经济权益，确保农民的非农收入稳定增长。鉴于农村义务教育、教育培训、技术推广、户籍管理等方面的问题，可通过完善相关法律法规加以解决。

通过上述分析，可见针对我国农业规模化所存在的问题，我国应当建立较为完备的保障农业规模化的经济法体系，着重从市场规制法、市场主体法、宏观调控法和社会保障法等方面切入，解决农业存在的问题，促进农村经济的繁荣和农业规模化的发展，为我国社会主义新农村建设提供强有力的法制保障。

二、法律协调保障

（一）完善相关法律法规，规范土地流转行为

一是要规范土地承包经营权流转的相关规定，放宽土地承包经营权流转方式，使土地流转问题得到法律统一的保护和保障。二是要明确土地流转的法律程序，监督土地流转行为及流转合同的规范性。三是建立土地中介服务机制。建立农村土地流转服务中心，配备专门人员，专门服务于各级经营主体，为其定期提供必要的土地流转信息、政策方针，开展土地流转登记、中介、委托等服务工作，促进土地规模经营发展。四是加快建立土地承包经营权纠纷调解仲裁机构和法律援助机构，为农民提供法律咨询、法律服务，切实保护农民的土地承包权益。

（二）健全社会保障法律体制，持续推进土地规模化经营

只有健全完善的、多层次的农村社会保障法律体制，才能从根本上增强农民放弃土地的安全感和规避市场风险的能力，使土地市场快速健康的发展。一

是健全相关法律部门在社会保障体制中的法律规定，增强法律在土地流转、土地承包经营权归属、土地流转程序、纠纷仲裁制度等方面的法律制度协调统一的作用。二是完善农村社会保障的司法体系。一要充分发挥行政救济职能，加强和完善监督措施，对农村社会保障的运行进行有效监督和管理。二要强化农村社会保障法律救济途径，适时地建立劳动和社会保障法庭，专门审理农村劳动和社会保障争议案件，保护农民的合法权益不受侵害，使农村社会保障制度尽快走向规范化、法制化的轨道。

（三）拓展农村劳动力转移领域，确保土地规模经营实现

劳动力有效转移的关键在于如何拓展农村劳动力在非农产业中的就业渠道。一是应建立劳动力转移就业机制，加快培育和规范劳动力市场，使城乡劳动力在各方面实现就业机会的平等。二是政策上要发展经济，增加就业岗位。尤其要发展适合劳动力就业的第三产业、非国有经济、中小企业和社会服务等就业途径，开辟新的就业领域，创造新的就业岗位。三是要改革户籍制度，进行人口立法。对于现行的户籍制度，政府可以通过人口立法，理顺人口管理，使人口管理有法可依，建立使农民和城镇居民享有同等待遇的户口管理制度，从而确保土地经营权的长期流转。

（四）完善政府相关配套法规，推进农村土地规模经营

政府是土地规模经营的引导者、组织者和监督者。要保证农村土地规模经营顺利推行，政府职能的发挥和监管必不可少。应完善相关的配套法规，引导和监督政府职能部门和个人，助推农村土地规模经营。一是监管土地流转程序。通过法律的制约，政府职能部门应加强对土地流转的规范和监管，相关流转行为进行登记和备案，保障土地流转市场程序的规范性。二是监管土地流转经济补偿机制。制定规范化的土地补偿标准，严格按照补偿标准进行操作，提高对农民的直接补偿比例，充分发挥政府职能监管作用。三是制定相关法律法规，完善上级政府部门对下级政府及其职能部门在土地规模经营中的监督职责，切实保护农民利益，严惩相关人员滥用职权、侵占农户利益的违法行为。

三、农村土地承包经营权准证券化法律障碍

（一）推进农村土地承包经营权股权化、放宽土地用途

目前，我国土地承包经营权入股的合法性没有问题，但《中华人民共和国农村土地承包法》中仅有第 42 条对此有简单规定，未明确解释入股后取得的股权范围与性质，以后应该适时修订，加入相关条款以消除各方争议。此外，

应修订第42条中的限制性规定“从事农业合作生产”，应规定为更广阔的用途，包括服务于农业经济建设的准证券化过程中的各项行为，如发行信托受益凭证等。

（二）规定农地发展公司特殊的设立

标准和运作要求笔者建议出台适用于农地发展公司的“公司法”特别规定，如提高农地发展有限责任公司股东人数的最高标准“50人”至“100人”，或者在不改变此标准的情况下，允许以每户或每几户选出代表作为股东，内部自己协调、限定股东人数在50人以下。若设立的是农地发展股份有限责任，则可以降低最低注册资本标准，或者允许多个村联合筹集资金，达到注册资本500万元的最低限额。另外，对于农地发展公司，可以特别规定不必履行一般公司的出资形式比例要求，规定承包土地重新分配的情况并不属于一般意义上的抽逃出资。

（三）规范土地股权流转并兼顾农民的福利

《中华人民共和国农村土地承包法》应明确规定农村土地股权流转自由的原则，即允许村民个人将其“准土地股权”依法或依合同以转让、继承、质押、赠与和出资认购等方式进行流转。而在股权流转过程中，在同等条件下，本集体成员应当享有优先权，流转过程中应进行变更登记。另外，规定企业的控股权应始终归农村的集体或村内部个人所有，集体股份必须尊重民意，受到监督和民主决策，而个人股份流转过程也必须以自愿为原则，以此方式来兼顾农民的福利。

（四）降低特殊目的信托（SPT）机构的设立要求

根据《信托投资公司管理办法》第14条的规定，中国人民银行根据信托公司行业发展的需要，可以调整信托公司注册资本最低限额。因此，为在我国顺利开展农村土地承包权准证券化，中国人民银行应该就特殊目的信托（SPT）机构的特殊情况，适度降低其最低注册资本要求。

（五）明确政府信用提供担保的例外

根据《中华人民共和国担保法》的规定，国家机关不得为保证人。这明显限制了政府信用提供担保的可能性，然而，在目前农村经济的改革过程中，只有建立政府信用担保才能提高我国土地承包经营权准证券化效率，增强投资者的信心，而且可以在一定程度上消除因信息不对称所造成的“逆向选择”和“道德风险”的后果，提高融资效率。因此，在农村土地承包权准证券化方面，要例外规定政府可以提供担保。

（六）承认信托受益凭证的有价证券性质

研究认为，应该特别认可农村土地承包权准证券化过程中，特殊目的信托（SPT）机构发行信托受益凭证的权利，并且可以借鉴日本信托转让的经验，承认信托受益凭证的有价证券性质（可依投资者要求采用记名或不记名两种证券模式），将信托受益凭证即受益证券作为转让权利的载体。根据《日本信托法》，受益证券上仅须记载标记、号码、信托条款、受托者的商号、受益者的姓名或名称（记名式受益证券）、票面金额并由代表董事签名。这样做比以信托合同为载体转让要更加简单易行。

四、强化适度的农村土地经营规模的法律保障

（一）强化适度的农村土地经营规模的直接规制

1. 建立适度的农村土地经营规模的标准制度

一是建立有区别的农村土地经营规模标准的制度。经营不同项目的农村土地，其经营规模会存在较大差异，比如，种植经济作物的农地和种植主粮的农地，其经营规模就有较大差别，同时，不同地区农村土地的规模也会存在差异，比如，平原地区、丘陵地区和山区就存在一定差异。因此，应根据不同地理环境、不同项目农村土地类型，建立不同的农村土地经营规模的标准。与此同时，要考虑土地禀赋、不同地区的气候以及当前生产力发展状况。

二是建立适度的农村土地经营规模的调整制度。农村土地的经营规模是多种因素共同作用的结果，并随着各种因素的发展变化而不断变化，因此，农村土地经营规模的适度值必然也随着各种因素的发展变化而进行不断地调整，表现为一定的动态性。因此，农村土地经营规模是一个动态的概念。适度意味着对理论上最佳规模的某种程度的偏离。适度的规模不是一个凝固的规模，适度的“度”是动态的。在建立农村土地经营规模的标准制度时，应建立调整制度，从而使农村土地经营规模根据各种因素进行调整，形成动态调整机制。

2. 建立法定面积农村土地强制整理的制度

经过农村土地流转，实现农村土地的适度经营规模后才能为农村土地集约化经营奠定基础。因此，有必要建立农村土地强制整理的制度，将流转的土地通过强制整理，使之集中连片，形成适度的规模。建立法定面积农村土地强制整理的制度主要包括以下几个方面的内容。

一是设立农村土地整理机构。设立全国性的农村土地整理机构，其职责就是对农村土地进行强制整理，并对整理的效果负责。同时，设立地方性的农村

土地整理机构，通过法律规定，使这些农村土地整理机构成为农村土地流转的平台，同时赋予其一些特殊的权利，如土地优先受让权，即如果农民在流转农村土地时，农村土地整理机构在同等条件下，具有优先权。这样就有利于形成农村土地的适度经营规模。

二是设立农村土地最小面积制度。农村土地强制整理制度是政府强制对农村土地进行调整，具有政府公权对农户私权的干预。因此，必须对政府的干预行为制定出合理的边界，政府就以最小的介入，获取最大的社会和经济效益作为干预行为的准则。因此，在建立农村土地强制整理制度时，必须设立强制整理农村土地的最小面积，对零碎的土地有一个明确的界定，以规范农村土地整理机构的行为规范，使农村土地经营规模在适度的范围内。

（二）加强农村土地经营规模的间接规制

1. 放松经营主体的规制

当前我国法律对农村土地规模经营主体的规制过严，要想推动农村土地规模经营的有序、规范开展，必须放松规制，取消法律上对流转优先权的规定。《中华人民共和国农村土地承包法》规定流转土地承包经营权时，在同等条件下，本集体经济组织成员享有优先权。土地流出方如果置法律关于集体经济组织成员优先权不顾，将土地流转给组织成员以外的第三方，本组织成员可以行使优先权，申请交易无效。现行法律规定本集体经济组织成员具有农村土地流转优先权的立法，是根据我国农村土地的社会保障性质和保障本组织成员的利益做出的。这种限制使我国农村土地流转具有一定的封闭性，从而制约了农村土地经营主体的发展。如果法律能取消这种限制，可以最大限度地发挥市场在调节劳动力和农村土地的功能，从而使各种生产要素合理配置，实现农村土地集约化经营。

2. 放松农村土地流转方式的规制

目前，我国农村土地流转方式还很僵化，放松农村土地流转方式的规制可以从以下方面考虑。

一是放松农村土地抵押的规制。我国在政策上是允许实行土地承包经营权抵押，但是现行法律是禁止土地承包经营权抵押的。如果法律放松对农村土地经营权抵押的限制，有利于土地的集中，形成适度的经营规模，也可以加速农村土地的流转，充分发挥土地的价值，使农户可以获得足够的资金，购买农村土地集约化所需要的生产资料，有利于农村集约化经营。因此，我国应修改现行法律设定土地承包经营抵押权。同时，为防止滥用土地承包经营抵押权，造成农村土地经营规模的过度扩大，也要进行一些必要限制，如实行土地用途管理制度，限制土地抵押数量的制度等。

二是引入农村土地信托的流转方式。建设土地信托制度有利于财产隔离和汇聚资本。这样一方面可以降低农户的风险，另一方面可以充分发挥土地的效益，使资本集中于农村土地经营者手中，为农村土地集约化经营提供条件。因此，应明确农民的委托人的财产权利，用法律规范农村土地经营承包权依托业务的具体实践，规范受托人的资质，同时对信托业务中各方当事的权责进行科学界定。

三是取消农村土地入股公司的限制。我国现行法律不允许农村土地承包经营权入股组建公司。农村土地入股公司可以节约农村土地流转中的交易成本，充分发挥农村土地的资本的功能，增加农民的收入。同时农村土地入股公司有利于农村土地经营规模，提高土地的效率。应取消农村土地入股设立公司的限制，为保护农民的利益，应规定农民用土地入股公司后，农民仍有土地的承包经营权。

3. 加强社会保障制度建设

农村土地规模经营的形成和发展需要社会保障制度作支撑。当前，我国农村土地还具有社会保障的性质。在我国农村社会保障还很薄弱的情况下，农民对土地有着一种天然的依赖，农村土地发挥着社会保障的功能。这种现状不利于农村土地的流转，更不利于农村土地规模化经营，因此，必须剥离农村土地的社会保障功能。要剥离农村土地的社会保障功能，必须加强社会保障制度建设。为此，一要拓展农村社会保障的融资渠道。社会保障制度的首要问题是社会保障基金问题。必须拓展社会保障融资渠道，首先是财政转移支付，加大国家财政对社会保障基金的接入。其次是要吸纳社会资金，通过制定制度规范社会投资方的利益。最后是用土地换社会保障，可以利用征地或土地增值收益为农民提供社会保障。二要完善社会保障项目，当前农村的社保项目主要包括养老、医疗和最低生活保障等，社保项目不全，而且很不完善。因此，要以农村社会养老保险制度为核心，加强农村最低生活保障制度，落实农村五保供养政策，完善农村救助制度，发展农村社会福利事业，建设农村新合作医疗制度，完善失业保险与救助制度等。

五、其他法律保障

（一）处理好司法权与行政权的关系

人民法院应立足于其功能定位，充分发挥审判职能，依法化解农村集体建设用地流转纠纷。例如，在集体建设用地流转纠纷民事案件的审理过程中，多涉及对行政行为的审查和认定问题，这些行政行为通常是以证据的形式出现，审理时应严格限制对行政行为的司法审查，因为司法权和行政权各有行使权力的领域，并秉持不同的价值取向，而行政行为的出现大多只是作为事实认定或责任划分的证据材料，其是否能够成为认定民事案件事实的证据及责任划分的依据，取决于其证据效力及证明力；在瑕疵行政行为对案件处理结果有重大影响的情况下，民事案件不应轻易对该行政行为做出评价，仅应做出对该证据是否采纳的评断；注重裁判文书说理和判后答疑工作，努力做到法律效果和社会效果的统一。行政部门应重点做好集体建设用地流转行政许可审批等工作，特别是对问题比较多的小产权房问题，应按照占用土地的性质、购买目的及流转对象进行分类治理，坚决打击占用耕地以及投资性享受型小产权房；分类推进农村住房建设，例如撤村建居型、小城镇集聚型、村庄整治改造型、逐步撤并型、整村迁建型等，以此改善农民居住条件；控制增量集体建设用地流转，规范存量建设用地流转。

（二）保障农民和集体组织的法律主体地位

对农地所有权要在法律层面上给予确定，防止集体土地所有权随意受到侵犯，实现土地资源的优化配置。党的十七届三中全会通过的《中共中央关于推进农村改革发展若干重大问题的决定》，允许农民以转包、出租、股份合作等形式流转土地承包经营权，发展多种形式的适度规模经营。有条件的地方可以发展专业大户、家庭农场、农民专业合作社等规模经营主体。在土地利用规划确定的城镇建设用地范围外，经批准占用农村集体土地建设非公益性项目，允许农民依法通过多种方式参与开发经营，并保障农民合法权益。因此，村集体经济组织可用集体的土地来吸引投资或者筹集资金，把农村集体土地资产量化到集体经济组织内各成员，形成股份共有的关系，这样农民对土地可直接享有收益权，使村民人人成为股东，享有分红权力。

（三）加强对土地流转的监管，增强农民的法制观念

政府部门要以严格的程序，坚持公平、公正原则，维护市场主体间的公平竞争，监督检查市场主体的经营活动。一是建立规范土地流转机制的配套措

施。除国家法律对集体组织的法律主体权限进行规范外，还需要制定配套的地方法规和规章。二是规范土地承包经营权。承包合同尽可能规范完善并予以公证，避免各类纠纷的发生和激化。对少数未签合同或不规范的合同，要及时采取补救措施；三是严格执行土地管理法律法规。着重解决有法不依、执法不严、违法不究和滥用行政权力侵犯农民合法权益问题。

（四）建立健全土地转让纠纷的法律协调解决机制

在纠纷的协调处理上，要尽可能了解集体建设用地流转纠纷产生的历史背景和社会原因，通过调解化解矛盾。要重视发挥村委会、司法所的调节作用，争取乡镇政府和有关部门的支持和群众配合。在调解过程中要注意了解和解决纠纷背后的深层次问题，尽量将土地纠纷大事化小、小事化了，防止矛盾升级。法院在受理纠纷案件时，要建立登记立案制度，明确专人负责。要选派有丰富经验的办案人员审理土地流转纠纷案件。在审理有关土地流转纠纷案件时，要耐心细致、客观公正，以《中华人民共和国物权法》《中华人民共和国土地管理法》《中华人民共和国土地承包法》及相应的司法解释为主要依据，并结合司法程序制定具体的实施细则。

（五）完善粮食保护价的制定程序

《中华人民共和国价格法》第29条、《中华人民共和国农业法》第33条和《粮食流通管理条例》第28条规定：国家可以在粮食供求关系发生重大变化时实行粮食保护价，但保护价如何制定却欠缺必要程序性规定，粮食保护价牵一发而动全身，故应予以完善。

一是参与主体多元化。制定粮食保护价必须通过民主议定程序以反映多方利益和需求，参与主体应包括国家农业部门代表、粮食购销产业代表、农民代表、农业研究机构代表等。

二是价格标准科学化。农产品保护价标准应参考农民种粮成本、新粮市场批发价、期货市场价和国际粮价等因素，既要保护农民利益，使农民能获得社会平均利润，又要考虑消费者承受能力和国家经济实力。

三是制定程序公开化。农产品保护价的制定程序应公开、公平、公正，通过看的见的方式来消除社会各界对粮食保护价的疑虑，保护各方尤其是农民的参与权和知情权。

第十三章　新疆农村土地承包经营与规模经营协调的财政政策支持

十八届三中全会决定中关于健全农业支持保护体系方面的论述指出，要改革农业补贴制度，完善农产品价格形成机制，完善粮食主产区利益补偿机制。基于对国家财政支农资金各组成部分与农民增收的关联度分析，为完善我国财政支农政策体系，促进形成农民增收的长效机制。这是我国和新疆农村土地承包经营与规模经营协调的基本基调。

本章研究借鉴了孙文基、李连成、胡继连、罗东、胡玥等学者的研究成果。

一、财政支持的重要性

第一，农业作为弱质产业，政府扩大财政支农力度有利于实现农业的现代化程度和提高农业的产出水平，财政支农在农机具购置补贴、良种补贴。基础设施建设方面都应继续加大投入。

第二，财政支农是财政政策的体现，因而要构建新疆农业可持续发展的制度和政策保障，财政扶持农业的体制机制需要进行创新，比如创新“以工补农”“以煤补农”的机制，对反哺农业的工业企业。煤炭企业进行税费减免；财政支农也需要扩展支农范围，扶持农业生产及加工企业，提高农产品附加值。

第三，农业的现代化对农业的发展极为重要，财政支农只是促进农业现代化的一方面，同时也可以考虑通过改革农村地区的融资制度，通过发展农村金融支持新疆农业现代化与农业发展。

二、财政支持政策的总方向

一是持续增加财政支农资金总量。按照2020年全面建成小康社会、城乡居民收入比2010年翻一番的要求，需要稳定持续不断加大财政支农资金投入，快速提高农村居民人民纯收入，缩小城乡收入差距。按照《中华人民共和国农业法》的要求，要确保国家财政每年对农业总投入的增长幅度高于国家财政经常性收入的增长幅度，建立稳步增加的财政支农资金投入机制，并吸引社会资金加大对农业的投入。

二是优化财政支农资金结构。要在保持农村社会事业发展支出稳定增长的基础上，着力加大四项补贴、支援农村生产支出和各项农业事业费所占比例。其中四项补贴要逐步增加品种、提高标准、扩大范围，增加农村的公共服务，增加农民的转移性收入。支援农村生产支出和各项农业事业费要把重点放在加强农业基础设施建设上，要通过不断夯实农业发展基础、改善农业生产环境、保护水利和耕地资源，提高农业综合生产能力，增强抵御自然灾害的能力，提高农业生产经营活动的效率和效益，促进农民收入的持续增加。

三是完善财政支农资金导向。当前四项补贴的普惠制安排导致政策效应逐步递减，可以考虑针对不同地区采取差异化策略，尤其针对粮食主产区和西部贫困地区适当加大补贴力度。在农村社会事业发展支出、农村生产支出中，鼓励采取“一事一议”财政奖补和“报账制”等方式，把国家补助资金与农民筹资酬劳结合起来，让农民直接参与项目决策和建设过程，扩大农民就业空间，增加农民的工资性收入。

三、财政支持政策调整

（一）进一步加大财政支农政策力度

从调查分析可以看出，财政支农政策的覆盖面、支持强度等因素直接影响农民评价结果。覆盖面广、强度大的政策，农民受益明显、评价高；覆盖面窄、强度小的政策，农民受益小、评价低。为更好地发挥财政支农政策效益，各级政府应按照公共财政的要求，切实加大投入力度，将更多的财政资金投向农业、农村，将更多的资源配置到民生领域，加快建立与国家经济、财政实力相匹配的完整、系统的政策保护体系。同时，进一步加大政策支持强度，扩大政策覆盖范围，让广大农民群众真正享受国民待遇和社会福利，安居乐业、安心生产，以保障国家粮食安全，促进社会和谐稳定。

（二）尽快将成熟的政策制度化

通过分析发现，农民群众认可度较高、评价肯定的政策，比如新型农村合作医疗制度、新型农村社会养老保险制度，一个显著的特点是政策的制度化程度较高，资金来源保障有力，政策内容成熟稳定，操作程序规范有序。今后，建议对连续实施多年、政策效益明显、农民群众反映良好的成熟稳定的财政支农政策以制度的形式固定下来，通过制度约束更好地推进政策落实。特别是在当前政府目标趋向多元化、公共财政支出压力越来越大的情况下，增加财政支农投入，确保财政支农政策实施效果，更要注重加强立法、强化责任，进一步明确、细化支农投入的法定增长比例，逐步实现支农资金增长的法制化和政策的制度化。

（三）加强公共政策宣传

应继续加强和改进公共渠道的宣传工作，把政策宣传工作经常化、制度化，每出台一项财政支农政策，都要通过广播电视、报刊杂志、网络平台、手机短信等多种方式积极进行宣传，以农民能够理解和接受的形式予以发布，让广大农民群众和社会各界全面了解每项政策的扶持对象、扶持条件、补助标准、实施程序、注意事项等内容。要进一步建立完善农民需求表达机制，增强农民与财政支农政策之间的“互动”，提高农民对政策的关注度和参与度。对重点支农政策，必要时可以邀请新闻媒体进行跟踪报道，扩大财政支农政策影响，同时也能充分发挥新闻媒体对政策落实的监督作用。

（四）对分散的农业财政政策进行适当整合和简化

调查发现，由于个别政策单项补贴额度小、补贴资金发放与政策初衷脱节，造成政策导向性不明显，对农民的吸引力也越来越小。为此，建议对现有补贴政策进行梳理，对性质相近、作用相仿的补贴项目进行归并，以大“合”小、以新“并”旧，尽量避免支农政策的细微化、离散化，这样既能减少工作环节、简化工作程序、方便农民群众，又能发挥资金的规模效应，确保政策实施效果。

（五）改进政策执行和实施程序

针对农民反映的财政支农政策执行和实施过程中存在的不公平、不公正现象，首先，应改进政策执行和实施程序，确保各项政策实施有法可依、有章可循，操作程序科学高效、公开透明，从源头上保障政策执行的公平公正；其次，应加强基层干部培训，让基层干部全面了解各项财政支农政策的主要内容、实施程序和工作要求，及时掌握政策变化，不断更新知识结构，切实提高依法行政和履岗履责的能力；最后，应加大监督检查力度，跟踪政策落实，及时发现、解决工作中存在的矛盾和问题，严格查处政策实施中存在的违纪违规违法问题，进一步提高政策的实施效果。

四、通过支持农业科技成果转化促进“协调”

（一）解放思想，更新观念，深刻理解和认识农业科技成果产业化

新疆农业经过长期发展，仍存在几个不适应：一是农业基础仍然比较脆弱，经不起天灾的挑战；二是农业增产不增收，农民收入增长缓慢，甚至出现了下降，不适应农民奔小康的要求；三是农业的粗质产品多，名优特精产品少，不适应人们生活水平提高的需要；四是农村基层组织体系不健全，调控能力弱，出现了生产力与生产关系的不相适应。面对新形势，需进一步提高人们对农业科学技术在农业发展中的作用认识，改变长期以来农业靠天吃饭、自给自足的旧观念，将农业科技意识充分地融人到农业发展的过程中去。特别是各级财政部门要深刻认识支持农业科技成果产业化的重要意义，以财政支持农业科技成果产业化为契机，改革和完善财政支农工作，为农业和农村经济发展做出新的贡献。

（二）建立财政资金引导投入机制

农业科技成果产业化是一个系统工程，需要投入的资金量很大。各级财政部门要在积极安排资金的同时，逐步建立起支持农业科技成果产业化的投入引导机制。除了在预算内增加投人外，还要注意发挥财政资金的导向作用，积极引导乡村集体资金、农民自有资金以及银行贷款和外资支持农业科技成果产业化，开辟广泛的筹资渠道。一是界定投资职能，明确投资责任。二是完善约束、监督机制，确保财政增加有效投入。三是建立预期激励机制，为农户投入创造良好环境。四是引导大型工商企业进入农业领域，营造农业法人主体。

（三）规范利益分配关系，合理调节农业科技成果产业化中的各方利益

一是建立健全“风险共担、利益共享”的调节保障制度，形成经济共同体。二是建立健全利益调节机制，使产业链条各环节结成利益共同体。三是加强检查监督，提高效益，依法保护农业科技成果产业化发展中各方的合法利益。

（四）实行优惠扶持政策，创造稳定宽松的发展环境

支持农业科技成果产业化发展，要在用足用好国家产业政策的同时，以有利于推进农业科技成果产业化为出发点，在项目立项、技术引进、征用土地、能源供应、财政扶持、信贷投入、税收减免、注册登记、产品销售等方面争取

有关部门的支持，制定一系列优惠政策，扶持和鼓励农业科技成果产业化上规模、上水平，促进其快速发展。

（五）调整和优化财政支农支出结构，搞好几项有机结合

一是把支持农业科技成果产业化与支持乡镇企业发展有机结合起来。当前乡镇企业正处于结构调整和体制创新的重要时期，发展乡镇企业要着重发展科技含量高、附加值大的农副产品加工业和储藏、保鲜、运销业，积极探索和选择企业新的经营方式和组织形式，提高产品质量，完善服务，增强市场竞争能力和风险规避能力。同时，实现农业科技成果产业化要以乡镇龙头企业为依托，将其作为技术成果转化主体、农户和基地带动者、市场开拓者，保持生命力，实现预期的经济、社会和生态效益目标。二是把支持农业科技成果产业化与促进农村产业结构调整有机结合起来。要通过支持农业科技成果产业化，利用最新的农业科技成果，尤其是最新的生物技术成果，培育、引进、推广新品种，发展优质高效农业，按照市场需求对农业资源进行有效配置，组织生产、加工、销售和服务，形成商品率高、经济效益好、市场竞争力强、市场占有率高的优质名牌产品和主导产业，促进农业产品结构和农业内部产业结构的调整与优化。三是把支持农业科技成果产业化与完善农村基本经营制度有机结合起来。要引导和扶持集体经济组织开展多样化的服务，培育专业性合格组织，逐步建设和形成以乡村集体经济组织为基础，以专业技术经济部门或龙头企业为依托，以农民自办服务为补充，多种经济成分、多渠道、多形式、多层次的农业产业化服务体系。

（六）大力支持和发展农业科技中介服务机构

农业科技中介服务机构是促进农业科技成果产业化的重要环节。各级财政部门在各级政府加强对农业科技服务中介机构宏观管理的基础上，对其发展要予以大力支持，制定相应的扶持政策，确保其健康稳定发展。要健全和完善农业科技中介服务机构的组织形式，实行市场化的运行机制和方式，促使中介服务组织网络化、功能社会化和服务产业化，努力提高服务农业科技成果转化、产业化的能力。

（七）要明确财政支持农业科技成果产业化的主要环节和重点

从目前的情况看，财政支持农业科技成果产业化的主要环节，就是要抓两头。一是为产业化龙头企业提供产品或原料的农副产品基地建设；二是从事农副产品深加工的龙头企业建设。财政支持农业科技成果产业化，主要关注以下几个方面：第一，优良品种繁育、科学施肥、病虫害防治等技术，无害、增产

幅度大的特种化肥和施肥技术。不污染环境、对人类安全的病虫害防治技术以及发展“绿色食品”等无污染、无公害农产品生产、加工技术。第二，乡镇龙头企业旨在提高加工深度、加工效率和农产品附加值的新技术改善。第三，采用成本低、效益高的储藏、包装、保鲜和运输技术。第四，围绕当地资源，能够促进农业产业结构调整和可持续发展的技术项目。如合理利用荒地、荒水、草场、滩涂等非耕地资源发展规模化种植业、养殖业的技术及实行立体化、系列化、种养结合的生态农业发展技术等。

（八）搞好科技培训，提高劳动者的整体素质

一是开展多形式、多层次、多渠道的技术培训教育。要充分发挥农业中专、农业高中、农民文化技术学校、农业技术培训推广中心、乡镇党校、农民技术夜校、农业广播学校等各类技术培训学校的作用，积极组织涉农部门的技术权威，聘请大专院校、科研院所的专家教授或借“文化、科技下乡”活动，定期举办各类技术讲座和培训班，印发技术资料，提供技术咨询。也可在广播电台、电视台开办科普园地，或办墙报、板报，广泛宣传科学文化知识。二是改革农业职业教育的培训方式和内容。要按照所确定的主导产业和实施农业科技成果产业化的要求，结合“星火计划”“丰收计划”“扶贫攻坚”等计划，以主导产业和项目为“红线”，在各职业学校培训各种实用型、技术型人才。三是逐步推行“绿色证书”制度。要根据县级以上农技部门颁发的上岗证，规定从事技术性服务的农民必须持证上岗，让广大农民重视科技传播。四是搞好新世纪青年农民科技培训工程。要认真贯彻落实十五届三中全会精神和科教兴国、科教兴农战略，配合农业、团委系统，继续搞好新世纪农民科技培训工程，大力支持农业科技成果产业化，培养大批高素质的新型科技农民。

五、完善财政投入资金管理机制

一是认真做好项目可行性分析。在项目正式立项以前，要对拟投入的项目做细致认真的可行性分析，项目承担单位要提供科学的绩效评估报告，并聘请有关专家对项目承担单位的绩效评估报告进行评审，对不符合要求的项目一律不予立项。

二是加强对项目资金使用的监督。对已投入的项目，要强化财政资金使用的监督，要进行跟踪监督与审计，确保每一分财政资金的使用都合理合法，避免财政资金的跑、冒、滴、漏。

三是对已完工项目要进行绩效评价。在项目完成后，要根据项目立项时的

绩效报告对项目的绩效进行评价，着重分析其没有达到预期效果的原因，如因主观因素造成项目没有达到预期目标的，要追究相关人员的经济和法律责任。

四是建立健全农业财政资金使用的各项规章制度。要在对现有农业财政资金使用方面的相关制度进行梳理的基础上，进行、立、清、改，即对以前没有建立的相关制度要重新制定，对已经不适应新形势的规章制度和办法要及时清理废止，对不完善的制度和办法要及时修改完善，做到有法可依。

五是整合支农资金。要改变目前支农资金政出多门、资金分散的问题，推动支农管理职能的调整和资源整合，探索从源头上实行资金集中投放、管理、监督的问题。特别要推进财政部门内部的资金整合，按照渠道不乱、用途不变、优势互补、形成合力、统筹安排的原则，加强财政支农资金的整合与统筹安排，以提高财政支农资金的效率。

第十四章　新疆农村土地承包经营与规模经营协调的金融政策支持

土地承包经营与规模经营协调，实际上是在继续坚持家庭联产承包责任制基础上通过土地流转实现土地规模经营。从土地流转方面看，流入方为流入土地需要金融支持，为更大规模的生产，也需要金融支持；从农业以及农村基础设施建设看，金融支持不但能够改变农业生产条件和农村面貌，也能为土地规模化生产提供环境保障。因此，新疆农村土地承包经营与规模经营协调，无论从直接性还是间接性上看，都离不开金融支持。

本章研究借鉴了李琳璐、王原雪、钱彦敏等学者和中国人民银行乌鲁木齐中心支行课题组、中国人民银行鹤岗市中心支行课题组研究成果。

一、新疆农村土地承包经营与规模经营协调的金融政策支持背景

中央允许农民依法自愿有偿进行土地流转，发展多种形式的适度规模经营，这将给我国农业发展水平与发展质量带来巨大的推动作用。然而经济的发展离不开金融的支持，金融作为现代经济的核心，在农村土地流转和规模化经营过程中，对农业的贷款总量较小、期限较短、金融产品创新滞后、服务手段相对落后，难以满足“三农”日益增长的大量资金和服务的需求，这些问题的存在将限制和阻碍土地规模经营进程。金融管理部门有必要研究和探讨这些问题，并提出解决问题的建议、办法和措施。

一是建立配套的金融支持机制，做好示范引导作用。农业作为一项产业，仍处于弱势，农业属于高风险行业，需要国家政策及资金支持，因此，随着农业农村的发展，配套的财政金融机制应随之跟上，如在制定规划、安排项目、增加资金、政府预算等方面应切实向农村倾斜。根据形势发展需要，建立健全

和扩大完善农业补贴制度，按照市场运作、政府推动的原则，积极引导各种社会资源尤其是金融资源投向农业农村，对涉农金融机构给予一定补贴或奖励。设立农业风险基金，建立财政支持的巨灾风险分散机制，从而有效引导金融机构信贷资金向“三农”倾斜。中央银行设立专项支持土地流转及规模经营的支农再贷款资金，以低利率优惠政策引导金融机构发放土地规模经营贷款。

建立多元的农村金融体系，支持农民规模经营。首先，要扩大我国唯一的政策性农村金融机构、农业发展银行的经营范围，在政策性、准政策性收购贷款的基础上，进一步发挥政策性金融资金实力雄厚的优势，加大对农业开发、农田水利、农村基础设施建设等方面的信贷投入力度，解决农业农村对大资金量的需求；其次，按照对农业银行股改上市的原则要求，切实将其业务返归于农村，上级行适当放宽对下级行的授权授信权限，允许二级分行发放用于土地规模经营的批量贷款；再次，继续深化农村信用社改革，允许其发行地方金融债券，补充其资本金，增强其资金实力，使之真正成为支农主力军；最后，建议邮政储蓄银行优化经营策略，降低利率水平，在一定程度上降低农民种植成本，发挥农村网点多的优势，将在农村吸收的存款用于“三农”，减少农村资金外流。

二是加强金融产品及服务的创新，提高服务质量与水平。针对当前农民资金需求量大、期限较长、服务现代的需要，金融机构应及时制定相关的信贷管理政策、创新金融信贷产品与种类，根据种植规模及发展经营方向确定2~3年或3~5年的放贷期限，满足大部分农民的信贷资金需求。在创新金融产品的同时，还要不断加强农村金融服务，在农村营业网点设置ATM机和POS机，增加银行卡的持有量，减少现金持有量，保障农村支付体系的现代性和及时性，加快农民的交易和结算速度，减少农民因服务落后增加的支出成本，提高金融服务质量与水平。

三是创新发展农村的多种保险业。化解分散金融风险。一方面随着农村土地的流转，产生特色农业、科技农业、品牌农业为重点的现代农业，产生合同、订单种养业，形成高效农业和外向型农业，而农业作为弱势产业，受自然和市场因素影响大，土地的集中耕种会将这种风险放大，因此，这种风险需要引起足够的重视，而采用多种形式、多种渠道的农业保险，可以有效化解、转移生产者的自然和市场因素风险；另一方面，要积极化解为农业生产提供金融服务的银行面临的风险，保险公司可创新险种，由种田大户、专业合作社、农业公司、金融机构、保险公司协商具体保险条款，在种田大户、专业合作社、农业公司向金融机构贷款的同时，向保险公司投保，解除金融机构贷款的后顾之忧。

四是建立可自主支配的金融资源。有效支持规模经营“地方政府应积极行动起来，出台地方优惠政策鼓励建立自身可有效支配的村镇银行、农业商业银行、城市商业银行等，加大对农村土地流转和规模化经营的资金支持”。在放开民间金融方面，监管当局应积极进行探索和创新，引入竞争机制完善农村金融服务市场，如可设立专门为农村服务的互助性金融机构，允许民间借贷合法化，允许和保护合法的非正规融资渠道的存在和发展，有效支持土地规模经营。

二、促进新疆农村土地承包经营与规模经营协调的金融创新

（一）在乡（村）级合作社设土地信贷互助基金会，代理与协助农村金融机构进行土地信贷

土地信贷互助基金会的职能主要是：对土地产权权益的估价和归属的界定，在土地经营股份化后，确定产权权益股份及其定价和对转让的管理。互助基金会的权力机构是所有权股东和使用权股东代表组织的董事会。其管理机构是乡（村）合作社或委托农业合作基金代管。申请土地信贷者必须加入互助基金会，并向互助基金会申请，由互助基金会统一或分批向有关农村金融组织融资。行使部分融资职能。互助基金会在具备一定的资金实力后，可与农村金融组织共同承担土地信贷业务，收入分成，原则上土地信贷互助基金以低息周转方式投入，作为集体经济对农户的农业支持。在发达地区可以以互助基金的土地放款代替“以工补农，以工养农”方式，减轻乡镇工业负担。农业土地信贷互助基金会可以是实体也可以是代理机构。在实体的情况下，其资金来源可以参照合作基金做法（或其本身就可以是合作基金的分支），也可以向其他农村金融机构融资。

（二）培育农村金融体系中农业金融输入机制

以土地信贷为金融工具，互助基金会为组织形式的农业金融制度创新构成新的农业金融微观基础，成为农业金融中农业投入资金供给的输入中介，一方面解决了农业融资输入的效益保障间题，另一方面又解决了小块土地的农业经营对现代资本的排斥问题。使农业投入机制以金融创新方式培育完善，完成真正的农业投入的供给与需求的协调与实现。国家财政支农资金可以通过政策性农业开发银行甚至经营性农村商业银行向土地信贷互助基金会放款，在风险保证基础上周转增值。农业开发银行和农村商业银行可专门发行土地信贷债券进

行融资以保证资金供给，各地方政府应安排一定资金为银行配套贴息。从而保证农业金融资金增值、继续良性循环；同时减轻各投资主体分散投资时的重负与经营风险，使以农业发展为对象的农业金融获得动力再生，消除现行农村金融中农业金融的真空现象。

（三）注重农村金融服务的创新，满足土地规模化经营的需求

由于我国农业发展的特殊性，很多东西是没有先例可循的，需要自己摸索，运用创新思维，建立一套适应我国农村发展需要的金融服务体系。同时，鉴于农业的特殊性，适合二三产业的金融服务不一定适合农业，所以发展农村金融服务可以借鉴，但是不能生搬硬套。

（四）增加农村金融服务的种类，因地制宜开发金融服务

农业生产受到地域环境的限制，不同地区的农业呈现出不同的发展状况，对金融服务的需求也不尽相同，所以在开发农业金融服务时要考虑当地农业的实际情况，不可以照搬照抄其他地区的成功案例。

（五）加快土地承包经营权抵押的合法化进程

将土地承包经营权抵押合法化，可以为农业生产经营者申请贷款提供便利，解决土地流转过程中资金紧缺的问题。即使考虑到农民抵押土地承包经营权所要承担的风险，其利仍然大于弊。根据土地流转的实际情况，土地流转的过程实际上就是土地价值发现的过程，这一过程对资金的需求非常强烈。因此，首先要向种田大户、专业合作社和农业公司提供土地承包经营权抵押贷款，确保有足够的资金来支持土地的有序流转。即便贷款者无力归还贷款，银行也可将土地承包经营权流转给别的农业企业，金融业将逐步参与土地的流转过程，这一过程的风险是可控的。

（六）健全融资租赁市场，加强其与农业之间的联系

考虑到融资租赁的诸多优点以及农业生产经营者资金短缺、贷款难、抵押难、担保难的问题，鼓励在农业生产中多运用融资租赁促进农业的规模化经营和农业产业化。

（七）建立健全农业保险体系，降低农业投资者的风险

农业保险分担了农业投资者的风险，可以鼓励投资，促进土地流转，并且帮助农业生产者建立良好的信用，方便融资。成立由政府、农民专业合作社、农户等多方出资的农业担保基金，运用政府与市场相结合的方式，支持合作社获取银行贷款，并分担银行的信贷风险。由龙头企业与农户签订购销合同、农信社提供贷款、保险公司承保，保险费由农户和当地政府分摊，促进农业产业结构的优化

升级。分担了农业投资者的风险，可以鼓励投资，促进土地流转，并且帮助农业生产者建立良好的信用，方便融资。推动制定和完善农业保险相关法规，将大规模种植、养殖业纳入强制性保险范畴，并对参加种养业保险的农户给予一定的保费补贴；积极推动政府落实财政补贴、税收优惠政策，调动经营农业保险的保险公司的积极性，扩大农业保险的品种和参保范围；加强保险知识宣传，提升农户和农村经济体的投保意识，提高参保率；引导农村金融机构积极拓展保险代理业务，加强代理险种宣传，促进农村保险业务全面发展。

三、优化金融支持环境

（一）完善农村担保机构建设

在我国目前的金融环境下，仍需由政府主导或参与成立农业担保公司，中央和省级政府对担保公司进行注资，建立担保基金，并通过担保贴息、以奖代补、返还上缴税费等方式鼓励担保机构不断增加注册资本，增加担保基金。同时，建立有效的风险补偿机制，打破农业担保成本高、风险高、收益低的瓶颈制约，撬动向农业产业倾斜。例如，设立风险补偿基金，确定比例，由政府和担保机构按比例共同承担亏损；组建中央到省级再到市一级的再担保机构。另一方面，要探索建立担保机构与银行之间（风险共担、利益共享）的合作机制，使担保机构能够真正发挥作用，实现有效运营。例如，对于有担保机构担保的贷款，政府可以与银行协商适当降低贷款利率，并通过财政贴息等方式给予银行利息损失的补偿，形成（银政担）可持续的合作新机制。

（二）加快金融体制改革步伐，拓宽农业投入“线路”

成立农业发展银行是金融体制改革的重大举措，对推进专业银行的商业化改革产生了历史性的影响，但中国农业发展银行自去年下半年成立以来，至今没有设立基层营业机构，客观地阻滞了对农业的投入。对此，在加快金融体制改革步伐的同时，在信贷投入上，一是支持国家粮棉油等大宗农产品的及时购进。这不仅是农民增产增收的需要，也是稳定农村经济、稳定社会的需要。二是支持农村基础设施建设。农田基础设施投入周期长、风险大、收益低。农业发展银行应按照中长期负债比例与财政部门联手对农田基础设施进行投入，尤其是增加对易涝易旱的农业大县的信贷投入。三是将化肥、农药、种子列入农业发展银行信贷计划，划入政策性投入对象。这样有利于及时、按需购进肥种，不误农时；有利于平抑农资市场价格，堵塞低劣产品流入市场以降低农业生产成本；在实际操作中可实行封闭循环，有利于资金增值。近年农村信用社的实收资本和资产在逐年增加，但信贷规模受制于农业银行。因此，应尽快健全体系，理顺关系，进行试点和成立农村信用合作银行，避免因农业银行资金紧张而影响农村信用社支农，增加对农业的投入。

（三）构建多层次风险分担机制，提高金融服务效率

一是建立针对新型农业经营主体的专业化融资性担保机构。随着农业生产经营发展，新型农业经营主体有能力满足担保机构业务规模需求，可考虑通过新设或由实力较强的担保机构增设子公司，为新型农业经营主体提供专业化担保服务；二是进一步提高政策性农业保险的覆盖范围和保障能力，逐步将当地主要种养殖品种纳入保险范围，提高新型农业经营主体抗风险能力；三是注重银行与保险、证券期货机构的合作。如农业发展银行巴州分行为控制产业化龙头企业财务风险，与金石期货达成合作协议，全面监测企业期货交易情况，有效控制贷款风险。

（四）尽快做好顶层设计，指导业务规范发展

一是明确新型经营主体主管部门及职责，尽快出台相关管理办法，明确农村家庭农场的概念、注册要求、主管机构、管理责任、信息披露规则，确定税费、土地、政策性农业保险等政策内容，促进家庭农场规范发展，积极引导优质家庭农村逐步向企业经营发展，降低金融机构管理成本；二是要进一步明确专业合作社的规范运营机制，及时清理没有持续经营、管理不规范、财务数据失真的合作社，对各级示范社给予政策扶持，促进金融机构加强与示范社的对接；三是金融机构要尽快制定针对新型农业经营主体的金融服务方案，明确准入标准，确定特殊化服务方式，提高服务专业化程度。

（五）兵地分类引导，充分发挥兵团体制优势

兵团特殊体制对融资具有正面意义：一是以国企为基础的经济模式，政府显性或隐形担保的信用程度高；二是准军事化管理使得职工（农工）利益结合紧密，违约机会成本高，违约率低。在新疆新型农业经营主体金融服务过程中，金融机构要充分发挥兵团特殊体制的优势，通过引入团场、国有企业担保来解决农户、合作社等抵押资产不足的问题，提高融资效率。

（六）因地制宜地在农村开展金融服务

金融服务可以为农业生产经营者提供专业指导，帮助其更有效利用资金，并且可以促进建立健康的农村金融体系。在建立农村金融服务体系、引导更多社会资金投向农村和农业发展的过程中，保险成为一个重要环节。保险作为一种有效的风险分散机制和经济补偿机制，在促进城乡一体化进程，统筹城乡就

业、统筹城乡社会管理中发挥着不可替代的作用。随着甘肃农村改革的不断深化以及“联村联户 为民富民”行动的推进，各项惠农利好政策和工作措施的落实，农村经济会保持平稳且较快发展。在这一发展进程中，无论是农村合作经济组织、专业户、各类农产品生产基地和农业企业，还是个体农户都会承担不同的风险，甚至生产经营中产前、产中和产后诸环节都将对保险产生强烈的需求，以及涉农保险对象、保险需要、支付能力都在不断发生变化，农村保险业面临着许多新课题。涉农保险服务的建立与完善对区域经济的稳定和发展作用重大。但是，受农民收入低、农业风险分散、制度保障和政策性补偿机制缺乏以及过度商业化运作等因素的影响和制约，相对于农村保险需求以及保险贴近“三农”的实际需求，农村保险发展滞后。因此，建立与完善农村保险系统的关键在于制度创新和服务创新，促进保险业发挥出服务“三农”的功能。必须重视观念创新、管理创新；注重险种开发的地域性、行业性和多元性，并不断提升保险服务质量，最大限度满足农民的需求。扩大农村保险的覆盖面，强化农村营销网点的建设和规范管理，提高农村保险的密度和深度。在政府层面，结合保险业经营的特殊性，运用财税、金融、再保险等手段支持和促进农村保险业的发展，逐步建立多渠道、多主体经营的，完善的农村保险服务系统，在农村合作医疗、农村养老保障、财产人寿保险等方面凸显农村保险的“稳定器”作用，不断增强农村社会保障能力和抵御风险的能力。

第十五章　新疆农村土地承包经营与规模经营协调的土地制度变革

为了加快土地流动，发展规模经营，提高土地和农业生产效率，促进农业产业化的发展，需要改革现有的土地制度，进行土地制度创新。土地制度创新就是要使新的产权制度与家庭承包制相适应，与规模经营相适应，与提高土地和农业生产效率相适应。家庭承包制目前之所以阻碍着规模经营，并不在于家庭承包制本身，而在于其当时所遵循的“平均”原则不适应新的历史条件下规模经营的发展。因此，探索以明晰土地所有权为核心的土地制度创新，坚持家庭承包制的前提下引入效率原则，以保护农村基本制度的长期稳定，又能实现规模经营，提高农业生产效率，提高农民收入。

本章研究借鉴了韦加庆、谢霓泓、寇永哲、孔喜梅、姚毓春、舒松华、李琳璐等学者的研究成果。

一、国外土地制度变革对我国土地制度改革的启示

（一）完善土地所有制结构，让农民成为土地所有权主体

国外土地制度改革大多实行土地私有。但是，中国的土地制度改革必须符合本国国情。马克思在对世界东方国家的土地制度研究后得出结论：不存在土地私有制，的确是了解东方的一把钥匙，这是东方全部政治史和宗教史的基础。马克思把这种不存在典型意义上的土地私有制生产方式，看作是东方特有的亚细亚生产方式。然而，如果农民不能成为土地所有权主体，也就不能在产权的层面落实农民应有的权利。因此，有必要实行复合的土地所有制，即国家拥有土地的终极所有权，不直接占有、支配土地，在法律上规定农民享有部分所有权，享有对土地财产的实际占有权和支配权。

（二）明晰产权，让农民拥有较完整的土地财产权

国外的农地制度改革成功的经验告诉我们，赋予农民明晰、稳定和完整的土地产权是调动农民积极性的根本保证，也是提高农业经营水平的前提条件。《中华人民共和国土地管理法》规定：集体所有的土地依照法律属于村农民集体所有，由村农业生产合作社等农业集体经济组织或村民委员会经营、管理。但是，谁成为集体的真正主体呢。《中华人民共和国土地管理法》把集体界定为乡（镇）、村和村民小组，《中华人民共和国民法通则》把它界定为乡（镇）和村。事实上，这些组织都无法成为独立的产权主体。因为乡（镇）是行政单位，村是自治组织，不具备独立的法人资格。这样，就造成了土地所有权主体的虚位，土地所有权被乡（镇）、村的干部代为行使，农民无法享有完整的土地处置权、使用权和收益权。因而，农民拥有的土地承包权是债权而不是物权。这种所有权与农业经济主体分离的产权制度安排，极大地束缚了农民的经营权利，造成耕地流失、土地资源浪费，不符合我国经济社会发展的要求。

（三）提高土地利用效率，推动农地流转的市场化

我国目前尚未形成土地使用权流转市场，无法实行土地流转的市场化、法制化。由于缺乏土地流转制度，一方面，农民进城务工只得将土地抛荒或交给妇孺老人粗放耕作。他们虽然可以离开土地从事非农经营，但由于大多数农户特别是欠发达地区的农民仍然视土地为他们的命根子，不愿将土地返还给国家或集体。这样造成土地资源的严重浪费和利用效率的极其低下。另一方面，少地农民即使精耕细作，也无法获得规模经营带来的可观经济效益。因此迫切启动促进土地流转市场的发育。美国、日本和法国促进土地流转成功的做法是在土地流转的过程中坚持土地的家庭农场经营，既稳定了土地产权，又促进了农地的有序流转、有效利用，达到了规模经营、提高效益的目的。我国有家庭经营的基础，当前最迫切是要建立土地流转法规和制度体系，并完善相应的社会保障机制。

（四）建立和完善土地利益分配机制

我国目前的土地利益分配存极端不公平、不合理。农民出租土地及其附着物，获得收益，而土地的所有者农民集体分文未得；一些企业或个人先以划拨的形式获得集体建设用地使用权，然后将其转给他人，从中获得高额利益，土地所有者的经济权益同样未能体现；一些村干部随意处置土地，所得收益据为已有；一些地方政府凭借强制手段在集体建设用地流转的收益分配中过多地取得了利益。针对这些问题的存在，确有必要借鉴国外有益的经验和做法，通过

制度创新来加以解决。其中土地税收制度是国际上比较通行的制度和做法。建立和完善系统、科学、有效的土地税收制度，是我国土地收益分配制度的发展方向。

(五) 建立土地发展权制度

创设土地发展权后，土地所有权的范围，以现在已经依法取得的既得权利为限。至于此后变更土地使用类别的决定权则属于发展权。土地发展权创设的主要目的在于保护农地。我国建立土地发展权制度很有必要。目前我国的土地形势非常严峻，耕地保护的任务非常繁重。人多地少是我国的基本国情。目前，我国人均耕地面积0.011公顷，不及世界人均耕地面积的1/3，仅高于日本和孟加拉国，居第24位，相当于美国的1/9，泰国的1/4。这种情况表明，确实需要重视对土地权利进行新的配置。土地权利设置在构建土地利用管理制度中占据极其重要的地位。英美发达国家的经验告诉我们，土地发展权在土地权利体系配置中占有重要的地位，对于控制土地合理利用、保护耕地、保证经济社会的持续发展及促进人权的发展都具有重要的意义。但我国土地权利体系中缺乏配置土地发展权。我国城镇土地使用权出让金和土地征收补偿费不是土地发展权对价，不是土地发展权的体现。英国是世界上建立土地发展权最早的国家，设立土地发展权的目的在于有效控制土地，其制度设计侧重于公平，规定土地发展权由国家所有，实行发展权国有化。美国土地发展权归原土地所有权人所有，制度设计注重效率。我国可以借鉴美国的做法，规定土地发展权归原土地所有权人所有，即国有土地的土地发展权归国家，农民集体土地的土地发展权归集体所有。这样的制度设计既能保证国家对土地的管理和控制，又能维护农民对土地的经济权能，提高农民保护耕地的积极性，达到兼顾公平和效率的目的。

二、土地制度变革的方向

十八届三中全会关于土地制度改革的号角已经吹响，新一轮农地制度革新即将启动。土地制度变革既要适应社会、经济的发展，又要遵循其自身特性。在对农地制度变革过程中，除了要遵循西方新制度经济学中制度变革的“路径依赖”问题和制度变革应该是帕累托改进的变革以外，还要保证制度变革的可持续性。从制度变革的路径依赖理论和我国农村土地产权制度的现实约束条件出发，同时借鉴其他地区农村产权改革经验，农村的土地制度变革应该遵循强制型制度变革和诱致型制度变革相融合的方法。

（一）加强顶层设计理念

国家作为制度制定和维护的顶层机构，要在原有法律法规的基础上制定出和当下城市化发展水平相协调的政策，针对现在市场上一些无法在法律中得以界定的问题，做出相应的回应。首先，要立法对原《中华人民共和国土地管理法》中的“集体”不明确做出明确的回应，土地使用权与所有权两权分离，在国家拥有所有权的基础上，取消村镇集体的所有权权利，农民享有土地承包权，确保土地承包权的排他性、长期性、无偿性，以保证土地制度改革的健康运行；其次，省一级政府明确地对土地流转（包括征地）中的农户、政府（地方政府）、第三方的行为做定性、定量的规定，建立条理清晰、权能完善、层次分明、符合市场需求的一系列立法制度；此外，作为地方政府，要因地制宜地制定相应的政策，规范整个过程中各方的行为，对上访管理部门做出严格要求，对农民上访的问题要彻查相关问题、相关人士，耐心给不懂政策的民众解释。

（二）逐步完成土地确权任务

改革和完善农村土地产权制度，是深化农村经济体制改革和完善农村市场经济体制的首要任务。农村土地产权制度的完善需要通过各种具体农村土地产权制度创新来实现。2011 年，为切实落实《中共中央国务院关于加大统筹城乡发展力度进一步夯实农业农村发展基础的若干意见》（中发〔2010〕1 号），国土资源部、中央农村工作领导小组办公室、财政部、农业部联合下发了《关于加快推进农村集体土地确权登记发证工作的通知》（国土资发〔2011〕60 号）。按照中央有关要求，到 2012 年年底要把全国农村集体土地所有权证确认到每个具有所有权的集体经济组织，同时加快推进宅基地使用权、集体建设用地使用权等确权登记发证工作。地方政府要切实做好土地产权的登记工作，明确登记农民的口粮田和承包地，还有村集体预留的庄基地，为之后的土地交易做好前期保障工作。此外，相关部门要切实做好此项工作的宣传，让农民真正了解并认识到如何保护自己的合法权益，让其认识到土地的权属归谁，并不影响自己的土地使用权可以给自己带来的收益，自己完全可以根据相关法律法规行使自己的合法权利。政府部门要分出相当一部分人员去做这项工作，拿出上级领导要来视察的态度对待这项制度的宣传，要做到细心、全面、不失耐心，认真、负责又不乱步骤。

确权是将集体土地所有权明确到最基层一级集体经济组织，为集体土地入市流转打下基础。在此基础上，根据中央提出的“用 5 年时间基本完成农村土地承包经营权确权登记颁证工作”的要求，全面梳理二轮承包以来的承包关系变动情况，按《中华人民共和国物权法》的规定，开展确权、登记、颁证工作，使农民的土地承包经营权确定下来，承包关系稳定下来，并得到法律的长久保护，实现农民真正拥有土地财产权。根据各地区实际，对土地变动相对较少的农区，严格按要求明晰地块四至、确权登记，并颁发农业部监制的土地承包经营权证书；对于城镇化推进速度很快和已经实施土地整治的地区，实行确权确股，颁发农地股份合作社股权证或确权确利，颁发农村集体经济股份合作社股权证。

（三）在尊重农民的意愿的前提下充分发挥农民的自主性

在以政府力量为主导的前提下，遵循城乡土地增减挂钩政策，切实做到农村减少一亩地，城镇就会增加一亩建设用地。在各地设立多个类似重庆的土地交易中介机构，为整个交易市场上农民与用地企业提供市场化服务。中介机构监督流转过程中可被用于流转的土地类型、交易规则、交易流程、交易条件、用地企业的规模要求、资历条件等。首先，我国是农业大国，牵一发而动全身，为了保障整个环节后期的流畅顺利，文章认为还是需要先从农村集体所有土地入手，在土地确权的基础上进行农民自由的土地交易；其次，在整个交易过程中农民、政府、用地单位，三者要各司其职，在自己的权限范围内，充分发挥农民自主性和尊重农民意愿的原则，保障自身权益的健全。地方政府在这个环节中尤为重要，不但要制定出合理合法适合当地发展的规章制度，而且还要监督农民与用地企业之间的交易环节，保障交易的公平、公正；最后，政府官员一定要做到清正廉洁，决不允许任何官员谋一己私利，如果发生类似的事情，一定要做到毫不姑息的打击。

依法保障和完善农民对承包土地的占有、使用、收益等权利，大胆探索农民对土地承包经营权的抵押和出让权利。鼓励地方性金融机构开设农村土地承包经营权抵押业务，以解决新型农业经营主体在发展壮大过程中的资金瓶颈问题。支持农民或农业经营主体以家庭承包方式取得的土地承包经营权或通过其他承包方式取得的“四荒”地承包经营权，直接抵押给银行和小额贷款公司获得生产经营资金，或通过政府小额贷款担保公司担保，从金融机构获取所需资金。鼓励有条件的地方探索农民将土地承包经营权让渡给家庭农场等新型农业经营主体，保障农业经营主体不断增加投入，实现稳定发展。

（四）借鉴成熟经验，建立规范的土地市场

培育农村产权交易市场，为推动农村产权流转，广泛吸引社会资本投向农业农村，促进传统农业向现代农业跨越、增加农民收入，为繁荣农业农村经济提供有效的平台。前期可将已有工作基础的土地承包经营权、林权、村级集体物业等作为交易品种，设置农村土地承包经营权流转、农村集体经济组织养殖水面流转、农村集体资产股权流转、林权和林地流转等产权交易项目，将"资源变资产，资产变资本，资本变股份，股份市场化，带动人力、资本等生产要素在城乡之间自由穿行"。今后逐步扩展到农村宅基地使用权、农村房屋所有权、农村集体建设用地使用权等农村产权的交易，逐步建立城镇一体的土地流转市场，为十八届三中全会提出的建立城乡统一的建设用地市场探路。

重庆等地的土地交易机构已经基本成熟，可在一定范围内因地制宜地推广。在政府部门的监督、审查下，让农民与用地企业自由、自主交易，并对相关操作流程进行监督，对交易过程中出现的问题要及时纠正，对出现违反国家法律法规的行为要及时制止。政府在整个交易过程中只是做自己的中间疏导工作和政策的制定与监督，并不是交易的直接参与者，农民成为了自己土地的最终交易者，自己与企业面对面谈判，若是觉得不合理，农民完全可以拒绝进行交易，而企业要想拿到农民的土地，则必然要尽量的满足农民提出的要求，这样农民的权益通过政府的中间疏导和自身的努力得到了保障，企业拿到了自己中意的土地，政府从用地企业手中获得了一定的费用，用于财政收入的补充和新农村进一步发展的资金保障。

（五）增强市场监管力度，解决土地制度改革后农民的社会保障问题

土地补偿是失地农民的生存之本，要认真做到补偿到位、标准补偿、透明补偿，土地流转过程中对农民的补偿要切实到位，并严格按照市场上的合理价格对失地农民赔偿，所作出的赔偿要能够弥补失地对农民造成的损失。补偿包括两个方面，一方面是失地农民的一次性补偿，一次性补偿主要用于农民的二次就业和住宅等社会保障；另一方面是对失地农民的就业、医疗、卫生、子女教育等的补偿。补偿要严格按照标准执行，并保证能落实到农民手中。在交易前期，要求用地企业出资用于农民的腾地工作，启动资金按照合同金额一定比例支付给农民，农民和用地企业之间的交易完成前，用地企业要在规定时间内按照农民的腾地进度将剩余资金打至农民账户，从而企业获得了农村的土地指标，用地企业用指标再去城市或城郊地区换取建设用地（可用于工业或城市建设的土地），政府获得价差和交易费用，用于土地制度变革后期农民的社会保障和基础设施建设。

三、土地制度变革的内容

（一）明晰土地所有权

现行农村土地所有权制度虽在法律上明确规定农村集体土地为农民集体所有，但在实际运作中，却存在所有权主体虚位与错位、权能性质模糊等缺陷，难以适应农村土地流转市场化的要求，造成这种问题的根本原因不是农村土地所有权的地位问题，而是在于如何实现农民集体所有的土地所有权，充分保障农民集体和内部成员的土地权利，避免集体土地所有权主体的虚位及错位。从土地承包经营权流转的内涵和农村集体土地市场化流转现实要求的双向角度来考虑，一方面，当前所有权制度的创新更应集中于农民集体土地所有权的确认签证和规范管理，明确农民集体所有的土地界线和所有权在土地流转中的主体权能。根据国土资源部《关于依法加快集体土地所有权登记发证工作的通知》要求，对凡是土地家庭联产承包中未打破村民小组界线的，土地确认给村民小组农民集体所有；已经打破村民小组农民集体土地界线的地区，土地确认给村农民集体所有；能够证明土地已经属于乡镇农民集体所有的，土地所有权应依法确认给乡镇农民集体；不能证明已经属于乡镇农民集体所有或村民小组农民集体所有的集体土地，依法确认给村农民集体所有。对土地所有权主体在土地流转中的责任权利也应制定相应的政策法规，予以进一步明确，使其既能积极参与土地流转过程，充分行使其应有权利，又不对土地的依法流转过程造成不利影响。另一方面，与所有权相比，土地承包经营权具有制度变迁更直接的效率意义。而且，从土地产权利益的归属来看，使用权即承包经营权具有所有权属性。其缘于中央政策和《中华人民共和国土地管理法》多处提到和规定：在坚持土地集体所有制和不改变用途的前提下，经发包方同意，允许鼓励土地使用权有偿转让。这种使用权的有偿转让，即由土地使用权所获得的收益，按地租理论分析，由农民个人承包经营权而获得非直接使用土地的各种收益，均应属于绝对地租范畴，如土地使用权入股、转包土地的报酬和实物收益，以租赁形式获得的租地收益等。

（二）完善农民的土地承包经营权

在成熟的市场条件下，根据《农村土地承包经营权流转管理办法》，土地承包经营权是一项相对独立和完整的财产权利。农户通过承包、受让等方式获得土地承包经营权后，就相应拥有对土地的占有、使用、收益和部分处置的权利；而且还可以依法从事有偿转让、转包、入股、贷款、抵押等活动。赋予土地使用权物权的地位，建立土地承包经营权流转的市场化机制，使承包经营权作为独立的交换价值进行流转。这样农民通过土地使用权入股或作为抵押品，取得经营资本。同时，土地承包经营权又是一种受到严格限制的权能，土地承包经营权主体要按照土地利用规划及基本农田保护区规划的要求，不得任意抛荒、撂荒和改变农地用途，对荒芜耕地者，村委会有权终止承包合同，收回土地承包经营权，若经批准确实需要改变农地用途的，必须将土地作为商品价格化，即按不同等级确定土地的市场价格，并向集体组织补交由于农地用途改变而产生的土地增值额，按照价值规律实现土地的合理配置。

（三）建立健全土地流转机制，规范土地流转

目前急需规范土地流转。农村土地流转的主要目标是实现适度规模经营，提高资源配置效率。因此要把握好农村土地流转的基本原则，即优化组合、因地制宜、自愿互利、市场机制与政府协调相结合等原则。同时根据土地流转机制的基本特征，即流转机制的市场性、方式的多样性、空间的开放性以及流转过程的规范性，建立健全合理的土地流转机制，使农村土地流转进入规范化的轨道。建立土地流转制度，核心问题就是要建立科学的土地价格评估系统。这里所说的价格，主要指农地内部流转价格，即土地承包经营权价格。只有确定了比较合理的价格，出让土地才能获得合法收益，农户转让土地才能得到合法补偿，土地承包经营权入股、抵押才有据可依，各种形式的土地流转才能顺利进行。与城镇土地估价一样，农地估价从理论上说可以用收益还原法、地租资本化法、市场比较法、剩余法、成本法、再生产费用法等方法。但由于我国目前农业比较效益偏低，农地市场不发达以及农业成本较高等原因，上述方法暂不适宜大部分农地估价。目前比较可行的办法是以集体经济组织为单位，建立土地经济评价小组，对土地进行定级、估价。实证研究表明，目前，经济发达地区的农民已经具有较高的农地流转欲望，但像新疆这样西部较落后地区的农民愿望并不强烈，主要原因是农业生产效率低下，农业收入低。为了以较低的成本实现农地的流转，农民大多希望政府发挥更大的作用。因此，政府要从当地的实际情况出发，制定和完善各种管理办法，加强监督和检查工作，完善服务职能，坚持分类指导，稳步推进。农业行政主管部门和农村经营管理部门要担负起组织、协调、实施以及指导、监督等工作，要深入实际，及时掌握农村土地流转的新情况，在政策咨询、组织实施等方面提供服务，并积极帮助解决土地使用权流转过程中遇到的困难和存在的问题。要强化农业承包合同管理，完善各种管理制度，为土地承包经营权流转创造条件、打好基础，促进农村土

地承包经营权流转工作健康发展。在政府的管理和服务中要特别注意防止两种倾向：一是无所作为、放任自流，使农村土地流转处于无序状态；二是行政包办代替，违背农民意愿，不顾条件，强行推动流转，损害农民的承包权益，引起农民不满。政府应重点在如何建立交易中介服务组织；招商引资；建立土地流转服务的信息网络；因地制宜，完善土地承包经营权流转形式上下工夫。

（四）明晰政府行为边界，赋予农民完全参与权

随着土地资产属性的日趋增强，土地权利资本化涉及的利益相关者日渐多元化。就实际情况来看，政府凭借其拥有的行政权力，在土地权利资本化收益的分配中占有绝对优势地位，以至于成为其他权利主体收益的分利者，特别是现行的土地管理制度，模糊的公共利益边界，使得政府的行为更缺乏约束性，导致农民在土地产权变迁的过程中缺乏足够的话语权，土地权益保障无从谈起。对此，应当缩小公共利益范围，制定公共利益名录，以负面约束力限制政府权力实施，将政府权力的行使纳入合理空间。同时，赋予农民完整的参与权，让农民享有知情权、决定权、收益权和监管权，尤其是要充分发挥农民内部的民主协调机制，增强农民解决土地权利调整的民主性与和谐性。一是明晰政府行为边界，规范政府权力实施，既不能错位，又不能越位，更不能缺位，反而要补位。二是实现农民民主议事机制创新，充分尊重村规民约的作用，真正发挥宗族长老、村里能人等精英的号召力和影响力，让农民群体能够就土地权利变迁涉及的关键议题自行协商、自行解决。三是强化政府监督权，规范政府权力实施，让政府真正发挥监督权力，以确保农民能够严格按照相关的法律法规合理使用土地。同时，要重视农民的反馈，对农民因土地权利属性变更所形成的意见给予高度关注，并及时寻找有效的解决办法。

（五）合理化土地增值收益分配机制，增进农民福利

合理的土地增值收益分配机制能够调整流转主体的经济行为，提高产权流转主体的利益相容程度，并通过激励相容促进土地有效流转。土地对农民的保障功能十分重要，这就使土地增值收益分配机制更为关键，为此要在城乡福利二元体制的背景下构建公平与效率兼顾、长远利益与眼前利益结合、生产方式与生活方式统一导向的收益分配机制，以便切实增进农民福利。一是依据土地增值收益形成原因，有效兼顾中央政府、地方政府、开发商、农民和农村集体经济组织的利益，在横向层面上构建具有包容性的土地增值收益分配机制，弱化不同经济主体的冲突性。二是以生产方式与生活方式相结合为导向，多元化土地增值收益分配方式，在纵向层面上构建具有可持续性的土地增值收益分配

机制，让农民凭借其拥有的土地资产获得持续的资本化收益，以便为长远生计提供保障。为此，需要对目前拆迁农民暴富后又返贫的现象给予充分重视，务必摒弃单一的货币化导向的土地增值收益分配方式，要让社保、医疗、教育等内容涵盖到土地增值收益分配机制中，让农民在不为生计发愁的基础上更好地融入城镇。

第十六章　新疆农村土地承包经营与规模经营协调的社会矛盾化解

新疆地处我国最西北部，人口虽只有2 000多万，但却有22个民族，土地占我国国土面积达1/6，与8个国家相邻。这样的地理位置和社会状况，决定了矛盾的多样性、复杂性和尖锐性。这些矛盾一定程度上制约了新疆经济包括农业经济的发展，同样，有效化解这些矛盾，可以为新疆农业发展创造有利条件。

本章研究借鉴了罗恢远、曾文忠、黎泽波等学者的研究成果。

一、新疆社会矛盾以人民内部矛盾为主

新疆社会矛盾虽然复杂多样，但可以肯定的是这些矛盾以人民内部矛盾为主。新时期的新疆人民内部矛盾，有着许多新变化、新特点。与此相适应，在处理这些内部矛盾的过程中，必须正确把握原则和改进方式方法。

重视用经济办法解决人民内部矛盾。在市场经济条件下，人民内部矛盾大量地表现为经济利益矛盾。经济利益矛盾的根本原因在于经济本身，必须遵循客观经济规律，主要依靠经济办法来解决；绝不能凭主观意志，用非经济办法去解决经济利益矛盾，这样做不仅不能解决和缓和利益矛盾，反而有可能激化矛盾。要加强对经济的宏观调控，适时调整经济政策，当前尤其要重视用改革收入分配制度、规范收入分配秩序的办法，解决好人民内部的利益矛盾。

采取区别对待的策略，坚持多种手段综合运用。“团结—批评—团结”是长期以来正确处理人民内部矛盾的行之有效的方法，有必要继续坚持运用，但它不是唯一的办法。人民内部矛盾的表现形式多样、成因各异，处理矛盾也就没有一成不变的公式，也没有包治百病的处方，必须注意区别对象、区别矛盾，

采取不同的处理方法和手段。人民内部矛盾也不是简单、孤立的矛盾，而是一个复杂的、与外部因素相互联系的、内部各类矛盾相互作用的矛盾系统。政治、经济、思想领域的矛盾交错在一起，同一种矛盾中具有多种成因。因此，正确处理人民内部矛盾也就是一项综合性的系统工程，必须立足长远、标本兼治、综合配套、环环紧扣，发挥经济的、法律的、行政的、教育的各种综合手段的综合作用。既要有软的一手，也要有硬的一手，特别是当人民内部矛盾激化、可能或已经严重危及社会稳定时，必须果断采取措施，借助公安警察等强制手段控制好局面。

把握时机，及时解决矛盾。矛盾是处于经常的运动之中，不能及时地处理矛盾，使矛盾成堆，势必造成矛盾的复杂化、扩大化、尖锐化，甚至激化而造成危机。把握实际，就是要把握矛盾发生、发展的时机，在什么情况下容易出现什么样的矛盾，容易发生矛盾的激化或性质的转化，做到心中有数，早作对策；要把握具备了合理解决矛盾的主客观条件的时机，及时提出处理矛盾的方法。

第一，发展经济是正确处理人民内部矛盾的根本方法。当年，毛泽东为了更好地解决人民内部矛盾，曾经发出了“团结全国各族人民进行一场新的战争——向自然开战，发展我们的经济，发展我们的文化”的号召。当前，新形势下的人民内部矛盾与经济利益的关系更为密切，这就更需要我们把发展经济作为正确处理人民内部矛盾的根本方法。在我国社会主义初级阶段，社会的主要矛盾是人民日益增长的物质文化生活需要同落后的社会生产之间的矛盾。解决这个矛盾的根本途径，就是大力发展生产力，也就是要毫不动摇地坚持以经济建设为中心的方针。只有发展经济，才能为解决人民内部矛盾提供必要的物质基础，满足人民群众不断增长的物质文化需求，缩小城乡之间、不同区域之间、不同社会群体之间的利益差距，从而消除或解决现阶段人民内部矛盾产生的诱因。而且，发展经济还能使人民群众看到希望，起到稳定人心、保持社会和谐稳定的作用。改革开放以来，我们党的路线方针政策之所以得到全国人民的拥护，我们之所以能经得起国际、国内各种危机的考验，这都与我国社会生产力迅速发展、综合国力显著增强、人民生活不断改善密切相关。因此，解决我国当前在经济、政治、文化等领域中存在的各种矛盾，构建和谐社会，从根本上说，还必须依靠发展经济。

第二，说服教育是正确处理人民内部矛盾的有效方法。在现实生活中，有许多人民内部矛盾是因为不同的社会群体对于各种问题的认识不同而引起的。

因此，只能通过思想政治工作，运用说服教育的方法来解决。对此，毛泽东指出："凡属于思想性质的问题，凡属于人民内部的争论问题，只能用民主的方法去解决，只能用讨论的方法、批评的方法、说服教育的方法去解决，而不能用强制的、压服的方法去解决。"并把这种方法归纳为一个公式："团结—批评—团结"，而且认为，"这是解决人民内部矛盾的一个正确的方法。"邓小平在1981年重申："从团结的愿望出发，经过批评和自我批评，达到新的团结，这就是正确处理人民内部矛盾的主要方法。"江泽民在《以人民群众为本》一文中也强调："各级领导同志要善于分析各种人民内部矛盾，必须把思想政治工作和其他相应的工作做在前面，做细做实，使群众感到入情入理，感到党和政府是真心诚意维护群众利益、关心群众疾苦的。这样，群众也就会真心诚意拥护我们，积极帮助和配合我们处理好各种矛盾和问题，不断巩固和发展安定团结的大好局面。"可见，我们党的三代领导核心都是把说服教育作为解决人民内部矛盾的有效方法的。这就要求各级领导干部要善于做思想政治工作，既要继承党的优良传统，又要大胆创新，努力掌握思想政治工作的基本知识和规律，探索出一套适应于新形势下人民内部矛盾特点的行之有效的方式、方法来。比如，多下基层，深入到群众中去，通过开座谈会、家访、领导干部接待日等方法来与群众沟通，把党的路线方针政策告诉群众，让群众明白；教育群众，用高尚的理想信念、道德情操教育群众，提高群众的思想文化素质；说服群众，认清长远利益与眼前利益的关系，处理好整体利益与局部利益的关系，不因眼前的、局部的利益而激化矛盾。这样才能加强干群之间、不同的社会群体之间的沟通和协调，为正确处理人民内部矛盾创造良好的思想条件。

第三，法律手段是正确处理人民内部矛盾的重要方法。毛泽东在《关于正确处理人民内部矛盾的问题》中针对少数人闹事问题指出："在我们社会里，也有少数不顾公共利益、蛮不讲理、行凶犯法的人。他们可能利用和歪曲我们的方针，故意提出无理的要求来煽动群众，或者故意造谣生事，破坏社会的正常秩序。对于这种人，我们并不赞成放纵他们。相反，必须给予必要的法律的制裁。"这就明确地告诉我们，法律手段也是正确处理人民内部矛盾不可缺少的重要方法。特别是在党中央提出依法治国的方略后，我们在处理人民内部矛盾时更要注意依法办事，发挥法律手段的作用。一是发挥法律在矛盾纷争面前的公正准绳作用。也就是坚持"以事实为根据，以法律为准绳"的原则，依法判断各种矛盾、矛盾的各个方面的是非。二是发挥法律手段在矛盾排解程序上的规范作用。法律的程序公正是实现实体公正的根本保证。为了实现程序公正，国家专门制定了刑事诉讼、民事诉讼和行政诉讼方面的法律，用以规范这三大诉讼的行为。所以，当某些具体的人民内部矛盾不得不诉诸法律时，只有严格按照法律规定的程序对当事人的行为进行约束和规范，才有利于公平、公正地解决各种矛盾。三是发挥法律手段在社会效应上的教育作用。法律手段的教育功能是由它的本质特征决定的。法律既明确规定了它所保护、鼓励和抑制、禁止的行为，又深刻地指明它所倡导和保护的社会价值观念、道德观念，从而为公民的社会行为提供导向，使之明白什么是受法律保护、可以做的，什么是法律禁止、不能做的。四是发挥法律手段在调整社会关系方面的权威作用。法律具有国家赋予的强制性，具有特殊的权威力量。因此，法律手段在处理那些已经转化为对抗性矛盾，打击那些危害社会安全和他人利益的行为时，就具有极强的制约力，对于防止其他人民内部矛盾由非对抗性转向对抗性具有极强的威慑力。因此，在处理人民内部矛盾时，根据具体矛盾的具体情况，正确运用法律手段也是必要的，这是经济、教育、行政等手段所不能代替的。

缓和、化解人民内部的利益矛盾，首先是要在科学发展观指引下，进一步解放和发展生产力。经济发展了，实力提高了，许多利益上的矛盾就比较容易解决。比如，在经济发展、实力增强的情况下，我们就可以增加投入，加大对收入过低人群的扶持力度；就可以进一步解决好“三农”问题，缩小城乡差别；就可以增加就业岗位，扩大就业机会；就可以加大对西部的开发力度，进一步消除西部地区和东南沿海地区之间的发展不平衡，以及由此产生的不同地区群众在收入、财产分配上的不公平等。缓和、化解人民内部的利益矛盾，其次是要调节好社会不同群体之间的利益关系。调节利益关系，是当前解决人民内部利益矛盾的根本途径和主要手段。调节利益关系的出发点是以人为本，使社会不同利益群体都能享受到改革开放、经济发展带来的成果；其归结点则是逐步化解矛盾，实现社会和谐。这种调节并非像有人所说的是压制一部分人，抬高另一部分人，而是通过经济、法律、政策、行政等多种手段，初步理顺不同社会群体在收入、财产拥有等方面的关系，使这种关系保持在一个相对公平、相对合理的范围内，防止因分配结构失衡而使利益矛盾激化，导致社会的不稳定。

调整利益关系，要特别关注低收入群体和贫困群体的生存状态和生活状况。低收入群体和贫困群体的一部分在城镇，而大多数在农村，尤其是边远农村。农民中虽有较富裕者，但为数不多。农民的生存状态和生活状况之所以较差是因为：一是相对于工业和部分服务业，农业技术含量、劳动生产率和经济附加值都较低，因而收入也普遍较低；二是由于城乡二元结构的存在，城市居民能享受到的福利待遇覆盖不到农民，这就使得农民不但在初次分配上低于其他社会利益群体，而且在二次分配上又拉大了这种距离；三是在相当长的时期内，农民的税收和税外负担较重，勉力承担后，加重了他们的贫困和半贫困状况；四是由于城市的膨胀，农民土地被征用的情况相当普遍，农民失去了赖以生存的土地，而征地的补偿又极不合理，城市化带动的土地增值大部分被地方政府和开发商拿走，农民并没有得到实际好处。以上原因导致农民的收入不但低于那些大老板、大腕明星、大企业高管、其他高收入者，而且也低于从事其他行业的劳动者。改善低收入群体和贫困群体，特别是改善农民的生存状态和生活状况，是调节人民内部利益关系的重点。农民占我国人口的大多数，农业经济在国民经济中举足轻重，农村稳则国家稳，农民富则国家富，农业经济发展则国民经济发展。

党中央多年来对低收入群体和贫困群体一直给予了特殊关怀，制定了多项政策，如扶贫开发、转移支付、加强社会救济、支持慈善事业、完善社会保障、逐步提高最低生活标准等。对于农民的增收减支，中央更是想方设法采取了各种有效措施。“十五”期间，仅中央财政用于“三农”的资金就达到11 300亿元，5年年均递增17%，是改革开放以来支农投入最多、增长最快的时期。中央决定“十一五”财政工作的重点之一是加快农村社会保障制度建设，使广大农民的基本生活和医疗条件得到进一步改善。这些政策措施，将惠及几亿农民及其子孙后代，对于促进农业经济发展，改善农民生活，构建和谐农村乃至整个和谐社会，都将发生重大而深远的影响。

胡锦涛同志在阐述和谐社会的内涵时讲到，我们所要建设的社会主义和谐社会，应该是民主法治、公平正义、诚信友爱、充满活力、安定有序、人与自然和谐相处。可见，和谐社会是一个经济良性运行、社会有序发展、人际和谐相处、人民安居乐业的社会。这样的社会正是广大人民群众所由衷向往和急切期盼的。但是，和谐社会并不是无矛盾的社会，构建和谐社会的过程更不是无矛盾的过程。矛盾无时不在、无处不在。毛泽东同志说“一万年以后也会有矛盾。世界再变也不会使矛盾消失，改变的只是矛盾的性质和表现形式”。明确这一点很重要，这也正是《关于正确处理人民内部矛盾的问题》一文的精髓所在。当年，毛泽东同志在我国社会主义制度建立后发表此文，目的正是为了告诫全党：社会主义制度的建立，不等于社会矛盾的消失，在新形势下社会矛盾变得更复杂，更需要我们去正确认识和妥善处理。现在当我们重新学习《关于正确处理人民内部矛盾的问题》时，深感该文的一系列论断仍有强大的生命力，毛泽东提出的正确处理人民内部矛盾的任务，至今仍需要我们付出很大的努力去实现，并且由于旧矛盾消失了，新矛盾又会再产生，这将是一个绵延不断、永无穷尽的过程。可以说，正确处理人民内部的矛盾，在今后一个相当长的时期内始终是我国经济、政治、文化、社会生活所必须面对的主要课题。对此，我们应有清醒的认识和足够的思想准备。

二、构建有效的农村矛盾化解机制

（一）整合农村社会的利益均衡机制

利益均衡机制的建立和完善，需要以公平为价值取向，整合农村社会各阶层利益并使其达到均衡，同时寻找与动力机制（以效率为价值取向）之间的有效平衡点。转型期农村不同利益群体间的关系，更多体现为共谋群内公共问题、对外联合争取公共资源、有利条件。如何扩大和优化共享利益是利益均衡机制的出发点和归宿。利益均衡机制主要包括利益表达机制、利益协调机制和利益补偿机制。城乡利益均衡机制的建立有赖于城乡经济社会协调发展、城乡利益分配的逐步均衡化、城乡社会体制由二元向一元转变等制度措施。建议当前主要从以下三方面来构建农村内部利益均衡机制。

首先，要在农村建立健全的利益表达机制。利益表达机制是利益均衡机制的基础前提，当前急需加强农民利益表达主体（民间组织等）的培育、利益表达制度建设、利益表达渠道建设、利益表达监管制度、利益表达方式、农民参与文化建设等方面的工作。针对传统上农民利益表达渠道少、功能退化等突出弊端，确保农民利益表达机制的畅通，可借助电子政务公共服务系统，构建多元、开放、互动的农民言语表达及传输系统，完善相应的操作规则和流程。同时，要有科学民主表达的配套制度设计，以实现农民利益表达的理性化、有序化和有效化，避免他们长期积累形成矛盾的突然爆发，并造成不必要的损失和负面社会影响。因为农民利益的表达不是随意的表达，更不是无序的表达。

其次，要构建有效的利益协调机制。农村矛盾的难点就是利益的协调问题，利益问题也是催生农村矛盾最为直接的动因，所以通过利益协调实现利益的均衡才是避免农村矛盾发生的根本。当前，可选取一些地区进行农村不同利益群体之间、农民利益群体与政府和其他利益群体之间实施集体谈判制度的试点工作，也可建立不同农民利益群体间的定期与不定期的对话制度，协商彼此间存在的各种矛盾和冲突，寻求相互间的合作。在农村基层，可通过制度化的民主方式来实现基层内部利益关系的协调。如有条件的农村，可将各个村民小组划分为不同的利益单元，每组按人数的多少推选出适当比例的利益表达代表，由村委会主任任组长，定期召开代表大会，村委会负责将每期讨论的话题整理成文并以广播或者公告的形式传达给群众，重建农民协会，让群众讨论最后决议。

最后，民主基础上的利益协调机制还需要利益补偿机制和相关政策的配套。有效的利益协调通常情况下意味着多数人获益多、少数人让步多。因此，对于让步多的利益群体应有相应的利益补偿机制，利益补偿可以由中央和基层政府共同完成。多元利益协调可能会出现不可控局面，强势群体可能利用手中的权力、资源、地位等排挤弱势群体的利益维护，所以还需要国家制定相应的利益协调制度和规则，确保各个阶层利益维护的合法化、公开化和规范化。

（二）构建科学的矛盾预警和处理机制

科塞的社会安全阀理论为我们开拓了化解矛盾的视野，也为我们创新矛盾化解技术提供参考。社会安全阀机制是指社会中存在的一类制度或习俗，作为解决社会冲突的手段，能为社会或群体的成员提供某些正常渠道，将平时蓄积的敌对、不满情绪及个人间的怨恨予以宣泄和消除，从而在维护社会和群体的生存、维持既定的社会关系中，发挥“安全阀”一样的功能。该机制具有社会减压、社会报警、社会整合、社会创新四个功能，可以给人提供释放对社会不满情绪的合法冲突机制，一定程度上可以起到转移矛盾焦点，避免矛盾积累作用。要构建类似于“社会安全阀”的矛盾预警机制，需要在信息预警（信息收集的及时性和准确性）的基础上，构建较为完善的矛盾预警体系。

第一，要在思想上高度重视矛盾预警与处理机制。针对当前农村矛盾事件中一些“无直接利益冲突”的现象，一定要对其保持高度的警觉，万州事件等的处理足以显现政府的高度忽视。

第二，要营造多元化解决机制，从道德、伦理、法律的视角寻求最大限度的社会公平、公正，政治和行政力量为主的一元机制需要让位于经济和法律力量为主、政治行政和意识形态为辅的多元机制。

第三，需要建立健全矛盾应急组织体系和保障体系。建议各地在设立应急组织的同时，要有配套的问责制度和监督制度。要在提升农民群众参与意识的同时，建立相应的研究矛盾的团体或者机构，定期对农民代表进行访谈并对基层自治组织进行调研，通过综合测算矛盾的冲突强度、暴力度、发生频率等，将矛盾分成不同的级别，及时递交给当地政府或者上报中央。对于群体性上访事件，要在疏导的同时规范相应的上访程序，要重视上访的警示作用。

第四，农村干部和公务人员要深入农村实际，要了解农民阶层的新动向、新观点、新需求，将与工作有关的农村矛盾信息收集、对事件当事人的合理疏导和矛盾处理纳入干部和公务人员的岗位职责，并进行规范化考核。

第五，要适时建立和完善网络预警体系，充分利用其快速、便捷等优点，为及时纠正损害农民利益行为创造有利条件。

第六，要努力营建化解农村矛盾的替代性纠纷解决机制，这不仅要落实到法治领域，还要推广到所有与人民切身相关的领域。对于矛盾预警和处理的对接，我们主张构建中立的第三方调节机制。第三方由农民协会来承当，为了维护第三方的完全中立，协会成员可以由历史清白、经验丰富、名声好且又愿意为农民说话的农民担任，他们之间不设负责人，常务理事可以由成员轮流担任，所有事务均采用民主投票来表决，他们的队伍要精简，少数代表性的农民加入即可。他们起到沟通农民和政府的桥梁作用，并在一定程度上影响基层政府的作为，中央政府应该赋予他们足够的话语权，使他们能够畅表民意民情。

（三）民主协商和宣传教育机制

没有民众的参与，就没有民主。没有绝大多数民众的参与，就没有健全的民主，提高农民的政治参与意识是民主协商的前提条件。农村可以试行浙江温岭的村民民主恳谈制度，在改善农民群众与基层干部关系的基础上，拉近两者的心理沟通，消除农民政治参与的恐惧感。有条件的农村可以组建由民主选举的农民代表组成的调解委员会，专门负责群众内部的沟通和协调。村委会可以下设专人负责宣传，将农民的思想、意见、建议整理成文以广播或者海报的形式公布于众，赢得群众的信任。民主协商追求的是政治层面的平等、公平和正义，而宣传教育则要担当起三重角色，要成为农民群众和基层干部沟通的信使，要力图消除东西文明冲突造成的农村意识形态的扭曲，还要培育农民的“公共精神”和“社会责任感”。要利用宣传使马克思主义意识形态得到巩固，利用中国特色的社会主义先进文化引领人民的思想观念，树立社会主义的荣辱观。要在坚持团结—批评—团结的原则上，不断地总结农村的问题和现象，不断地契合农民群众的信仰，不断地优化农村社会的风尚。

（四）县（州）、乡（镇）、村（居）三级矛盾纠纷排查调处机制

进一步建立健全县、乡（镇）、村（居）三级矛盾纠纷排查调处网络，形成县、乡（镇）、村（居）三级防范调解机制，实行分级负责、归口调处，坚持一级抓一级、层层抓落实的负责机制，坚持抓早、抓小、抓苗头，防止矛盾

纠纷激化，把矛盾纠纷化解在基层。按照“村（居）、乡（镇）、县农村矛盾调解指挥中心”的模式建立以人民调解为主体的农村矛盾调解网络。

一是矛盾调解以村为主。突出村（居）调解委员会在农村矛盾调解中的主体地位，把农村矛盾调解工作的重点放在村内。

二是跨村协调以乡（镇）为主。跨村矛盾大多数会引发群体性事件，由乡（镇）调解委员会负责调处。乡（镇）调节委员会在获取村级农村矛盾调节组织信息反馈后，立即把情况报告给当地乡（镇）党委和政府，当地乡（镇）党委和政府根据情况，立即安排人员进驻事发地点，了解情况，进行调处。

三是突发性事件、重大疑难纠纷的调处以县农村矛盾调解指挥中心为主。县农村矛盾调解指挥中心负责农村矛盾调解的宏观指导，同时，对于县域内出现的各种突发性事件、重大疑难纠纷，负责召集相关乡镇、相关部门召开联席工作会议，进行协调处理。

三、化解社会矛盾的内容

（一）加强农村思想文化建设，为构建和谐农村提供精神动力和智力支持

一是加强农村基础教育和科技教育，提高农民科学文化素质。大力加强农村基础教育提高新生代农民素质。同时也要加强科技教育，对已经成为劳动力的农民进行职业技能培训。要建立多层次、多形式、制度化的农村成人教育体系，利用农民夜校、科普展览、知识讲座等组织农民免费学习社会科学知识、现代科技知识和市场经营本领，使他们有一技之长，使他们的自身素质、谋生能力得到提高。

二是坚持不懈地开展科技、文化、卫生三下乡活动，多为农民送精神食粮。有关部门要精心组织、坚持不懈地开展科技下乡活动，在农村普及科普知识。要坚持不懈地开展以送戏、送电影、送图书为主要内容的文化下乡活动，为广大农村、边远地区送去精神食粮，丰富农民的文化生活。要坚持不懈地开展卫生下乡活动，送医送药到农家，解除农民的病痛。

三是抓住地方历史文化品牌，举办群众性文化活动。丰富农民群众的业余文化生活大力发展健康有益、丰富多彩、形式多样、具有乡土气息的群众文化活动，引导农民崇尚科学、反对迷信，营造良好的农村新风尚。同时要抓好农村文化阵地、设施和队伍建设。第一，在农村基层培养一批适合农村的本土文化、了解农村而又对农村有感情的人才。第二，提高农村人才待遇，吸引优秀人才去农村发展，尤其要鼓励大批农业大学毕业生和优秀文艺人才去农村发

展，让他们到农村传播先进的科学文化知识。第三，建立合理的农村文化人才流动机制。定期派部分农民到发达地区和城市参观学习，了解、接受先进的知识和文化，有条件的地区可派他们去高等院校和科研院所进修学习，还可以选派城市优秀的文化传播者和文艺团体定期到农村服务，把文化、文艺、科学知识由上而下输入农村，这样做既可以节省资金又能达到文化传送的目标。

四是加强对农民的思想道德教育，规范农村社会道德行为。从社会公德、家庭美德等方面的教育着手，努力做到家庭和睦不拌嘴、孝敬老人不忤逆、崇尚科学不迷信、移风易俗不浪费，建立有农村特色、适合基层操作的日常行为规范和村规民约，形成文明礼貌、诚实守信、遵纪守法的公民道德风尚。此外，还要大力开展社会主义荣辱观教育。引导农民树立爱国主义和集体主义思想，发扬艰苦奋斗、自强不息的优良传统，促农村形成团结互助、扶贫济困、平等友爱、融洽和谐的良好风气。

（二）推进农村民主法制建设，为构建和谐农村提供政治保障

一是大力加强农村普法教育，提高农民的法制素质。针对农村居民量大、面广、流动性强等特点，要采取融教育、管理、服务为一体的综合措施，解决农村普法教育难的问题。在农村广泛进行以“学法律、讲权利、讲义务、讲责任”为主题的法制宣传教育，使法律真正走进农村、走进社区、走进基层，让广大干部群众真正懂得，既要讲权利、维护合法权益，又要讲义务、承担相应的法律责任。

二是改进干部工作作风，密切干群关系。加强对干部特别是基层干部的教育，教育他们克服官僚主义、形式主义，克服简单粗暴的工作作风，学会做群众工作，学会调查研究，体察村情民意。教育干部牢记党的宗旨，树立全心全意为人民服务的宗旨。关心群众疾苦，关心群众生活，帮助农民解决实际问题，帮助农民办实事，帮助农民找致富的好路子。

三是大力开展“民主法治村”建设，实行政务公开、村务公开和民主管理。在民主法治建设中，突出四民主、两公开（民主选举、民主决策、民主管理、民主监督；村务公开、财务公开）建设，全面深化依法治村工作。凡是群众关心的问题都要尽量及时公开，提高群众对重大决策的民主参与程度。必要时，举行民主听证会，使村民参与村务日常管理，落实好税费改革、征地拆迁各种补偿款发放工作，真正做到给群众一个明白，还干部一个清白。

（三）提高社会对农村的支持和关注度，支持农村社会事业发展

一是拓展农村社会保障事业，切实为农民解决后顾之忧。各级政府要按照

城乡统筹发展的要求，逐步扩大公共财政覆盖农村范围，加大公共财政对农村社会保障事业的投入，使广大农民学有所教、劳有所得、病有所医、老有所养、住有所居。健全农村最低生活保障制度，逐步提高低保标准，实现应保尽保。积极探索建立农村养老保险制度。在巩固村干部养老保险的基础上，稳步推进，优先解决伤残退伍军人、失地农民、纯二女户的养老保险和困难补助问题，将稳定就业的农民工纳入城镇职工基本养老保险，待条件成熟时，将农民全部纳入养老保险体系。完善农村社会福利设施配套建设，实现每个乡镇有一所设施齐全的敬老院，并逐步办成社会福利服务中心。

二是积极发展农村卫生事业。继续推进新型农村合作医疗制度，建立完善便民利民运作机制，增加政府的投入，不断提高筹资水平和医疗保障水平。加强以乡镇卫生院、村卫生站为重点的农村卫生基础设施建设，实行乡村卫生补助制度，健全农村三级医疗服务和医疗救助体系，方便农民看病，解决贫困人口医疗问题。推进医疗卫生进村，开展送医药下乡活动，普及医疗卫生保健知识，提高农村防病治病和保健水平。

三是建立健全“工业反哺农业、城市支持农村”的长效投入机制。开展“百企牵百村”活动，鼓励有实力的企业采取产业带动、合作开发、直接参与、智力帮扶、公益捐助等多种形式，与新农村示范村合作共建，利用企业的人才、资金、技术、市场和管理优势带动企业和农村的发展，改善农村生产生活条件，并通过反哺农业，培育具有地方特色、市场竞争力强的优势产业、优势企业和优势产品，不断提高农村工业化水平。坚持“多予少取放活”的方针，重点在“多予”上下工夫，扩大公共财政覆盖农村的范围，建立健全财政支农资金稳定增长机制。

四是加强农村生态环境、资源的保护工作，促进农村的可持续发展。第一，加强农村环境保护和生态建设宣传教育工作，提高各级政府及广大农民的环境保护意识，使村镇两级基层干部在招商引资工作中不因为追求政绩而引进污染环境的项目。第二，合理开发利用环境资源，加强污染治理工作。加强对矿场、石场和海洋渔业等各种资源的合理开发利用和监管，加强对污染河流、河涌等的截污整治工作，加快对采石场和废弃矿山的复绿工作。第三，抓好村庄规划整治，努力改善农民生产生活环境。坚决落实“省管到县、市管到镇、县管到村”的规划管理制度，加快村庄规划编制工作。按照村容整洁、生态良好的要求，结合建设绿色生态惠州和创建生态示范村活动，大力推进“五改五建”（改路、改水、改房、改厕、改灶，建文化室、建卫生站、建风景林、建客运点、垃圾收集点）和“三清三化”（清污水、清淤泥、清路障，卫生洁化、家庭美化、环境绿化），重点整治“脏乱差”。不断完善农村公共基础设施，着力解决制约农民生产生活的实际问题，改善农村人居环境。

（四）加强法治建设，依法化解农村矛盾

一是各级领导必须引起思想足够重视，增强群众观念，切实改进作风。在我们国家，建设社会主义法治国家已昭示于宪法之中，民主法治社会已成为我们奋斗的理想。但我们应看到，法律法规也好，政策规定也好，其贯彻执行，都要依靠人去具体操作，依靠人来践行法律的公正，同样一部法律，在品德高尚、清正廉洁、素质好的执法者手里是惩恶扬善、匡扶正义之剑，而在品行不端的执法者手里则成为助纣为虐的帮凶。所以一个执法者，尤其是领导干部，其品行端正是践行公正执法的根本保证。各级领导和执法人员对于法律法规、政策规定的正确理解和执行，对于加强法治，妥善处理好农村矛盾纠纷十分重要。

因此，各级领导干部必须从思想上引起足够的重视。古人云：“衙斋卧听萧萧竹，疑是民间疾苦声”，我国古代的清官尚能关心人民群众的疾苦，我们共产党的各级干部更要以服务人民群众为根本的出发点和落脚点，这就要深入基层，深入到群众中去，认真倾听群众的意见和要求，坚持善听民声、善纳良言、善思民想、善解民怨、善体民苦，透过民声洞察社情，及时发现矛盾纠纷，积极进行化解，提高工作质量和效率，维护好人民群众的合法权益。对于已出现的矛盾纠纷，必须严格按照国家的法律法规及党和政府的政策规定办事，对于那些违反法律法规和政策规定，损害了群众切身利益的事情，要敢于处理，使人民群众的诉求得以解决。同时，又要积极向人民群众宣传有关法律法规和政策规定，耐心解惑释疑，增强他们法律意识，增强全局观念，提高思想文化素养，绝不做违法的事情，以积极的态度处理好各种矛盾纠纷，促进社会和谐。致于因办公益事业而有损相关人员某些利益的小事，要引导他们讲风格、顾大局，不应拘泥于那些不关痛痒的小问题，支持办好公益事业。这与开展法治建设也是一致的、不矛盾的。

二是加强对弱势群体的法律缓助。农村中未成年人、老年人、妇女以及那些文化程度比较低、见识少的农民等，这些弱势群体在与损害人（法人）产生矛盾纠纷时，由于取证难、举证难，甚至连书面的材料也无法撰写，起诉时往往处于不利的地位，尤其是对于一些因不懂而签定了各种买卖合同、转让合同、担保合同等而上当受骗，权利被侵害致使其倾家荡产，返贫的现象时有发生；也有的每当向有关领导和公务人员反映纠纷情况时不知所云，无形中使自己处于劣势，如果不对其予以法律缓助，他们的合法权益就得不到保护。加强对于弱势群体的法律援助是十分必要，而且是很有意义的。第一，要抓认识。各级领导，尤其是党委、人大、政府和司法的各级领导及机关的同志，应加深认识法律援助是民主法治健全、社会文明进步的重要体现，法律援助作为一项旨在调配公共资源保护弱势群体合法权益的法律制度，集中体现着一个国家民主法治的基本水平，这一制度是维护社会公平正义，尤其是维护司法公正的重要手段。法律援助旨在既维护和保障困难群众和特殊刑事案件当事人平等享受法律保护的权利，最大限度地保障公民在法律面前一律平等，又平衡了争议纠纷双方的诉讼能力，更有利于保障司法公正的实现。法律援助事业的推进，是实现弱势群体生存权、平等权、发展权等公民基本权利的必然要求，是落实人权的重要体现，是把为人民服务的根本宗旨落到实处，造福于人民群众的具体行动，这不仅有利于弱势群体的利益保护，也为有序化解矛盾纠纷，维护良好的社会稳定秩序提供了服务保障，从而增强对弱势群体进行法律援助的主动性和责任感。第二，要抓宣传。要进一步增大宣传力度，为法律援助工作营造良好的社会氛围。要着力拓展宣传的广度和深度，深挖媒体资源，以案说法，突出宣传法律援助扶贫助弱、伸张正义的社会效果，以争取社会各界的广泛理解和支持。要着力宣传典型、推广经验，从而激励法律援助工作者的职业荣誉感和工作积极性，为法律援助工作者营造更好的社会氛围。第三，要抓制度。要加强制度建设，建立和完善法律援助科学运行长效机制。建议政府要进一步加快法律援助工作的规范化、系统化、制度化进程，制定和完善明确、具体、全面的规范性指导意见，以制度的形式进一步明确政府及其各有关部门的职责，完善法律援助工作协调机制。着力健全完善包括法律援助范围标准、操作规程、办案补贴标准、案件质量监管及责任追究等方面的法律援助工作管理体系。笔者认为，由于有关方面对紫金矿业溃坝案中被损害的老百姓这一弱势群体大力进行了法律援助，致使信宜市人民法院对该案有关事项进行 一审公开开庭时，信宜紫金矿业有限公司的总经理王辉等 6 名管理人员对被控重大责任事故罪当庭认罪。搞好法律援助，使审案比较顺利进行的这一经验是很值得宣传和借鉴的。

三是强化人大对司法的监督，保障弱势群体得以平等的司法保障。人大及其常委会要在监督开展对弱势群体法律援助方面有新的作为，从而惩治和防止司法腐败，以提高司法的公正度，促进解决那些漠视群众诉求，违背群众立场，侵犯群众利益，伤害群众感情等问题，使之更为有效地保护弱势群体的权益，更好地化解农村的矛盾纠纷，保障社会稳定。

四是突出抓好行政法治，确立有告必理的原则，防止行政不作为。处理农村矛盾纠纷，尤其是处理关于土地、水利、山林、宅基地、劳资、劳务等方面的纠纷，大量属于行政执法的问题。所以，必须突出抓好行政法治。行政法治原则是法治的基本要求，是法治建设在行政执法活动中的具体体现。行政法治原则不但要求国家行政权的确立和行使必须有宪法、法律法规的依据，而且还要求行政主体在行使行政职权时要严格遵循宪法和法律法规。这就要确立好有告必理的原则，防止行政不作为。行政不作为，其主要表现是老百姓“告状难”，这种现象的存在，对于弱势群体合法权益的维护是十分不利的，那么，行政执法机关和人员，必须做到积极主动执法，对于弱势群体应强化保护意识，坚决克服形形色色的歧视性执法，保证弱势群体的权益免遭权力滥用的侵害，这样才能有效地妥善处理好农村各种矛盾纠纷，才能更好地体现出法治，这样才能把建设幸福农村得以落实。

第十七章　新疆农村土地承包经营与规模经营协调的其他政策支持

新疆农村土地承包经营与规模经营协调，需要系统的政策体系支持。除法律、财政、金融、土地制度改革和社会矛盾化解政策支持外，其他政策支持在本章论述。

本章研究借鉴了哈力克孜·吾甫尔、许建民、陈安国、孙慧波、薛贺香、金鑫、温红梅、宁爱凤、黄慧芬等学者的研究成果。

一、加强农业基础设施建设

加大农业物质装备的投入，改善农业生产环境，对农业生产技术效率的提高有重要作用。兴修水利、电站，建网络等加大农村城镇化的进程。基础设施作为非排他性、非竞争性的公共物品，国家和各级地方政府应加强这方面的投入，并且也可以通过制定相关法律制度、优惠政策和各种奖励政策，鼓励社会资本投入到基础设施建设中来。

农业基础设施的建设具有“乘数”效应，着力改善农业基础条件，增强农业抵御自然灾害的能力，提高农业综合生产能力，为发展现代高效农业提供重要的基础保障。作为一种公共物品，农村基础设施长期缺失和不足使得务农机会成本过高，农业的弱势性致使粮食生产的积极性不高，影响国家的粮食安全。所以，要多途径地提供农业基础设施的公共服务，加大国家投资的力度；制定相关政策调动社会资源向农业基础设施投资的积极性。

二、发展现代流通业

农村流通业是农业、农村经济新的增长点，是现代农业发展的重要支撑，要发展我国现代农业，提升我国农业竞争力，就需要大力发展农村流通业。

（一）培育壮大农村流通组织，建立多元化的农村流通主体

我国特别是新疆农村流通主体规模小，组织化程度低，造成了农业的小生产和全国市场的大流通之间的矛盾，也制约了我国农村流通业的发展。因此，发展农村流通业迫切需要加快农村流通主体的培育和壮大。具体可以通过建立以大型农资企业为核心的多元化农资流通主体、以连锁超市为核心的多元化农村日用品流通主体和以农业合作社为主导的多元化农产品流通主体来实现。通过发展以大型农资企业为核心的连锁方式，可以用现代化企业和物流方式来改造传统的农村流通组织和流通方式，通过连锁超市等城市大型流通企业将流通体系向农村延伸，整合现有的农村流通组织，而通过农业合作社可以将分散的农户组织起来，提升农户进入市场的组织化程度，培育和壮大农村流通主体，促进农村流通业的发展。

（二）优化农村流通渠道，加快农村信息化建设流通渠道是连接生产与流通的纽带

在新疆农村，相对于城市，无论工业品下乡还是农产品进城，流通环节过多导致流通渠道过长，加之农产品产销信息衔接不畅，使得近几年“卖难买难”的问题频繁发生。优化流通渠道、减少流通环节主要表现在：一是开展农企对接、农批对接、农超对接以及基地配送等各种形式的产销对接；二是发展多种形式的零售业，使零售渠道与批发渠道相结合。在此基础上，搭建农村信息服务平台，促进农村流通业的信息渠道实现多元化，整合各级各部门农村流通信息服务资源，建立信息共享机制。

（三）加快农村城镇化建设，统筹城乡流通体系

长期以来，由于我国城乡二元经济结构的存在，导致我国城乡流通市场发展不均衡。我国农村市场需求分散、批量小、运输成本高，导致大型流通企业不愿在农村设立网点，而农村流通主体大多为小卖部、夫妻店、流动商贩等，规模小、经营分散、集中度低、竞争力弱，严重制约了农村流通业的发展。城镇化的推进，有利于各种生产要素和经济活动向城镇集聚，为统筹城乡流通体系提供空间集聚，便于有效降低交易成本，提高交易效率，发挥规模经济优势，从而激发大型流通企业将城市流通体系辐射至农村的积极性，发挥城镇作

为连接城乡枢纽的功能，改善农村流通业的发展环境，从而促进我国农村流通业的发展。

三、加强农村教育投入

（一）提高农业劳动者的素质，增加农业科技利用效率

2012年中央一号文件明确指出，实现农业持续稳定发展、长期确保农产品有效供给，根本出路在科技，农业科技是农业增产、农民增收、农村繁荣的重要途径。文化水平的高低可以制约一个人对新事物的认知和接受过程。农业劳动者作为农业科技的使用者和接受者，他们的素质在农业科技利用和政策反应中是一个关键因素，所以，应该从教育和培训等方面提高农业劳动者的素质。

农业科技成果的转化最终将服务于农民群体，农民群体的接受和应用水平取决于其知识水平。因此，必须要加强农民群体的知识教育工作。在农民农业科技知识教育上，首先，地方政府必须要进一步加强基础教育工作，加强义务教育普及，使农民能够真正理解农业科技，转变封闭传统的思想观念。其次，地方政府应当联合科研机构和农业企业组建专门的农业科技推广和普及小组，定期向农民群众普及和推广农业科技知识，帮助农民群众解答农业科技方面的困惑，从而提高科研成果在农民心中的地位。此外，还要加强对农村农业科技服务站的建设，加强对农业科技的全方位推广，确保科研成果转化效率，从真正意义上满足地区农业产业发展的需求。

（二）加强农村教育，培育农村流通专业人才

农村高素质人才有利于农业新技术的应用，从而促进农业生产效率的提升，流通方面的专业人才是农村流通业发展的必要因素。当前我国城乡收入差距以及工作环境的差距导致农村人力资本短缺，专业的流通人才更是严重不足，制约了我国农村流通业的发展。因此吸引和培育农村专业的流通人才是发展农村流通业的当务之急。可以说，教育是培育农村人力资本的重要累积机制。加强农村教育培训，在重视农村基础教育的前提下，重点在于农村的职业教育和技能培训，通过建立多层次的教育培训体系，为农村流通业的发展培育熟悉现代商贸流通的专业人才，是促进农村流通业发展的重要途径。

四、加强农业科技建设

（一）加快农业科技投资体制的改革

要实现农业科技创新，进而实现农业的可持续发展，就要从制度上保证农

业科学技术研究所需要的资金和其他必要的资源。传统上农业科技的投入主要是靠政府，然而政府财政投入是有限的，不可能成为农业科技创新长期、稳定、充足的投资主体。因此，我们提出，要建立适应各地区特点的、符合农业科技创新活动要求的多元化农业科技投资体制。一方面，农业基础科技的研究仍需政府的大量投入，这是由基础研究的特性所决定的。基础研究具有公共物品的性质，难以直接成为技术商品，如耕作技术、植保技术、灌溉技术、养殖技术、育种技术等。然而基础研究一旦取得突破，将会产生极大的“外部效益”，也就是说，尽管基础研究的研究人员不能直接从他的创新成果中受益，然而千千万万的农户没有付出创新成本却得到了收益，大批的应用型农业科技人员也可从中受到启发和帮助。由于基础研究这种特殊性质，政府应从国民经济整体发展和整体资源优化配置出发，加大对农业科学技术研究部门尤其是基础性研究课题的投入力度与政策扶植。另一方面，引导和鼓励民间资金投向农业科技创新的主战场是农业科技体制市场化改革必然的一环，是农业科技投资多元化的必然要求。具体来讲，如下的农业科技应用与开发领域都应该是民间投资的重点方向：农业高新技术研究开发和产业化，农业科技的推广，农田水利建设，农产品仓储，“三农”社会化服务体系和农业信息化等农业基础设施，农业技术转化、推广和服务，农业标准化体系的建立，农业生产、产品贸易和加工流通的规范与研究。目前来看，我国由于农业技术市场不发达，农业科研单位的产权不清晰，农业科技创新的知识产权保护还不到位。因此，民间对农业科技投入的积极性并不高。另外，我国农业生产主要以农户为基础，生产规模普遍较小，农民对采用新技术而增加资金投入的能力有限，受传统习惯和惧怕风险的阻碍，对采用新技术的积极性远没有发达国家的农民高。因此，从总体上看，一般金融机构、企业或农户目前还难以成为农业科技投资的主体，但吸引民间投资的大方向是正确的，在基础性研究项目以外的领域，政府投资逐渐淡出，由民间资本充当主力军是一个总的趋势，在政府的正确的政策引导下也是可以逐步做到的。

（二）加大农业科技投入力度，着力解决科技创新和农业生产脱节问题

众所周知，技术投入总量与经济增长之间存在着正相关关系。目前，我国农业科研投入强度（农业科研投资占农业收入的比重）远远低于世界平均水平，农业科技进步在我国农业经济增长过程中所起的作用仍然较小，我国农业经济增长所依赖的传统的高投入、高消耗、低产出、低效益的粗放型增长方式并没有发生根本性的改变。因此，必须要加大农业科技方面的投入力度，合理

增加农业科研项目的科研立项数量，引导和鼓励企业及民间资金流向农业科技领域，提高对农业生产具有重要作用的综合生产技术项目的支持，并以此带动多学科、多部门间的技术协作；另外，虽然近年来我国农业科技得到快速发展，但农业科技与现代农业发展之间的良性互动关系尚未形成，因此，还要加快解决农业科技创新与农业生产脱节等突出问题，改革传统农业生产模式，积极推进教育和产学研的有效结合，从根本上促进农业生产效率的有效提升。

农业科技成果创新能为农业科技成果转化提供可靠支持。首先，政府必须要明确科技成果对于农业发展的重要性，加大政策支持，制定农业科技成果创新激励政策，鼓励各专业院校和科研机构加强农业科技成果的研究和创新工作。其次，农业科技成果的创新，需要可靠的资金支持做保障。中央政府和地方政府应该加大资金扶持力度，增加院校和科研机构的科研津贴和补助，保证科研工作的顺利开展。对于积极创新的农业企业，应该给予适当的政策支持，如积极提供贷款利息补贴和给予税收减免等，推动国内农业科技成果转化研究工作的开展。

农业科技成果创新和转化，必须要紧紧围绕市场需求，坚持市场导向，提升科研成果价值。农业科研人员必须要深入农业市场，深入探讨和研究市场需求，从市场角度深入分析科研方向。农业技术科研机构和企业必须要摒弃“埋头苦干”的弊病，定期组织市场调研和科技下乡工作，帮助农业科研人员更多地了解市场和农村基层，真正把握市场和农民需求，最终实现科研成果转化效率的提升。

（三）加快政府农业科技推广体系的改革

政府农业科技推广体系强调的是通过执行农业科技推广活动来完成政府的农业发展目标，这套体系有效地拓宽了农户采纳并应用先进农业生产技术的渠道，有力地推动了农业科学技术的进步和传播，为实现农业增产、农民增收和农村发展做出了历史性的贡献。然而，随着市场经济的推进、社会形势的变化和农业生产方式的改进，政府农业科技推广体系在管理、人员队伍、运营等方面都出现了一些问题：一是政府农业科技推广体系仍把农民作为农业技术被动的接受者，不能做到根据农民的科技需求有针对性的提供农业科技服务。二是农业科技推广组织管理落后，没能很好的发挥农业推广人员队伍的先进作用，也没能把技术推广活动与其他农业经营主体很好地结合起来。三是农业科技推广队伍呈现出学历层次偏低，知识断层、老龄化、再教育缺失等一系列的问题。因此，必须加快对现行的政府农业科技推广体系的改革创新，需要对人员结构、经费来源、机构设置等方面进行重点改革，建立一个队伍精干、服务高效、机制完善、体制顺畅，并与其他现行农业科技服务系统功能互补的新型政府农业科技推广体系，以便更好的服务于农业发展。

（四）重视以农民专业合作社为主导的农业科技服务体系建设

要充分发挥农民专业合作社在农业科技服务中的作用，首要工作是要大力促进合作社自身科技服务水平的提升和自身服务能力的建设，这需要良好的外部环境和内部管理来共同作用。姜绍静和罗泮指出构建以农民专业合作社为主导的农业科技服务体系需满足三个前提条件，首先是合作社能正常运转，其次是合作社成员能通过合作社获得一定的收益，最后是合作社要有稳定的资金来源予以支持。所以，为了保障以农民专业合作社为主导的农业科技服务体系充分发挥科技服务的作用，一方面，政府需要提供整体性的指引和构建良好的社会环境。从政府角度出发，一是政府需对合作社的建设加强指导，重视培育和发展合作社，追求数量的同时不忽略质量建设，大力加强对农民专业合作社的宣传，树立先进典型，为支持农民专业合作社发展创造的良好环境和氛围；二是政府要在财政资金方面要加大投入，完善农村信贷政策，可设立对农业专业合作社的专项的信贷支持，来解决合作社融资难问题。另一方面，农民专业合作社需要加强自身建设。从农民专业合作社自身角度出发，首先是要健全合作社的规章制度，并采取相应措施保证这些制度能得到贯彻落实。其次是加强农民专业合作社农业科技人才队伍建设，这是提升合作社农业科技服务水平的有效办法，可以从两个方面着手，一是注重人才引进，二是加强内部人才培训。最后是创建信息化服务平台，在农民专业合作社之间、在合作社与社员之间以及社员与其他农户之间，搭建起能实现资源共享的网络平台，使其在农业生产中更好的发挥作用。

为了进一步发挥农民专业合作社、农产品行业协会等在发展农业生产性服务业中的载体和平台作用，着力解决其发展面临的突出问题，引导其加快发展方式转变，应该进一步完善对农民专业合作社、农产品行业协会的财政和金融支持政策，创新支持方式，加快支持政策的转型。

（五）壮大农村科技队伍，培养一专多能的技术服务队伍

要逐改善从事基层一线工作科技人员的生活条件和福利待遇，强化服务设施建设。积极鼓励高等院校和科研单位人才到基层开展各种技术交流和培训，提高基层农机推广队伍的科技力量。此外，还要加强农技推广人员的技术培训力度，定期召开学习班，保证工作人员更好的沟通和交流。在人才建设和培养

过程中，政府应该做好引导和扶持工作，政府应该联合社会和企业力量，基于农机推广部门必要的办公经费，并要举办多种形式的培训班，壮大农技推广人才队伍，特别要注重基层科技力量的培养。做好农业科技推广工作，是促进经济社会走可持续发展道路的关键。

（六）提高农技推广的装备水平

农业技术推广体系建设水平的高低在一定程度上取决于推广设备是否先进，提高农业技术推广装备水平应该充分利用现代科学技术发展成果，不断完善基础设施建设，重点做好基层农机推广设备建设工作。以发达的信息技术作为主要支撑，加快农业技术推广体系信息化建设，通过政府支持、社会和企业联合帮助，多方筹集资金建设农业监测中心、预警中心和检验中心，不断提高农业技术推广能力和预警检查能力，切实保证农产品安全。

（七）建立完善的科技服务体系

要积极鼓励和支持农业科研单位、农业院校以及涉农企业等多方面社会力量开展农机推广服务工作，要建立多元化的农机推广服务体系，提高农业技术服务质量。政府要进一步加强对基层农机推广体系建设的投入力度，保证农技推广服务工作顺利开展，要进一步规范农机推广机构的管理模式，加大管理力度。这样能够保证农机推广部门和农户之间更为紧密的联系到一起，如此不仅能保证服务到位，而且还能够提高服务质量和效率。还要将农业技术推广服务工作落实到个人身上、专人负责，这样才能调动起服务人员工作积极性，提高整体服务质量。

五、引导社会力量参与、培育多元市场主体

农业生产性服务业涵盖农业产前、产中和产后全过程，包括良种服务、新型农技服务、农资连锁经营、农机作业服务、信息服务、金融服务和农产品加工、物流等诸多方面。因此，必须多主体参与、多要素投入、多形式发展，利用多种渠道和手段吸引产业要素投向为农业提供服务的现代服务部门，推动传统农业向现代农业升级。

一是完善龙头企业发展农业生产性服务业的激励机制。强化对龙头企业参与发展农业生产性服务业的支持政策，鼓励龙头企业利用内部服务能力，开展面向周边农户和区域农业的市场化服务。要创新对龙头企业的支持政策，逐步实现由支持龙头企业直接带动农户，向支持龙头企业通过加强农业服务体系建设间接带动农户转变。

二是发挥农村各类中介组织和专业服务机构的中介服务。引导专业大户、经纪人等农村能人开展项目推介、生产组织、市场营销等多种形式的中介服务，促进生产要素优化配置，激活农产品市场。

六、提高农业国际化水平，助力中国从农业大国向农业强国转变

改革开放以来，我国农业的快速发展，给农村经济带来历史性的巨大变化，但在经济国际化的大背景下，我国只能算作一个农业大国，还不是农业强国！提高农业国际化水平，进而提升农业的国际竞争力是中国从农业大国向农业强国转变的必经之路。一方面，要进一步加快农业结构调整和农业产业化步伐，加强与世界其他国家农业经济的联系与合作，扩大农产品出口；另一方面，还要逐步加大对农业金融政策的支持力度，加快农业的现代化和市场化进程，使中国农业高质量地融入到世界农业大市场中，逐步提高农业和农村经济的整体素质和效益，助力中国从农业大国向农业强国转变。

第十八章　结论与建议

本研究总结了国内外众多学者对农村土地规模经营的研究成果，选取新疆阿克苏地区农村土地规模经营作为典型案例，对样本农户进行了实证分析。在农村土地适度规模经营理论框架的指导下，通过对政府统计报告数据和实地调查所得到的第一手资料的整理分析，适用农业生产函数计量经济模型测算出了阿克苏地区农户农村土地的适度经营规模，并在此基础上得出了影响农户农业生产收益的主要因素及其影响的程度。在理论研究和对阿克苏地区实证分析的基础上得出在当前条件下新疆地区农村土地规模经营的思路应该是：在坚持我国农村基本土地制度家庭联产承包责任制和农户自愿、平等、有偿的基本前提上加快土地的有效合理流转，大力扶持种植经验丰富并有一定资金和技术实力的种粮大户并使其土地经营达到适度的规模，根据新疆不同地区的自然地理状况和社会经济发展情况开展农村土地的适度规模经营，达到增加农民收入、提高农民生活水平、加快农村地区经济结构调整、促进新新疆经济和社会发展的最终目标。同时，为了达到这个目标，必须有一系列政策支持。

一、研究的主要结论

（一）农村土地的适度规模经营是新疆农业发展的方向

农业生产力水平的提高推动农村土地向适度规模化方向发展。规模化经营的发展趋势不仅有坚实的理论基础，国外和国内部分地区的农村土地适度规模经营生产也从实践上证明了规模经营的可行性及必要性。要提高我国的粮食产量、增强粮食安全、增加农民收入就必须实行农村土地的适度规模经营。家庭联产承包责任制在很大程度上推动了我国农业生产的发展，提高了农民的生产积极性，但随着我国农业生产力水平的提高和我国产业结构的不断优化调整，家庭联产承包责任制的弊端也在不断的出现，在一定程度上造成了农村土地的分散、细碎化现象严重，不利于农业生产的机械化发展，影响了农业先进技术的推广，最终会对农村土地的生产效益产生影响。农村土地的规模经营是我国现代农业的发展方向，只有实现规模经营才能显著提高农业生产效率。在实行农村土地的规模经营的同时，也要注意经营规模需要有一个适度值。要在结合当地自然、经济、社会等方面的条件下，计算该地农村土地的适度经营规模面积，在不同的地区由于经济社会发展水平、农业技术的推广以及农村劳动力素质等因素的影响其适度经营规模的土地面积也是不同的。农村土地经营规模过大或者是过小都会对当地农户进行农业生产的收益产生影响，因此，在进行农村土地的规模经营前对适度经营规模面积的确定具有重大的意义。

（二）大力发展种粮大户规模经营是促进新疆农村土地规模经营的重要模式

农户作为农业生产的主体对农业经济的发展产生重要的影响。农业生产的特殊性要求从事从业生产的农户不仅需要具备现代化的科学的管理素质，而且需要农户拥有长期从事农业生产的实际务农经验以及对各种风险的预见能力和开拓创新精神。随着我国产业结构的调整，第一产业在国民经济中所占的比重不断下降，第二、第三产业的不断发展壮大吸引了大量的农村劳动力，留下很多老人或者是伤残者继续在农村耕种土地。这不仅不利于我国农业生产的发展，也造成了很多留守儿童、失独老人等社会问题。青壮年作为农业生产劳动力的重要来源，劳动能力强，学习能力较强，只要当地政府或村集体重视对他们的培养，增强从事农业生产的文化知识，提高农业生产的能力和水平，可以使当地的农业劳动力资源得到很大的开发。劳动力素质的提高不仅可以使使种粮大户充分发挥其知识水平，而且有利于农业先进生产技术的推广和传播。通过典型示范带动作用，可以提高当地农业的整体生产能力，推动农业生产的发展。

（三）发展新疆农村土地适度规模经营需要政府加大对农业的投入力度

由于农业生产受地理位置、自然条件等不可控因素影响比较大，因此农业投资的回报率不及其他产业。资本具有逐利性，总是流向收益率高的地方，这就在客观上造成了我国农业投资不足的问题。民以食为天，粮食不仅是人类赖以生存的物质基础，也为其他产业的发展提供了原材料供应。政府工作人员作为人民的公仆，要高度重视农业生产的发展，保重国家的粮食安全，为国民经济的发展提供坚实的物质保障。因此，要提高农业生产能力需要政府不断加大对农业生产的投资。对于农业生产中投资数额大、建设周期长、农户受益时间长、受益范围广的固定投资需要由政府完成。投资数额小、投资期限短、投资收益回报快的项目可以由农户投资，充分调动农民的生产积极性，增加农民收益。只有这样才能使农业生产的物质条件得到改善，推动农村土地的规模经营，促进农业和农村经济的发展。

（四）新疆农村土地流转的进程不断加快，但存在明显差异

新疆农村土地流转的进程不断加快，方式呈现多样化，参与的农户不断增多，但是受地区间土地资源分布、农业发展水平、经济发展水平等方面的影响，土地流转在规模和收益上存在明显的区域差异，在方式和对象上具有各自的地域特色。新疆土地规模经营在土地流转的基础上，发展了种粮大户、农民专业合作社、土地股份合作社和公司化经营等实现方式。

（五）农户认识不到位、意愿不强烈是阻碍新疆土地流转的主要原因

在新疆农村土地规模经营在发展过程中，依然存在农民思想认识不到位，影响土地流转的积极性；土地流转规模小且分散，难以形成稳定和持续的规模经营；规模化经营的基础条件和服务机制不完善；缺乏监督管理，土地利用效率低，无法发挥规模效益的问题，这些问题成为今后新疆农村发展土地规模经营时需要重点解决的问题。新疆农户土地流转的整体意愿也不高，调查中愿意流转的农户数量不足一半，还有相当一部分农户虽然参与了流转土地，但是实属无奈，参与到土地流转的农户大多是转出土地。文章从农户自身角度出发，通过经济计量模型对新疆农户土地流转意愿的影响因素进行实证分析得到：文化程度、非农业收入、对国家政策的关注程度和社会保障状况这些因素对新疆农户土地流转意愿的影响显著，而年龄、家庭总人口、人均耕地面积这些因素的影响不显著。

（六）不同土地规模经营实现方式表现出不同农业生产效率

通过对新疆 4 种土地规模经营实现方式进行理论介绍和实际案例分析，得出 4 种方式的不同绩效表现。种粮大户通过扩大土地规模实现规模经济效益，为实现土地资源的可持续发展，能更好的保护生态环境；农民专业合作社组织农户统一生产经营，克服单个农户面临的风险和困难，农民增收显著，对生态环境的保护作用也相当明显；土地股份合作经营操作复杂，存在的风险较大，农户参与的积极性不高；公司化经营方式在吸收农村剩余劳动力方面的作用最大，以经济利益最大化为主要目标下的环境保护力度较弱。

（七）开展土地规模化经营必须坚持农户家庭的主体地位

以家庭为主体的模式适应新疆农村生产力的发展要求，在现代农业的发展

过程中，其作用仍然不容小视，而且现代种粮大户的经营模式与传统的家庭经营存在根本的区别，在农户知识水平、农业机械化和科技水平上都具有先进性，是现代农户发展的必要保障。

（八）区域发展水平、农民受教育程度、土地流转价格等是影响农户土地流转意愿的主要因素

区域经济发展水平对农户土地规模经营意愿有一定的影响，区域经济发展较好的地区，农户收入来源多元化，因此更愿意缩小土地规模，区域经济条件较差的地区，农户收入来源单一，对土地的依赖性较强，农户更愿意扩大土地规模；受教育程度高的农户由于接受新事物能力强，非农收入所占比重高，所以更愿意缩小土地规模；土地流转价格对农户土地规模经营意愿的影响较为显著：土地流转价格越高，农户扩大土地规模的成本会增加，因此，更愿意缩小土地规模，这样既可以获取较高的土地流转收入，还可以外出务工获得更多的非农收入。与之相反，土地流转价格越低，农户更愿意扩大土地规模；家庭人数较多的农户更愿意缩小土地规模，原因是农业比较收益低，家庭人数越多，农户更希望通过从事二三产业来增加总收入，这样土地就会成为外出务工的负担，因此这些农户更愿意缩小土地规模；大部分农户对土地规模经营的预期都较好，其中一部分农户认为扩大土地规模会降低平均成本，总收入会增加，因此更愿意扩大土地规模，还有一部分农户认为缩小土地规模可以使自己有更充足的时间外出务工增加非农收入，因此更愿意缩小土地规模；非农收入所占比重高的农户对土地的依赖性较弱，更愿意缩小土地规模或者保持土地规模不变；雇佣农工成本越高，农户规模经营的总成本就会增加，因此，农户扩大土地规模经营的意愿就会降低；新疆农村土地发挥着一定的社会保障功能，虽然国家近几年采取了新型农村养老保险、农村合作医疗等措施，但是这些保障措施的力度有限，很多农民还是不会因为有这些惠农措施而缩小土地规模。

（九）农户自愿和非自愿参与土地规模经营，效果存在差异

自愿参与下，农户入股土地到农村土地股份合作社后，参与户由于将土地入股给专业合作社经营，自己外出打工，因此参与户相对于未参与户而言，人均纯收入、人均务工收入、人均分红收入都显著提高。相应的人均种植业收入大幅下降；新疆农户的政策性收入主要是根据承包耕地面积给予一定的种植补贴和良种补贴，另外 60 岁以上老人有养老保险收入，这些政策性收入与农户是否将土地入股到农村土地股份合作社没有关系，因此参与户和未参与户的人均政策性收入差别很小，而且随着国家惠农政策实施力度的不断加大，政策性

收入也是不断增加的；年龄大的农民外出务工意愿较小，并且种养经验丰富，更擅长从事种植和养殖方面的工作，所以人均种植收入和人均养殖收入较高。另外，由于年龄大的农民在过去分得了较多的土地，土地补贴收入较多，从而人均政策性收入较高；受教育程度高的农民就业渠道广泛，更容易从事非农产业，因此，人均务工收入和人均纯收入都较高。家庭人数较多的农户由于土地种植收益的局限性，更倾向于从事非农产业，因此人均务工收入较高；无论年龄大与小，受教育程度高与低，只要土地分红收入较高，人们就愿意参与土地股份合作社；劳动力所占比较高的家庭既可以对现有的耕地精耕细作，还可以农闲时从事非农产业，所以劳动力所占比例高的家庭人均种植业收入和人均务工收入都较高；户均耕地面积较高的农户可以将更多的土地入股，可以获得更多的种植补贴，可以获得更多的种植收入，所以户均耕地面积高的农户人均种植业收入、人均分红收入、人均政策性收入都较高。

非自愿参与下，农户参与土地规模经营后，参与户相对于未参与户而言，人均纯收入和人均种植业收入明显减少，人均养殖业收入和人均务工收入增加，但是增加的幅度很小。这是由于当地二三产业薄弱，剩余劳动力不能有效转移，使得参与户的人均务工收入不能显著增加，很多农户养殖经验欠缺和养殖积极性不高，使得养殖收入增加不明显。另外，农户非自愿参与的土地规模经营组织效益不明显，甚至大多处于亏损状态；受教育程度对农户人均纯收入的影响不是很显著，这是由于有些农民虽然受教育程度低，但是他们有的有一技之长，有的非常勤劳，因此，他们通过自己的努力同样可以获得可观的收入；由于新疆不少地区二三产业不发达，很多脱离土地的剩余劳动力长期处于待业状态，不能有效转移，分红收入和政策性收入的多少分别是依据股份合作社的收益和承包土地的面积，家庭人数的多少无关。因此家庭人数越多，人均分红收入、人均政策性收入、人均纯收入越少；户均耕地面积多的家庭人均纯收入、人均种植业收入、人均分红收入、人均政策性收入都较高，但是较多的耕地限制了农民外出的时间，因此人均务工收入较低。

（十）农业生产效率提高依赖于诸多因素

研究证明，农业生产效率的提高依赖于诸多因素，比如劳动者文化程度、土地规模、农业技术发展和推广程度、农业高新技术采用等。

（十一）土地承包经营与规模经营协调，需要一系列政策支持

农业是弱质产业，农业发展离不开政府和社会力量支持，这一切都依赖于政策。研究表明没有政策支持，在现有条件下土地规模经营就难以实现。

二、对策与建议

（一）全方位宣传土地流转，提高农民自主参与的意识

农民是经营和管理土地的主体，提高农民主动参与的积极性是加快土地流转的重要因素。新疆应建立完善的流转土地的信息网络，多渠道、多方式宣传国家土地流转的政策措施，重点宣传土地流转的程序和运行机制，让农民了解土地流转不改变土地承包经营权，可以放心参与。加大宣传土地流转对增加农民收入的作用，通过典型的增收致富的案例，以事实彰显土地流转的好处，从而改变农民对土地流转和土地规模化经营的态度。另一方面，加大对农民的基础教育，努力提高农民的文化水平，重点是加强思想和法律知识的教育，消除农民传统落后观念和小农意识，了解自身的权利义务，保护合法权益不受侵害。

（二）建立健全农村土地流转的保障机制，推动规模经营

农村土地的规模经营需要我国农村土地制度的不断发展和创新。土地是农业生产最基本的要素，对粮食生产最为重要。通过土地流转可以使分散的的耕地相对集中，实现农村土地的规模经营，优化农业资源配置，提高农民收入。在土地流转的过程中，部分农民还存在一些不利于土地流转的思想弊端和错误认识，他们认为，土地作为私有财产只能自己耕种，不能流转给其他人。还有一部分农民认为土地流转后自身就丧失了土地的承包经营权，会有后顾之忧。随着农村生产力的提高和农业经济结构的调整，农业生产也发生了很大的变化，因此，我国的土地承包制度也要进行相应的调整，使土地资源得到合理的配置，在坚持家庭联产承包责任制的前提下探索出适合当地具体情况的土地流转方式。对于愿意耕种土地并且有一定资金实力和种植经验的农户可以通过土地流转获得所需要耕种的土地；外出务工人员或者是转移到其他行业的农户也可以通过土地流转获得相应的经济收益，减少土地撂荒，合理利用土地资源，保住我国 18 亿亩耕地的红线。在土地流转的过程中，对于流转出土地的农民政府要继续关注其将要面临的今后的就业、看病、养老、教育等方面的难题，探索出解决这些难题的具体措施。通过土地的流入获得更多的耕地并达到相应规模的农户，当地政府或村集体也要给予一定的资金奖励或者是政策扶持。对于在土地流转中发挥重大作用的村集体，政府也可以给予相应的奖励或资助，并可以扩大宣传力度，增加其影响力。农村土地流转过程中会出现“信息不对称”的问题，各级干部要不断的进行宣传，可以以村集体或者乡镇为单位建立

一个土地流转平台，愿意转出土地的农户和不愿意转出土地的农户可以把土地流转的相关信息登记在案，这样不仅方便农户进行土地流转，也有利于土地流转效率的提高，加快土地的规模化经营，提高农民收入。

规模经营必须以家庭联产承包责任制为基础。家庭联产承包责任制是我国改革开放以来的基本土地制度，我们必须坚持其基本的精髓。以家庭承包经营为基础，充分赋予农民土地使用经营权，并不断稳定完善。然而对于已不适应当前社会发展水平的地方，应根据实际情况合理调整或者改变，积极探索土地流转形式，解决新疆农民面临的土地分布零星分散且地块间距离较远的问题。创新土地流转形式，完善土地流转机制，合理确定土地价格、依法签订流转合同、不改变流转土地的用途，保障土地流转依法、合理、有效运行，这样利于土地向愿意种地的农户或组织获得想要的土地，不愿种植的农户得到应有的租金收入，并且实现土地的合理配置和使用，保障农地经营面积。

（三）加强基础设施建设，为农村土地规模经营提供物质保障

农业生产条件的改善需要不断开展对农村道路、农田、给排水等的综合治理，增强农户在农业生产中对自然风险的抵抗力。通过对农田进行平整使耕地相对集中，可以显著提高农业生产的机械化水平，提高农业生产的规模化效应。新疆地区多戈壁沙漠，绿洲面积占新疆总面积的8%，约90%的耕地分布在绿洲上，虽然昼夜温差大、日照时间长等自然条件有利于新疆特色林果业的发展，但是干旱是农业发展过程中面临的主要难题。新疆年平均降水量在150毫米左右，是我国降水量最少的地方，吐鲁番地区托克逊县年均降水量仅为7.1毫米，是全国平均降水量最少的县。统计资料显示新疆农业灌溉用水占到了用水总量的93%，这主要是由于长期以来传统的“土渠输水，大水漫灌”的农业灌溉模式所造成的，大量的水都在输送过程中流失，仅剩一小部分被农作物生长所吸收。因此，节水灌溉技术的应用对推动新疆地区农业生产的发展具有重大的意义。发展节水灌溉农业不仅需要大量的资金投入还需要有先进的技术作为支撑，政府需要设立专门的财政资金对节水灌溉农业进行相应的补贴。农户发展节水灌溉农业的期初阶段需要由政府提供信贷扶持，健全水权交易市场，调动农民发展节水灌溉农业的积极性，转变农民传统灌溉观念，最终实现增加农民收入，保护农业生态环境，促进农业和农村经济的发展的目标。

（四）提高农村劳动力素质，健全农业科技推广制度，提高农业生产的技术水平

现代农业的发展以及机械化水平的提高不仅需要农村劳动力具备传统的农业生产经验，还要求掌握先进的农业生产技能。因此，农村劳动力素质的提高对农业技术的推广和农业生产先进技术的应用意义重大。自从我国实行九年义务教育以后，新疆农村劳动力素质有了很大的提高，但与我国其他地区相比，新疆部分地区农村劳动力素质偏低，尤其是接受过大专及以上教育的农村劳动力所占的比重偏低，在推进土地规模经营的过程中需要不断提高农村劳动力的非农技能。农村劳动力素质的提高，不仅需要农民自身不断加强农业理论知识的学习，还需要政府加强引导。在政府的主导下，可以选取部分村干部或者是种粮大户到当地的农业院校或农业科研机构进行培训，由专业人员向其讲授农业生产中的技术知识，加强农业生产指导。培训结束后村干部或者是种粮大户可以向当地农民推广学习到的专业知识和经营管理技能，这种由上而下的方式可以使农民掌握先进的生产技术，了解农产品市场的需求，合理配置农业资源。科学技术的进步可以有效地推动农业生产的发展。农业科技的研发周期长、投入资金多，只能依靠政府或者是科研院校来进行研究和推广。通过典型示范带动作用可以推动农业生产技术的应用。根据不同地区的自然地理条件和经济社会发展现状，可以因地制宜地采用农业生产技术，实现新疆特色农业的发展。

（五）充分发挥合作社在农业生产中的作用，进一步推动农村土地的规模经营

农业生产合作社是在家庭联产承包责任制的基础上形成和发展起来的。农户在平等自愿的原则下，为了相同的农业生产目标，互相联合起来，共同从事农业生产活动。合作社是一种互助性的经济组织。截至 2012 年年底，在新疆地区已经成立了 6 257个农业专业生产合作社，为新疆优质棉基地的建设和特色林果业的发展起到了积极的推动作用。如何发挥这些合作社的作用对推动新疆农村土地规模经营意义重大。农业生产专业合作社的成立克服了农业生产过程中所面临的土地分散、农业生产资料投入不均衡，降低了单个农户的经营风险。农户通过加入合作社这样一个平台，不仅可以降低农业生产的成本，也可以提高农民的生产积极性，增加农民收入。合作社可以把农户和农产品市场很好的联系在一起，对推动我国农村土地的规模经营，实现农业的现代化生产具有重大的现实意义。合作社作为农业生产的专业化组织，在农业生产过程中便

于集中统一管理，有利于大型农业机械设备的使用和农业先进技术的推广，国家对于合作社购买的农业生产资料和农业机械设备都有很多的优惠政策。合作社通过规模种植可以扩大农产品的影响力，促进农产品销售。合作社不仅在生产中为农户提供技术指导，还提供农产品销售服务，不仅可以节省农业生产成本，也可以提高农产品质量，增加农民收入，极大的推动农村土地规模经营的发展。

（六）完善土地流转和土地入股分红的相关制度

很多农户在将土地流转出去时多以口头约定为主，没有签订正式合同，潜在矛盾突出。土地折价入股份额有争议，退出机制不健全，政府部门应该完善土地流转和土地入股分红的相关制度来保障农民的权益和促进土地规模经营的健康发展。

（七）加强农民的教育培训

一是新疆很多地区尤其是南疆地区农民受教育水平偏低，接受新事物能力较差，对于农民专业合作社、农村土地股份合作社等土地规模经营的模式不了解，一部分农民持观望态度，一部分农民甚至出现抵触心理。因此政府部门有必要加强对农民的教育培训，让更多的农民正确对待这些土地规模经营模式，并且有序引导农民参与土地规模经营。

二是土地规模经营使得农村很多劳动力脱离农业，政府需要加强教育培训增强这些农民再就业的能力。

（八）大力发展二三产业，解决农民就业问题

土地规模经营解放了农村大量劳动力，很多农民长时间处于无业状态，为了改变这种状况，政府需要采取招商引资、扶持中小企业等措施发展二三产业来解决这些农民的就业问题，另外，提高农民非农收入所占比重，也会弱化农民对土地的依赖性，这样也有利于促进土地的流转和土地规模经营的实施。

（九）制定惠农政策，提高农民规模种植的积极性

为了发展土地规模经营，政府相关部门应该从多方面制定相关优惠政策来提高农民规模种植的积极性。首先要给从事土地规模经营的农户在小额贷款、低息贷款方面给予一定的支持，并且给土地规模经营发展良好的农户一定的奖励。其次，政府要进一步增加农民在养老保险、合作医疗、子女教育等方面的优惠，最大限度的降低农村土地的福利保障功能。

（十）推行土地规模经营要保障农民土地承包经营权，尊重农民意愿

政府相关部门在推行土地规模经营的过程中要充分了解当地优势产业、水

土和气候状况、产品销售渠道等实际情况，不能操之过急，盲目发展土地规模经营，另外还要坚持以人为本，充分尊重农户意愿，保障农民土地承包经营权不被侵犯，避免强行征地行为发生。条件具备的地区可以有序引导农户流转土地，发展土地规模经营，这样既可以调动农户积极性，又可以避免引发社会矛盾。

参考文献

阿不都艾尼·阿吾提.2009. 农村土地流转模式研究——以新疆为例 [J]. 生产力研究 (14): 27-33.

贝利, 克莱恩.1979. 发展中国家的农业结构和生产率 [M]. 霍布金斯大学出版社, 46-55.

卞琦娟, 周曙东, 葛继红.2010. 发达地区农地流转影响因素分析——基于浙江省农户样本数据 [J]. 农业技术经济 (6): 28-36.

蔡波, 陈昭玖, 翁贞林.2008. 粮食主产区农村劳动力转移对农业及粮食生产影响的调研分析——以江西为例 [J]. 江西农业大学学报 (社会科学版) (4): 50-53.

柴高.2010. 论农村土地规模经营 [J]. 农业经济问题 (3): 42-45.

陈爱娟, 方浩.2004. 家庭联产承包责任制产生及其内在缺陷的经济学分析 [J]. 经济学研究 (4): 69-74.

陈安国, 牛建高.2005. 论农业科技体制改革的原则与机制创新思路 [J]. 农业经济 (1): 41-43.

陈春霞, 冯巨章.2003. 土地规模经营问题探讨 [J]. 农业与技术, 23 (2), 1620.

陈定洋.2006. 公平与效率: 中国农地产权制度变迁中的博弈——兼谈土地规模经营 [J]. 电子科技大学学报 (社科版) (4): 70-74.

陈良, 张云.2009. 农村土地规模经营问题探析——以苏北为例 [J]. 农村经济 (3): 39-42.

陈鹏, 姚亮.2012. 法律视角下农村土地规模经营保障机制研究——以黑龙江省为例 [J]. 东北农业大学学报 (社会科学版) (3): 130-133.

陈亚东，刘新荣 . 2009. 农村土地流转调查研究［J］. 经济纵横（4）：58-61.

陈章体，周东鸣 . 2010. 加大土地流转力度促进现代农业发展［J］. 中国农业资源与区划，31（1）：12-15.

但小平等 . 2008. 推进土地规模经营发展特色现代农业［J］. 农业科技通讯（9）：27-29.

邓大才 . 2001. 农户承包土地流转的价值障碍及价格核算［J］. 福建农业大学学报（社会科学版）.

邓蓉，黄漫红 . 2007. 中国发展现代农业的背景及思路［J］. 中国农学通报（10）：15-16.

丁国安 . 2013. 完善甘肃农村金融服务体系的思考［J］. 甘肃金融（11）：35-37.

杜国平 . 2010. 欠发达地区农地适度规模经营的现实条件与应对策略［J］. 贵州农业科学（7）：199-203.

杜青林 . 2007. 坚持以科学发展观为统领推进传统农业向现代农业跨越［J］. 农村建设（1）：3-6.

樊亚利 . 2009. 规模化植棉与土地流转的历史必然——对新疆棉区适度规模经营与土地流转问题的探讨［J］. 新疆财经（15702）：5-9.

冯振东，霍丽，邵传林 . 2010. 中国农村土地流转问题研究述评［J］. 西北大学学报（哲学社会科学版）（2）：23-29.

付顺，崔永亮 . 2010. 影响农村土地承包经营流转的非制度性因素分析［J］. 农村经济（12）：35-37.

盖国强 . 2001. 农村土地使用权流转研究——以山东省为例［J］. 中国软科学（5）：14-15.

高民庆等 . 2007. 成都市农村土地规模经营的主要做法及成效［J］. 四川改革（8）8：31-33.

葛扬，李晓蓉 . 2003. 西方经济学说史［M］. 南京：南京大学出版社，117-118.

耿玉春，吕莉 . 2012. 我国农村土地规模经营模式的比较与选择［J］. 经济纵横（10）：57-60.

耿志力 . 2010. 关于促进农村土地流转加快土地适度规模经营的建议［J］. 农业经济（3）：88-89.

谷树忠，王兴杰，鲁金萍，等 . 2009. 农村土地流转模式及其效应与创新［J］. 中国农业资源与区划（1）：1-8.
关锐捷 . 2009. 农村土地承包经营权普遍管理缺位亟待改善［J］. 农村经营管理（14）：81-83.
郭红东 . 2002. 农业产业化与农村现代化［M］. 北京：中国社会科学出版社 .
郭剑霞 . 2008. 湖北省土地规模经营情况调查［J］. 农业经济管理（2）：69-70.
郭江平 . 2003. 扩大土地规模经营与提高农业效率并行不悖［J］. 理论探索（3）：11-12.
郭涛，吕杰 . 2010. 农村土地流转影响因素研究——基于普兰店市 177 户农户土地流转行为现状的分析［J］. 农业经济（12）：72-73.
郭晓鸣，蒋永穆，龙波 . 2007. 土地规模经营模式创新研究——来自成都市的实证研究［J］. 农村经济（1）：23-27.
郭亚萍，罗勇 . 2010. 新疆土地实行适度规模经营的探讨［J］. 经济地理（1）：123-125.
哈力克孜 · 吾甫尔，阿里木 · 阿布都热依木 . 2016. 加强农业技术推广体系建设的对策［J］. 农民致富之友（6）：14.
何宏莲等 . 2010. 黑龙江农地规模经营动因及影响因素分析［J］. 商业研究（7）：162-165.
胡恒洋等 . 2007. 关于现代农业建设的认识和政策建议［J］. 宏观经济管理（2）：26-29.
胡继连，李平英，李敏 . 2014. 财政支农政策的农民评价：以山东省为例［J］. 农业经济问题（9）：47-54，111.
胡柳 . 2011. 农户耕地经营规模及其绩效研究——以湖北将为例［D］. 武汉：华中农业大学 .
胡瑞卿，张岳恒 . 2007. 不同目标下耕地流转的理论和实证分析［J］. 中国农村经济（1）：36-44.
胡亦琴 . 2003. 我国农村土地流转制度创新与绩效分析［J］. 经济学动态（3）：27-28.
胡玥 . 2012. 财政支农、农业现代化与山西农业发展［J］. 经济问题（1）：73-77.
湖北省委农办课题组 . 2008. 湖北省农村土地规模经营情况调查［J］. 湖北

社会科学（4）：4-7.

黄慧芬 . 2011. 我国农业生产性服务业与现代农业发展［J］. 农业经济（10）：3-5.

黄丽萍 . 2006. 中国农地使用权流转研究［D］. 厦门：厦门大学 .

黄少安，刘明宇 . 2008. 农地产权冲突、经济绩效与土地制度创新差异化原则［J］. 财经问题研究（4）：4-11.

黄胜忠，林坚，等 . 2008. 农民专业合作社治理机制及其绩效实证分析［J］. 中国农村经济（3）：65-73.

黄贤金，方鹏 . 我国农村土地流转的形成机理、运行方式及制度规范研究［J］. 江苏社会科学（10）：26-28.

黄延廷 . 2010. 农地规模经营中反租倒包的土地流转方式的必然性［J］. 管理现代化（2）：47-49.

黄延廷，杨珂 . 2013. 农地规模化的时机、对策及法律反思［J］. 北京行政学院学报（3）：73-77.

黄延信，张海阳，李伟毅，等 . 2011. 农村土地流转状况调查与思考［J］. 农业经济问题（5）：4-9，110.

黄幼钧 . 2007. 找准发展现代农业的着力点［J］. 上海农村经济（12）：33-35.

黄宗智，彭玉生 . 三大历史性变迁的交汇与中国小规模农业的前景［J］. 中国社会科学（4）：74-88.

黄祖辉，王朋 . 2008. 农村土地流转：现状、问题及对策——兼论土地流转对现代农业发展的影响［J］. 浙江大学学报（人文社会科学版），38（2）：38-47.

霍子俊等 . 2008. 美国现代农业发展及借鉴［J］. 中国经贸导刊（3）：24-28.

季建业 . 2008. 农村土地产权制度的创新举措——对江苏省扬州市农村土地股份合作的调查与思考［J］. 法学家（3）：65-72.

解安 . 2002. 发达省份欠发达地区土地流转及适度规模经营问题探讨［J］. 农业经济问题（4）：38-41.

金高峰 . 2007. 大户经营：现代农业规模经营的有效模式［J］. 农村经济（7）：89-91.

金盛等 . 2006. 论农民的理性与农业的规模经营［J］. 重庆文理学院学报（4）：68-70.

金鑫 . 2014. 国际化趋势下中国农业生产效率的提升路径研究［J］. 内蒙古社会科学（汉文版）（2）：111-114.

柯炳生 . 2007. 关于加快推进现代农业建设的若干思考［J］. 农业经济问题（2）：39-42.

孔令唐 . 2004. 积极探索土地流转及规模经营模式［J］. 农村经营管理（1）：8-11.

孔喜梅 . 2008. 经济发展与农村土地制度变革方向的选择［J］. 农村经济（11）：22-25.

寇永哲 . 2013. 城镇化背景下农村土地制度变革的路径选择探析［J］. 经营管理者（6）：9-12.

雷海章 . 2003. 现代农业经济学［M］. 北京：中国农业出版社 .

黎霆，赵阳，辛贤 . 2009. 当前农地流转的基本特征及影响因素分析［J］. 中国农村经济（10）：4-11.

黎泽波 . 2012. 妥善处理农村矛盾纠纷 建设幸福农村［J］. 南方论刊（3）：59-61.

李冰，王雁 . 2011. 当前土地规模化经营问题探析——以陕西省为例［J］. 生产力研究（3）：26-29.

李国祥 . 2009. 2009 年我国农业经济形势与 2010 年展望［J］. 农村经济（21）：36-37.

李国祥 . 2009. 稳步推进农村土地制度改革与建设［J］. 新视野（1）：23-26.

李京涛等 . 2010. 基于 Logit 模型的农户土地流转意愿及其影响因素研究——以南京市浦口区为例［J］. 国土资源科技管理（27）：131-136.

李连成 . 2000. 财政支持与农业科技成果产业化［J］. 中州学刊（5）：42-45.

李林 . 2010. 议当代中国农村的土地规模经营［J］. 河北农业科学（1）：89-91.

李琳璐 . 2016. 农村金融与农业生产协同发展的路径选择［J］. 经济师（12）：15-17.

李敏 . 2007. 农地制度的改革设想：新型土地股份合作制［J］. 特区经济（08）：136-138.

李舒 . 2009. 农户土地规模经营意愿和种植选择行为的实证研究——以盐城四县为例［D］. 南京：南京农业大学 .

李文安，马文起 . 2012. 河南农业土地规模经营模式及效益评价［J］. 南都学坛（人文社会科学学报），32（4）：98-101.

李相宏 . 2003. 农业规模经营模式分析［J］. 农业经济问题（8）：48-51.

李鑫 . 2010. 浅新土地规模经营中农户专业合作社的作用［J］. 当代经济（11）：28-29.

李鑫 . 2010. 依安县农村土地规模经营研究［D］. 哈尔滨：东北农业大学 .

李志田，高三基 . 2000. 试论我国集约持续农业发展的对策［J］. 作物杂志（3）：31-35.

李忠国 . 2005. 农业适度规模经营实现形式若干问题的思考［J］. 农村经营管理（12）：37-41.

廖波 . 2012. 兵团土地规模经营影响因素分析［J］. 市场论坛(4)：33-35.

林乐芬，王军 . 2010. 农户对农地股份合作社满意认可及影响因素分析——以浙江余姚市瑶街弄村昌惠土地股份合作社为例［J］. 南京农业大学学报（社会科学版）（4）：28-34.

林善浪 . 2000. 农村土地规模经营的效率评价［J］. 当代经济研究（2）：37-43.

林善浪 . 2005. 农户土地规模经营的意愿和行为特征——基于福建省和江西省 224 个农户问卷调查的分析［J］. 福建师范大学学报(3)：11-14.

林勇刚 . 2010. 农户农地经营规模效率及其家庭影响因素研究［D］. 武汉：华中农业大学 .

刘凤芹 . 2004. 中国小块农地规模经营研究［J］. 财经问题研究（4）：63-65.

刘凤芹 . 2006. 农业土地规模经营的条件与效果研究：以东北农村为例［J］. 管理世界（9）：71-79.

刘甲朋，崔鬼 . 2003. 中国农地流转研究观点综述［J］. 学术动态（6）：21-25.

刘锡荣，李彬 . 2012. 统筹城乡发展背景下农村土地流转模式创新研究［J］. 经济纵横（8）：65-68.

刘晓霞，周军 . 2009. 我国农村土地流转中存在的问题及其对策［J］. 当代经济研究（10）：64-66.

刘新平 . 2010. 新疆农村土地流转限制因素与模式选择［J］. 国土资源科技管理，27（14602）：82-87.

吕世辰，丁倩 . 2010. 农村土地流转问题的调查与思考［J］. 理论探索（2）：75-76，93.

吕卫民 . 2011. 河南平原农区土地规模经营模式调查与思考［J］. 商业时代（25）：137-139.

罗必良 . 2000. 农业经营规模的效率决定［J］. 中国农村观察（5）：18-24，80.

罗东，矫健 . 2014. 国家财政支农资金对农民收入影响实证研究［J］. 农业经济问题（12）：48-53.

罗恢远，罗锦儿 . 2009. 和谐社会视野下惠州农村矛盾分析及对策［J］. 惠州学院学报（社会科学版）（1）：5-11.

罗鉴宇，黄祖辉 . 1998. 土地适度规模经营——浙江的实践与启示［M］. 浙江：浙江人民出版社 .

罗芹 . 2008. 农业适度规模经营的影响因素——兼论中国如何达到土地的最优经营规模［J］. 经济研究导刊（7）：12-13.

麻昌华，汪安亚 . 2008. 当前农村土地流转制度中存在的问题及其成因分析［J］. 湖北民族学院学报（哲学社会科学版），26（4）：112-117.

马举魁 . 2004. 关于家庭联产承包责任制与农村土地制度改革的思考［J］. 理论导刊（8）：44-46.

马康贫，刘媛 . 2009. 适度规模经营：现代农业的必然选择［J］. 江苏农村经济（1）：14-16.

毛旭明 . 2008. 重庆市农地规模经营模式优化研究［D］. 重庆：西南大学 .

梅建明 . 2002. 再论农地适度规模经营——兼评当前流行的“土地规模经营危害论”［J］. 中国农村经济（9）：31-35.

宁爱凤，刘友兆 . 2013. 城市化进程中农业生产效率研究——基于粮食生产的视角［J］. 资源科学（6）：1 174-1 183.

潘朝辉 . 2007. 农业适度规模经营的前提条件［J］. 农业经济（1）：72-73.

潘啸 . 2008. 农村土地流转的动因分析与对策选择［J］. 山东社会科学（6）：111-112.

彭瑛 . 2009. 烟农土地规模经营意愿影响因素的实证分析——基于贵州省主要烟草种植区的调查［D］. 南京：南京农业大学 .

齐城 . 2008. 农村劳动力转移与土地适度规模经营实证分析［J］. 农业经济问题（4）：40-43.

钱贵霞，李宁辉．2006. 粮食生产经营规模与粮农收入的研究［J］. 农业经济问题（6）：57-60.

钱彦敏．1996. 农业土地规模经营的金融制度选择［J］. 浙江社会科学（3）：16-19，30.

钱忠好．2007. 外部利润、效率损失与农地股份合作制度创新江海学刊［J］. 江海学刊（1）：88-92.

钱忠好．2008. 非农就业是否必然导致农地流转——基于家庭内部分工的理论分析及其对中国农户兼业化的解释［J］. 中国农村经济（10）：13-19.

秦中春．2007. 农民专业合作社制度创新的一种选择——基于苏州市古尚锦碧螺春茶叶合作社改制的调查［J］. 中国农村经济（7）：60-66.

屈茂辉．2007. 扬州市土地规模化经营的调查与思考［J］. 宏观经济管理（6）：12-15.

屈小博．2008. 不同经营规模农户市场行为研究［D］. 陕西：西北农林科技大学．

石月华，韩向华．2010. 多形式推进土地适度规模经营［J］. 江苏农村经济（10）：57-58.

史桂芬，王立荣．2012. 基于DID模型对中国省管县财政体制的评价——来自吉林省的数据［J］. 东北师大学报（哲学社会科学版）（2）：32-37.

史继红．2007. 论家庭联产承包责任制下的农村土地的适度规模经营［J］. 理论导刊（8）：77-79.

舒松华，王静．2009. 土地使用权流转制：中国农村土地制度改革的方向［J］. 科技和产业，03：2-4.

宋县委，王凌．2004. 后家庭联产承包责任制时期我国农地制度创新研究［J］. 中国农村经济（4）：15-20.

苏智．2005 浅析土地规模经营与农机化的关系［J］. 南方农机（2）：14.

孙保敬，南灵．2010. 农户农地转出意愿的影响因素分析——基于陕西省白水县农户调查问卷的实证分析［J］. 广东农业科学（6）：336-337.

孙光灿．2012. 吉林省农业适度规模经营的路径选择与组织模式研究［D］. 长春：吉林大学．

孙慧波，赵霞，何晨曦．2016. 农业科技服务对农业生产效率的影响研究［J］. 科技管理研究（12）：256-260，266.

孙文基 . 2013. 关于我国农业现代化财政支持的思考［J］. 农业经济问题（9）：29-33.

唐茂华，陈丹 . 2009. 农地规模经营的历史进程和时机选择 . 基于台湾地区和日本的实证考察及其反思［J］. 长白学刊（4）：99-103.

唐正繁 . 2003. 中国农地制度改革的可行选择：土地股份合作制［J］. 理论与实践（6）：5-11.

田坤明，高文雯 . 2010. 健康规范农村土地流转 推动新疆农业现代化［J］. 边疆经济与文化（12）：6-7.

汪爱琴 . 2007. 统筹城乡发展与新疆农村土地制度改革［J］. 新疆财经（3）：30-35.

汪军 . 2008. 农地规模经营是农地优化利用的选择［J］. 农村工作通讯（1）：46-48.

王东强，田书芹 . 2008. 统筹城乡发展中的土地规模经营和制度安排［J］. 乡镇经济（7）：46-48.

王冬 . 2010. 铁岭市农村土地利用与流转中存在的问题及对策研究［D］. 北京：中国农业科学院 .

王晖 . 2005. 农地股份合作制：中国农地适度规模经营［J］. 学术交流（8）：84-86.

王蕙，李尚红 . 2008. 对我国农村家庭联产承包责任制消极效应的若干思考［J］. 湖北经济学院学报（1）：21-23.

王佳洁 . 2010. 农村土地适度规模经营的确定方法和实证研究［J］. 国土资源科技管理（6）：15-20.

王倩 . 2012. 基于现状调研的农村土地适度规模经营研究［D］. 开封：河南大学 .

王文凤 . 2011. 我国农村土地规模经营现状及对策分析［J］. 管理观察（4）：35-38.

王文强 . 2009. 推进农村土地经营权流转的对策思考［J］. 农村工作通讯（2）：11-13.

王秀玲 . 2016. 农村集体土地流转的法律纠纷特点及对策［J］. 山东农机化（4）：46-48.

王秀清，苏旭霞 . 2002. 农用地细碎化对农业生产的影响——以山东省莱西市为例［J］. 农业技术经济（2）：2-7.

王艳 . 2007. 农地使用权流转研究［D］. 长春：东北财经大学：71-72.

王原雪，颜廷武 . 2011. 农村土地流转中金融服务供需状况及其创新［J］. 山东省农业管理干部学院学报，02：27-29.

韦加庆 . 2010. 国外土地制度变革对我国的启示［J］. 河北农业科学（10）：129-132.

魏玉峰，宋振祥 . 2009. 以土地股份合作社推动农村土地规模经营——胶州市推进农村土地承包经营权流转的实践探索［J］. 青岛农业大学学报（社会科学版）（3）：25-29.

温红梅，王雪莹 . 2016. 黑龙江省农业生产效率影响因素的实证分析［J］. 哈尔滨商业大学学报（社会科学版）（3）：78-84.

吴飞 . 2011. 影响农村土地流转的制度性因素研究［J］. 重庆科学学院学报（社会科学版）（3）：42-44.

吴青梅 . 2002. 现行农地制度的缺陷与立法完善［J］. 生产力研究（1）：41-44.

吴桢培 . 2011. 农业适度规模经营的理论与实证研究——以湖南省农户水稻种植规模为例［D］. 北京：中国农业科学院 .

夏显力等 . 2010. 农户农地流转行为及其发生动因的实证研究［J］. 华中农业大学学报（社会科学版）（3）：79-85.

肖光顺 . 2005. 农村土地规模经营与基层政府职能创新［J］. 福建师范大学学报（哲学社会科学版）（3）：54-57.

肖立新 . 2011. 民族贫困地区农户土地流转行为影响因素分析——基于凉山彝族自治州农户的调查［J］. 西南民族大学学报（人文社科版）（12）：150-153.

肖铁，魏朝富，尹珂 . 2009. 重庆市两种典型农地流转模式比较分析［J］. 中国农村观察（3）：13-16.

谢霓泓 . 2009 当前农地制度对农民收入影响的分析与思考［J］. 西南农业大学学报（社会科学版）（12）：20-24.

徐芳，曾雄 . 2013. 农村土地承包经营权准证券化的法律障碍及对策［J］. 商业时代（29）：106-107.

徐宏峰 . 2007. 基于新农村建设农业规模经营可复制模式探讨［J］. 安徽农业科学（12）：564-568.

徐建忠 . 2007. 浅议农村土地经营的适度规模［J］. 经济师（9）：85-88.

徐旭初 . 2010. 治理机制对农民专业合作社绩效的影响——基于浙江省 526 家农民专业合作社的实证分析［J］. 中国农村经济（5）：43-55.

许建民，方莉 . 2016. 农业科技成果转化中存在的问题及其思考［J］. 农技服务（15）：198.

薛风蕊 . 2010. 土地规模经营模式及效果评价［D］. 呼和浩特：内蒙古农业大学 .

薛贺香 . 2014. 农村流通业对农业生产效率影响的实证研究［J］. 商业时代（12）：10-12.

杨德才 . 2005. 论我国农村土地流转模式及其选择［J］. 当代经济研究（12）：49-52.

杨珊 . 2011. 土地股份合作社中农民土地利益实现的法律探讨［J］. 西南民族大学学报（人文社科版）（11）：99-103.

姚维振 . 2016. 完善我国农村土地集约化经营法律规制的思考［J］. 山东农业工程学院学报（11）：21-25.

姚毓春，李慧歆 . 2014. 浅议新型城镇化背景下土地制度变革［J］. 社会科学战线（9）：273-274.

叶琪，涂远宏 . 2005. 农村土地规模经营模式比较与选择初探［J］. 农村经济与科技（8）：5-6.

曾福生，唐浩 . 2010. 农村土地适度规模经营主体及实现形式研究［J］. 农村经济（12）：21-24.

曾福生 . 2011. 中国现代农业经营模式及其创新的探讨［J］. 农业经济问题（10）：4-10，110.

曾文忠 . 2013. 社会转型时期农村矛盾纠纷化解机制多元建构［J］. 云南行政学院学报（6）：91-93.

詹和平，张秀林 . 2008. 农户土地流转行为的影响因素——有序的 Probit 模型的实证研究［J］. 重庆建筑大学学报（4）：10-14.

张备 . 2012. 论我国农业规模化经营的法律保障［J］. 农业经济（5）：24-25.

张兵，曹阳，许国玉 . 2008. 发达地区农村信用社改革的政策效果评价——以江苏省农村商业银行模式为例［J］. 农业技术经济（5）：89-96.

张兵，左平桂 . 2009. WUA 与农民专业合作组织相互配合的效果评价［J］. 农业技术经济（1）：3-7.

张秉福 . 2006. 土地适度规模经营：问题与对策［J］. 中国农业综合开发（3）：14-15.

张继功 . 2003. 农业规模经营探讨［J］. 河南科技大学学报（农学版）（23）：69-72.

张利群 . 2009. 多措并举 实现土地适度规模经营［J］. 吉林农业（10）：12-13.

张晟南 . 2008. 我国农村改革中土地流转模式探索［J］. 国土资源（10）：26-28.

张笑寒，蒋金泉 . 2009. 农户土地入股意愿的影响因素分析——以江苏省调研实证为视角［J］. 现代经济探讨（4）：59-63.

张笑寒 . 2008. 农村土地股份合作制的农户收入效应——基于江苏省苏南地区的农户调查［J］. 财经科学（5）：110-117.

张照新 . 2002. 中国农村土地流转市场发展及其方式［J］. 中国农村经济（2）：19-24，32.

张忠明，钱文荣 . 2008. 不同土地规模下的农户生产行为分析［J］. 四川大学学报（哲学社会科学版）（1）：87-93.

张忠明，钱文荣 . 2008. 农民土地规模经营意愿影响因素实证研究——基于长江中下游区域的调查分析［J］. 中国土地科学（22）：61-67.

郑建华，罗从清 . 2005. 我国农村土地适度规模经营的现实条件与对策［J］. 农村经济（4）：24-27.

中国人民银行鹤岗市中心支行课题组 . 2012. 农村土地规模经营的金融支持——以鹤岗市为例［J］. 银行家（1）：119-122.

中国人民银行乌鲁木齐中心支行课题组 . 2014. 金融支持新疆新型农业经营主体发展研究［J］. 金融发展评论（7）：94-103.

周春芳 . 2011. 农户农地经营适度规模的测度研究——以武汉市江夏区为例［J］. 华中农业大学学报（社会科学版）（3）：67-70.

朱道华 . 2000. 迈向 21 世纪的中国农业和农村［J］. 中国农村经济（1）：29-32.

朱晶 . 2003. 农业公共投资、竞争力［J］. 经济研究，（1）1：24-26.

朱艳 . 2009. 我国农村土地股份合作社的制度分析［J］. 江西农业学报（1）：168-169.

Albalate Daniel. 2008. Lowering Blood Alcohol Content Levels to Save Lives:

The European Experience. *Journal of Policy Analysis and Management*, 27 (1): 20–39.

Alvarez. A., and Arias. C. 2004. Technical Efficiency and Farm Size: A Conditional Analysis. *Agricultural Economies*, 30 (3): 241–250.

Andrew Dorward. 1999. Farm Size and Productivity in Malawian Smallholder Agriculture. *The Journal of Development Studies*, 35 (5): 191–223.

Benin S, Ahmed M, Pender J, et al. 2005. Development of Land Rental Markets and Agricultural Productivity Growth: The Case of Northern Ethiopia. *Journal of African Economies*, 14 (1): 21–54.

Binswanger Hans, Deininger, et al. 1995. Power, Distortions, Revolt, and Reform in Agricultural Land Relations. *Handbook of Development Economics*: 2 659–2 772.

Bogaerts, T. Williamson IP. 2002. The Role of Land Administration in the Accession of Central–European Countries to European Union. *Land Policy*, 19 (1).

Bronislaw. Malinowski. 1926. Crime and Customin Savage Society. Peterson, N. J.: Littlefield, Adams.

Conradie, B. Cookson, G., and Thirtle, C. 2006. Efficiency and Farm Size in Western Cape Grape Production: Pooling small Datasets. *South African Journal of Economics*, 74 (6): 334–343.

Douglas C. Macmillan. 2000. An Economics Case for Land Reform. *Land Use Policy*, (117): 49–47.

Efthalia, D., Dimitris, S., Kostas, T., et al. Productive Efficiency and Firm Exit in the Food Sector. *Food Policy*. 2008, 33 (2): 185–196.

Elizabeth Brabec, Chip Smith. 2002. Agricultural Land Fragmentation: The Spatial of Three Land Protection Strategies in The Eastern United States. *Landscape and Urban Planning* (58): 255–268.

Fan. S. P. Pardey. 1997. Research Productivity and Output Growth in Chinese Agriculture. *Journal of Development Economics* (53): 115–137.

Frank Ellis. 1992. Agricultural Policy in Developing Countries. Cambridge University Press: 152–174.

Fresco. L., and Van Keulen. 1991. Land Evaluation and Farming System

Analysis for Land Use. FA0&Wageningen Agri. Univ, 1991.

Gatur Sngiyanto, Dwi Nugroho. Land Conversion and Farmer's Preference. Munich. Personal Repec. Archive. paper, No. 28753, posted 18. October, 2011.

Gustav. Ranis, and John C. H. Fei. 1964. Development of the Labor Surplus Economy. Homewood.

Holden Stein, Yohannes Hailu. 2002. Land Redistribution, Tenure Insecunity, and Intensity of Production: A Study of Farm Households in Southern Ethiopia. *Land Economics*, 78 (4): 573-590.

James. C. Seott. 1976. The Moral Economy of the Peasant: Rebellion and Subsistence in Southeast Asia. New Haven, Corm.: Yale University Press.

Jin S Q, Klaus D. 2006. Land Rental Markets in the Process of Rural Structural Transfonnation: Productivity and Equity Impacts from China. Washington DC: World Bank Research Department: 629-646.

Jorgenson, D. W. 1961. The Development of Dual Economy. *Economic Journal November*. 389-432.

Lin, J, Y. 1992. Rural Reforms and Agricultural Growth in China. *American Economic Review*. 34-51.

Mathew Gorton. 2001. Agriculture Land Reform in Moldova. *Land Use Policy*, 18 (3).

Oduol JB A, Hotta K, Shinkai S, et al. 2006. Farm Size and Productive Efficiency: Lessons from Smallholder Farms in Embu District, Kenya. *Journal of the Faculty of Agriculture Kyushu University*, 51 (2): 449-458.

Sehultz Theodore W. 1968. Institutions and the Rising Economy Value of Man. *American Journal of Agricultural Economy*, 76.

Terry, V. D. 2003. Seenarious of Central European and Fragmentation. *Land Use Policy*, (20).

Townsend, R. F., Kirsten, J. F. and Vink, N. 1998. Farm Size, Productivity and Returns to Scale in Agriculture Revisited: A Case Study of Wine Producers in South Africa. *Agricultural Economics*, 19 (1): 46-19.

T. W. Schultz. 1968. Institution and the Rising Economic Value of Man. *American Journal of Agricultural Economics*, 50 (5): 1 112-1 124.

Wang J. R. , Gail L, Cramer E. J. 1996. Production Efficiency of Chinese Agriculture Evidence from Rural Household Datas. *Agricultural Economics* (15): 17-28.

Zyl. J. V. , Parker, A. N. , Miller, B. R. 2000. The Myth of Large Farm Superiority: Lessons from Agricultural Transition in Poland. *Policy Reform* (3): 353-372.

新疆农村土地家庭承包经营和规模经营调查问卷

感谢您在百忙之中填写本问卷，您的意见和建议将会对我们科学分析、准确把握新疆土地经营问题提供富有价值的参考依据，请根据您的选择，在相应选项前划√。谢谢您的参与！

一、基本情况

1. 性别：

A. 男　　B. 女

2. 年龄：

A. 18~25　　B. 25~35　　C. 35~45　　D. 45~55

E. 55 以上

3. 受教育程度：

A. 高中以下　　B. 大中专　　C. 本科以上

4. 目前您家耕种总面积________亩，共________块地，离家最远距离是________里，其中种植粮食作物________亩，主要种植__________，经济作物________亩，主要种植__________。

灌溉条件：

A. 方便　　B. 不方便

5. 您家庭的年收入为多少？

A. 3 000~5 000　　B. 5 000~10 000

C. 10 000~20 000　　D. 20 000~30 000

E. 30 000 以上

6. 家庭收入的主要来源为哪些方面？

A. 土地耕作　　　　B. 自己经营小本生意

C. 在本地企业打工　　　　D. 外出务工

E. 自己创办企业

7. 家庭的主要支出有哪些方面？

A. 子女上学　B. 修建房屋　C. 医疗支出　D. 农业支出

E. 其他

8. 如果有资金和耕地资源，您是否愿意扩大当前的种植面积？

A. 愿意　　B. 不愿意

9. 根据您家农地经营状况，您觉得种________亩地合适。

二、土地流转情况

1. 您是否了解什么是土地经营权流转？

A. 是　　B. 否

2. 您家是否进行土地经营权的流转？

A. 是　　B. 否

3. 您家是土地经营权流入方？还是流出方？

A. 转入方　　B. 转出方

4. 若您家是转入方，请回答：

（1）您转入土地的面积有________亩，占您家耕地总面积的________。

（2）您转入他人承包地的原因是什么？

A. 扩大种植面积，增加种粮收入

B. 为了满足家庭粮食的需要

C. 扩大经济作物种植面积，增加收入

D. 亲朋的土地，租金低或没有租金

（3）您转入他人承包地考虑的主要因素是？

A. 别人承包地的好坏　　　　B. 承包地费用的高低

C. 农产品的销售价格　　　　D. 家庭劳动力的多少

E. 自身资金状况　　　　F. 其他

（4）您转入土地是否有期限？

A. 有　　B. 否　若有________年。

（5）您是否期望转入农地的期限更长？

A. 是　　B. 否

若是，您希望转入的期限是________年。

(6) 您转入农地的方式是什么？

A. 转包　B. 互换　C. 出租　D. 代耕

E. 转让　F. 入股

(7) 您进行转入土地的合同形式是：

A. 简单的书面合同　B. 正式的书面合同

C. 口头协议

(8) 在农地流转时，需要花费多长时间才能成功流转？

A. 很少时间　B. 较少时间　C. 一般　D. 较多时间

E. 很多时间

(9) 您转入土地时，找到合适转入土地的难易程度：

A. 非常容易　B. 比较容易　C. 不容易，也不难

D. 较难　E. 很难

(10) 流转是否经过村集体组织的同意？

A. 是　B. 否

5. 若您家是转出方，请回答：

(1) 您家转出土地的面积为________________亩，占您家庭土地总面积的________。

(2) 您转出土地的原因是：

A. 年轻劳动力在外务工，劳动力不够

B. 生产资料价格过高，农业收入低下

C. 粮食价格较低，农业收入低下

D. 外出打工经商收入高，种地不合

E. 种地太辛苦，外出打工经商

F. 其他

(3) 转出农地的方式：

A. 转包　B. 互换　C. 出租　D. 代耕

E. 转让　F. 入股

(4) 转出的农地是否有期限：A. 是 B. 否，期限是________年。

(5) 您进行转出农地的合同形式是：

A. 口头协议　B. 正式合同

(6) 转出对象：

A. 亲朋　　　B. 种田大户　　C. 企业　　　D. 集体经济组织

(7) 你觉得转出土地的难易程度：

A. 非常难　　B. 比较难　　　C. 一般　　　D. 比较容易

E. 非常容易

(8) 流转是否经过村集体组织的同意？

A. 是　　　　B. 否

三、农业合作组织情况

1. 您以前听过农民专业合作社吗？

A. 有　　　　B. 没有　　　　C. 不知道

2. 您对农民专业合作社了解吗？

A. 了解　　　B. 不了解　　　C. 不知道

3. 在当地有没有农民专业合作社？

A. 有　　　　B. 没有　　　　C. 不知道

4. 您以前是通过什么途径了解到农民专业合作社的？

A. 电视报道　B. 报纸宣传　　C. 网络

D. 当地政府或村委会宣传　　　E. 自己亲身接触过

F. 亲朋好友

5. 在当地农民专业合作社有没有享受到国家规定的对农业生产、加工、流通、服务和其他涉农经济活动相应的税收优惠？

A. 有　　　　B. 没有　　　　C. 不知道

6. 当地有没有个人或组织非法干预农民专业合作社及其成员的生产经营活动？

A. 有　　　　B. 没有　　　　C. 不知道

7. 在当地有没有个人或组织向农民专业合作社及其成员摊派？

A. 有　　　　B. 没有　　　　C. 不知道

8. 在当地有没有个人或组织强迫农民专业合作社及其成员接受有偿服务？

A. 有　　　　B. 没有　　　　C. 不知道

四、农业机械化和农业技术基本情况

1. 您家的主要耕作方式：

A. 人工操作　　　　　　　　　B. 利用机器设备

C. 人力和机械并用

2. 您家的主要农用机械有：

A. 拖拉机　　B. 收割机　　C. 脱粒机　　D. 耕田机

E. 其他

3. 您是否愿意购买农业机械，A. 是 B. 否 若购买，每年的花费为______元。

4. 政府是否进行农机补偿，A. 是 B. 否 若有，每年为________元。

5. 您认为农业机械化对农业重要吗？A. 重要 B. 不重要

6. 您了解农业技术的主要方式：

A. 广播电视和科技书刊

B. 亲朋之间相互传递

C. 基层农业技术站

D. 农业科研院校、农业大户和示范基地、种子农药公司或合作社

7. 您认为当地农业科技的宣传和推广情况如何？

A. 较少　　B. 一般　　C. 很好　　D. 不知道

8. 您家是否接受过农业推广人员的相关服务？

A. 是　　B. 否

9. 您认为农业技术对农业生产是否重要？

A. 是　　B. 否

10. 您当前是否急需农业技术？

A. 是　　B. 否

五、政策基本情况

1. 如果政府有关部门推荐一种新的品种或新的种植技术，能大大提高产量，您的态度是：

A. 愿意马上采纳

B. 拿出一部分土地进行试验

C. 资金允许就采纳

D. 产品有好的销路、能赚钱就采纳

E. 别人采纳成功后，我才采纳

F. 推广部门给予一定的保证就采纳

G. 如果村里多数人采纳，我也采纳

H. 不采纳

2. 您决定生产何种农产品的依据是（可多选）：

A. 父辈经验　B. 自己的经验　C. 政府指导　D. 市场行情

E. 广播电视　F. 别人种什么

3. 您了解以下哪些政策？（可多选）

A. 粮食收购价格政策　　B. 农机具购置补贴政策

C. 粮食直补政策　　D. 测土配方施肥补贴政策

E. 土地整理政策　　F. 良种补贴政策

G. 农资综合直补政策　　H. 农业生产保险

4. 您认为以下哪些政策对您家的农业生产有影响？（可多选）

A. 粮食收购价格政策

B. 农机具购置补贴政策

C. 粮食直补政策

D. 测土配方施肥补贴政策

E. 土地整理政策

F. 农业生产保险

5. 如果这些政策的实施，使农业生产利润有所增加，您会

A. 愿意增加播种面积

B. 愿意减少播种面积

C. 愿意减少劳动力投入

D. 愿意增加资金投入

E. 保持不变

F. 企业约定什么就种什么

6. 土地承包期限由 30 年变为长期承包后，您更愿意

A. 愿意增加播种面积

B. 愿意减少播种面积

C. 愿意减少劳动力投入

D. 愿意增加资金投入

E. 愿意增加劳动力投入

F. 愿意减少资金投入

G. 保持不变

再次感谢您的合作！

调查时间____________________

调查地点____________________

调查人员____________________

新疆土地规模经营研究问卷

尊敬的村民：

您好！我是西北农林科技大学经济管理学院硕士研究生。您对问卷的回答具有非常重要的价值，感谢您的支持。本问卷只用于学术研究，不会泄露您的个人信息。题目没有标准答案，您只需根据实际情况回答。以下选择题可酌情选择多个答案。

祝您身体健康，工作顺利，万事如意！

西北农林科技大学经济管理学院

地址：新疆________县________乡（镇）________村　编号：________

一、农户基本情况

1. 户主年龄：________岁

2. 您家里有几口人________

家庭主要劳动力基本情况

编号	性别	婚否	年龄	受教育时间（年）	工作状况：1. 务农 2. 外出打工 3. 季节性打工 4. 经商
1					
2					
3					
4					

3. 您对土地流转的看法：

A. 愿意　B. 不愿意　C. 不太愿意，但没办法

4. 您了解政府制定的关于土地流转的政策吗？

A. 了解　B. 不了解

5. 您是否参与了政府的就业培训？

A. 是　B. 不是

6. 您是否享受医疗保险？

A. 是　B. 不是

7. 您是否享受养老保险？

A. 是　B. 不是

8. 您是否享受低保？

A. 是　B. 不是

9. 您有无困难补助？

A. 有　B. 没有

10. 您愿意将土地转出还是转入？

A. 转出　B. 转入　C. 保持不变　D. 无所谓

11. 您土地流转的方式：

A. 转让　B. 出租　C. 入股　D. 互换

E. 联营　F. 转包

12. 您认为出租土地的价格应该怎么制定？

13. 土地流转后，您做什么？

A. 务农　B. 半工半农　C. 去外地打工

D. 在自己出租的土地上雇工

E. 经商　F. 其他　原因________

14. 您对土地流转最大的顾虑是什么？

15. 您对土地流转的建议？

若参与土地规模经营，回答第二部分。若未参与，回答第三部分。

二、参与土地规模经营情况

1. 您家共有________块耕地，共计________亩，其中自有耕地________亩，转入耕地________亩，转出耕地________亩。

2. 如果您已经参与土地规模经营（土地转入或者转出），土地是通过哪种形式流转：

(1) 租赁　　(2) 转包　　(3) 土地互换

(4) 土地入股　　(5) 转让　　(6) 赠与　　(7) 其他

3. 您参加的土地规模经营属于什么模式？

A. 种粮大户　　B. 农民专业合作社

C. 土地股份合作社　　D. 公司化经营

4. 您认为政府主导的土地流转和农民自发的土地流转哪一个更好？为什么？

土地转入户情况

1. 土地转入后，您将这些土地用于种植什么？

A. 棉花　　B. 小麦　　C. 果树

D. 养殖　　E. 其他________，每亩地的收益有________元。

2. 您希望扩大土地种植面积的原因是什么？

(1) 有足够的土地；(2) 有足够的资金；(3) 有足够的技术；(4) 有足够的管理能力；(5) 有足够的劳动力；(6) 地方政府支持力度大；(7) 通过扩大规模挣更多钱；(8) 其他________。

3. 您在扩大土地规模过程中最希望得到哪项支持？

(1) 稳定的土地政策；(2) 现金补贴；(3) 农资补助；(4) 贷款优惠；(5) 土地流转政策优惠；(6) 配套设施与服务；(7) 其他________。

4. 您认为土地规模经营能有效防治病虫害吗？

A. 能　　B. 不能　原因________

5. 您认为土地规模经营能提高土壤肥力吗？

A. 能　　B. 不能　原因________

6. 土地流转是否签订流转合同：

(1) 没有任何合同　　(2) 口头约定

(3) 书面合同

7. 您希望多久签一次合同：

A. 1~3 年　　B. 3~5 年　　C. 5~8 年

D. 8~10 年　　E. 10 年以上

8. 土地流转是否在政府部门登记：

(1) 没有任何登记　　(2) 说以后有登记

(3) 已经登记

9. 土地登记费是每亩________元，您觉得：

（1）非常低　（2）较低　（3）适中

（4）较高　（5）非常高

10. 土地值多少钱谁说了算（土地估价由哪种机构承担）？

（1）政府部门　（2）农信社

（3）市场化中介机构　（4）村集体

（5）农户协商

11. 他们测出来的土地价格是每亩________元，您觉得真实价格应该是每亩________元

12. 他们估价收取的费用每亩________元：

（1）非常低　（2）较低　（3）还可以

（4）比较高　（5）太高了

13. 您认为土地流转价格应该怎样制定？________________

14. 参与土地规模经营您最大的顾虑是什么？您目前的困难有哪些？

____

土地转入户农民收入结构表

	年份	家庭人口	劳动力	种植业收入	畜牧业收入	务工收入	补贴收入	其他收入
流转前	2007							
	2008							
流转后	2009							
	2010							
	2011							

土地转出户情况

1. 您为什么希望减少土地种植面积（土地转出的原因）？（打对号）

A. 农产品价格较低　B. 劳动力不足

C. 打工收入更高　D. 土地不足

E. 生产资金不足　F. 灾害严重

G. 其他________

2. 土地转出后，您做什么？

A. 务农　B. 半工半农

C. 去外地打工　D. 在自己出租的土地上作雇工

E. 经商　　　　　　　　　　　　F. 养殖畜牧业

G. 其他（注明）　　原因____________

3. 您是否参与了政府的就业培训？

A. 是　　　　　　B. 不是

4. 参与土地规模经营您最大的顾虑是什么？您目前的困难有哪些？

____

土地转出户农民收入结构表

	年份	家庭人口	劳动力	种植业收入	畜牧业收入	务工收入	补贴收入	其他收入
流转前	2007							
	2008							
流转后	2009							
	2010							
	2011							

三、未参与土地规模经营农户调查情况

1. 您家共有________块耕地，共计________亩。

2. 您家里耕地主要用途是什么？

A. 种植棉花　　　　　　　　　　B. 种植小麦

C. 果树　　　　　　　　　　　　D. 养殖

E. 其他________，每亩地的收益有________元。

3. 您不参与土地规模经营的原因是什么？（多选）

（1）土地流转难度太大；（2）资金刚好可以满足；（3）技术刚好可以满足；（4）管理能力刚好可以满足；（5）劳动力刚好可以满足；（6）没有其他就业技能（7）种粮收入稳定，使生活有保障。其他___________。

农民收入结构表

年份	家庭人口	劳动力	种植业收入	畜牧业收入	务工收入	补贴收入	其他收入
2007							
2008							
2009							
2010							
2011							

农民种植业生产投资支出表　　（单位：亩、元）

	年份	耕地面积	主要农作物	种子费	化肥、农药费	机耕费	生产燃料费	农业机械费	水电费
流转前	2007								
	2008								
流转后	2009								
	2010								
	2011								

4. 您确定给农作物施用化肥（时间和数量）的依据是什么？(可多选)

A. 父辈经验　　B. 自己的经验

C. 政府指导（如农技站）　　D. 企业指导

E. 广播电视　　F. 别人怎么做，我就怎样做

请排序：________________

5. 你在选择请人工帮忙（需要付工资的情况）还是请机械帮忙时，主要考虑？

A. 收费情况比较　　B. 快捷度比较

6. 在您购买农业机械时，您主要考虑什么？(可多选)

A. 田块面积的大小　　B. 有没有充足的资金

C. 农产品销售价格　　D. 能否开展农机租赁服务

E. 农机维修服务是否方便　　F. 农机操作技能与知识

G. 交通地形

7. 农田水利设施修建、维修采用何种方式？

A. 全部由政府投资　　B. 政府投资大部分，农民投劳

C. 农户出钱，集体组织修建　　D. 几个农户合伙修建

E. 没人管理

8. 您是否了农产品市场价格？

A. 很了解　　B. 了解　　C. 不了解　　D. 完全不知道

9. 您家农产品是如何销售？

A. 粮食贩子收购　　B. 卖粮公司收购

C. 政府收购　　D. 产业化龙头企业订购

10. 您对农业产业化是否了解?

A. 没听说　　B. 了解一点　　C. 很熟悉

11. 如果政府有关部门推荐一种新的品种或新的种植技术，能大大提高产量，您的态度是:

A. 愿意马上　　B. 资金允许就采纳

C. 产品有好的销路，能赚钱就采纳

D. 别人采纳成功后，我才采纳

12. 近年来，您认为哪一种生产资料价格上涨较快?

A. 化肥　　B. 农药　　C. 种子

D. 农膜　　E. 水费　　F. 运输费

G. 汽油柴油费　　H. 其他

13. 您认为对农地的投入是否会影响到农产品的质量?

A. 会　　B. 不会　　C. 不清楚

14. 您认为以下哪些情况会影响到农产品质量?(可多选)

A. 化肥用多了　　B. 农药打多了

C. 农家肥施多了　　D. 收割与晾晒不当

E. 储藏与运输不当

15. 您决定生产何种农产品的依据是（可多选）:

A. 父辈经验　　B. 自己的经验

C. 政府指导　　D. 市场行情

E. 广播电视　　F. 别人种什么，我就种什么

16. 您了解以下哪些政策?(可多选)

A. 粮食收购价格政策　　B. 农机具购置补贴政策

C. 粮食直补政策　　D. 测土配方施肥补贴政策

E. 土地整理政策　　F. 农业生产保险

17. 土地承包期限由30年变为长期承包后，您更愿意

A. 愿意增加播种面积　　B. 愿意减少播种面积

C. 愿意增加劳动力投入　　D. 愿意减少劳动力投入

E. 愿意增加资金投入　　F. 愿意减少资金投入

G. 保持不变

四、开放式问卷

1. 您认为土地规模经营有什么优点和缺点?

优点：

缺点：

2. 在土地的规模经营中存在哪些问题？

再次感谢您的支持与配合，祝您身体健康，家庭幸福！

图书在版编目（CIP）数据

新疆农村土地家庭承包经营与规模经营协调及政策支持体系研究 / 王志彬，高雷，佟继旭著 .—北京：中国农业科学技术出版社，2017. 10

ISBN 978-7-5116-3281-4

Ⅰ. ①新… Ⅱ. ①王…②高…③佟… Ⅲ. ①农村-土地承包制-研究-新疆 Ⅳ. ①F321. 1

中国版本图书馆 CIP 数据核字（2017）第 239316 号

责任编辑 朱 绯
责任校对 马广洋

出 版 者 中国农业科学技术出版社
北京市中关村南大街 12 号 邮编：100081
电 话 (010) 82106626 (编辑室) (010) 82109702 (发行部)
(010) 82109703 (读者服务部)
传 真 (010) 82106626
网 址 http://www. castp. cn
经 销 者 各地新华书店
印 刷 者 北京建宏印刷有限公司
开 本 710mm×1 000mm 1/16
印 张 14. 75
字 数 281 千字
版 次 2017 年 10 月第 1 版 2017 年 10 月第 1 次印刷
定 价 45. 00 元